MISÉRIA DA FILOSOFIA

Dados Internacionais de Catalogação na Publicação (CIP)
(Câmara Brasileira do Livro, SP, Brasil)

Marx, Karl, 1818-1883.
Miséria da filosofia / Karl Marx ; (tradução de
J.C. Morel). — São Paulo : Ícone, 2004. —
(Coleção fundamentos de filosofia)

Título original em francês: Misère de la philosophie
Bibliografia.
ISBN 85-274-0792-2

1. Economia - Filosofia 2. Proudhon, Pierre
Joseph, 1809-1865. Sistema das contradições
econômicas, ou, Filosofia da miséria 3. Socialismo
I. Título. II. Série.

04-4232 CDD-330.01

Índices para catálogo sistemático:

1. Economia : Filosofia   330.01

Karl Marx

MISÉRIA DA FILOSOFIA

(Tradução de J. C. MOREL)

© Copyright 2004
Ícone Editora Ltda.

Título original
Misère de la Philosophie

Tradução e Notas
José Carlos Orsi Morel

Capa e Diagramação
Andréa Magalhães da Silva

Revisão
Rosa Maria Cury Cardoso

Proibida a reprodução total ou parcial desta obra,
de qualquer forma ou meio eletrônico, mecânico,
inclusive através de processos xerográficos,
sem permissão expressa do editor
(Lei nº 9.610/98)

ÍCONE EDITORA LTDA.
Rua Lopes de Oliveira, 138 – 01152-010
com Rua Camerino, 26 – 01153-030
Barra Funda – São Paulo – SP
Tel./Fax: (11) 3666-3095
www.iconelivraria.com.br
e-mail: editora@editoraicone.com.br
edicone@bol.com.br

Nota do Tradutor

I

Com a presente tradução encerramos um trabalho iniciado há dezoito meses com a tradução do SISTEMA DAS CONTRADIÇÕES ECONÔMICAS OU FILOSOFIA DA MISÉRIA de Pierre-Joseph Proudhon, cujo 1º volume foi lançado pela Ícone Editora em janeiro do corrente ano e cujo 2º volume encontra-se no prelo. O editor Luís Fanelli, que muito ousadamente acolheu a primeira obra na sua "Coleção Fundamentos de Filosofia", logo nos encomendou a tradução da segunda – que o leitor tem agora em mãos – de modo que hoje este último poderá ter acesso aos textos integrais das duas obras que constituem os elementos de uma monumental e importante polêmica política e social cujo conjunto, até o momento, nenhuma editora universitária ou comercial tentou oferecer em edição crítica ao público lusófono. Por este ato duplo de ousadia e de lucidez, que do ponto de vista estritamente comercial seja talvez temerário, e que constitui entretanto um testemunho de profundo amor à cultura e de elevada compreensão de qual seja o papel de um editor em uma sociedade que se queira plural e progressiva, pouco mais podemos fazer aqui do que agradecer – proemialmente e de público – esperando que este exemplo seja seguido por outros e que logo vejamos disponíveis ao leitor de fala portuguesa os clássicos mais importantes do pensamento socialista, completamente traduzidos e glosados por engenhos mais competentes que o nosso: uma verdadeira Biblioteca Socialista que, reunindo de fato os cento e cinqüenta ou duzentos títulos fundamentais produzidos pelos militantes e pensadores desde a Revolução Francesa até os dias de hoje e cuja composição ora tremendamente lacunar – seja por falta de completeza na escolha dos títulos, seja pela fragmentação dos textos, muitas vezes editados por um esforço de militantes cuja parca bolsa não permite a tiragem de grossos volumes, seja finalmente, pela parcialidade de vistas que projetos editoriais deste escopo quase sempre soem carregar em seu bojo – finalmente complete-se em um corpo que permita ao leitor brasileiro ou português a apreciação compendiada e objetiva, em uma espécie de suma vernácula, das principais escolas e tradições deste pensamento e de suas práticas.

Tal tarefa, neste momento de dissolução profunda do pensamento crítico, neste instante no qual as mais vulgares lengalengas ideológicas dos epígonos capitalistas nos são apresentadas como o *nec plus ultra* da ciência histórica e social, nos parece de suma importância. De fato, há já cerca de trinta anos, à guisa de libertação de esquemas estreitos e parciais de pensamento, começou a desenvolver-se toda uma subliteratura que se tem imposto como norma para o pensamento histórico, econômico e social – uma "pop-filosofia de plástico" como Castoríadis a denominava em 1973 – que tenta eternizar, não mais pela erudição, pelo raciocínio ou pela argumentação política, como o faziam os pensadores capitalistas do século XIX ou da primeira metade do século XX, mas sim pelas técnicas retóricas do folhetim e do jornalismo barato, as relações sociais regressivas que se assomam cada vez mais avassaladoras na medida em que o moderno capitalismo burocrático-monopolista avança e implanta-se – aparentemente sem encontrar contestação de peso – por todo o planeta. A refusão da Economia Política na "Economics" contemporânea, intentada mormente por Milton Friedmann e a escola de Chicago foi um arquétipo desta tentativa; a historiografia de um Richard Pipes, as análises políticas e sociais de um Francis Fukuyama, que poucos anos atrás chegou, pomposa e inadvertidamente, a prever pela centésima vez o "fim da história" sendo tão rápida e fulminantemente desmentido pelos fatos, dão hoje, embora possivelmente pelo viés do exagero e da caricatura, algum calibre prático daquilo que queremos significar; mas a listagem de modo algum se detém por aí. O melancólico destino de "críticos radicais" dos anos 70 e 80 e seus veículos – tais como Jean-François Revel, André Glucksmann e Bernard-Henri Lévy e o "Libération" – não implicou na bancarrota de muitos de seus símiles, que continuam por aí a azurrar doutamente e a serem ouvidos e muitos, mais discretos que os citados, fizeram escola e ganharam forte influência. Cremos que foi Noam CHOMS-

KY[1] quem recentemente melhor explicou e sublinhou esta tendência e esta necessidade do capitalismo contemporâneo em afogar, através de uma maré de suposta "informação e análise" interessada e conformista, as demonstrativas de suas contradições e quaisquer tentativas de pensamento crítico; foi ele quem melhor desnudou os mecanismos retóricos e propagandísticos utilizados para se promover – através dos meios de comunicação de massa e seus associados – nulidades ao posto de heróis ou de homens providenciais e ninharias ao posto de fatos fundamentais e determinantes da época, ao passo que os verdadeiros motivos e fatos são na maioria das vezes sepultados sob grossas camadas de desinformação; foi ele quem melhor mostrou a necessidade estratégica deste procedimento, inferindo que o velho apotegma do Dr. Goebbels *"uma mentira mil vezes repetida torna-se verdade"* constitui o fundamento da moderna política de comunicação de massas e de seus domínios associados, tais como a indústria de entretenimento e a indústria editorial.

De modo algum entretanto poderemos dizer que esta estratégia seja monopólio de Wall Street, de Washington ou de Langley: versões mais broncas e boçais desta iniciativa já foram gestadas sob o estalinismo e sob o nazi-fascismo. A pseudo construção do "socialismo" na ex URSS, aliás abundou neste tipo de lavagem cerebral, acompanhada sempre pela versão oficial e encomiasta das virtudes do sistema. Não é aqui o lugar de se discutir a natureza do regime que se instalou na Rússia à partir de 1920/21, mas saiba o leitor que somos daqueles que estão persuadidos, por termos sido disto convencidos pelos argumentos e pela experiência de gente como Proudhon, Bakunin, Kropotkin, Makno, Ante Ciliga, Koestler e Castoríadis entre tantos outros, que o aparente "socialismo de caserna" que se tentou construir à partir da consolidação do poder bolchevique na Rússia e que de lá se espalhou durante boa parte do século XX por quase um terço do planeta, nada mais é no fundo que uma tentativa de se instalar uma versão particular de capitalismo burocrático – especialmente autoritária – em países atrasados economicamente: uma tentativa de se "queimar etapas" para a consoli-

---

[1] Ver, por exemplo, CHOMSKY, Noam *"Deterring Democracy"*(2ª ed., Londres 1994) e HERMAN, E.S. & CHOMSKY, N. *"Manufacturing Consent - The Political Economy of the Mass Media"* (3ª ed. Londres 1994). O tema referido, entretanto é abordado por Chomsky, mais ou menos espalhadamente, em muitos de seus escritos desde *"For Reasons of State"*(1970).

dação do moderno capitalismo monopolista em países ou regiões que perderam a onda do Capitalismo Liberal. O fato deste sistema – que Castoríadis denomina "sociedade burocrática"[2] e cujos antecedentes, tipos e similares ele tenta detectar na História contemporânea – autodenominar-se "socialista" ou "comunista" ou mesmo de reivindicar toda uma tradição de pensamento fundamentalmente antiautoritário, em nada nega a sua essência: já vimos na história a Igreja Católica ou os Lamas do Tibete, p.ex., constituírem ricas e autoritaríssimas teocracias sobre ideologias religiosas alicerçadas em princípios totalmente opostos de modéstia, sobriedade e mansidão!... Da mesma forma não poderemos ser tolos a ponto de ver na luta que opôs entre 1917 e 1989 estas duas vertentes do mesmo sistema de opressão e de exploração, qualquer luta do tipo "Bem contra Mal" ou de "Liberdade contra Servidão"; o capitalismo dito liberal do século XIX não teve dificuldade alguma de conviver, desde Napoleão I até a Primeira Guerra Mundial, com qualquer regime político, de autocracias a democracias formais, desde que lhe fosse adequadamente garantida a ordem jurídica da propriedade privada e as condições de exercício do despotismo nas fábricas e campos. Assim, vemos os capitães de indústria vicejarem igualmente sob republicanos rubérrimos ou monarquias das mais reacionárias, sob regimes de democracia representativa ou ditaduras militares: o regime político de sua eleição depende basicamente das *circunstâncias* e não de pretensas necessidades políticas intrínsecas aos seus postulados econômicos. O século XX, se nos faltassem ainda lições, foi farto nestes exemplos; fiquemos apenas em dois: os postulados da "economia liberal" foram aplicados de maneira mais completa e radical no Chile de Pinochet e na Indonésia de Suharto, em regimes ditatoriais, violentos e homicidas, justamente depois de dois golpes militares que derrubaram regimes de esquerda que não obstante tinham sido democraticamente eleitos...Assim a luta entre "Ocidente" e o "Comunismo", que dominou o período histórico da Guerra Fria, nunca pôde assim nos arrastar à sua "dicotomia basilar": se Dillinger briga com Al Capone, eu não tenho motivo algum para alinhar-me a qualquer um dos lados... tenho antes interesse de me opor a ambos!

---

[2] Ver CASTORÍADIS, Cornelius: *"La Societé Bureaucratique"* (recomendamos em especial a 3ª edição, a última em vida do autor, provida de um prefácio bastante esclarecedor: Paris, Christian Bourgeois Editeur 1992).

O desmoronamento da experiência soviética entretanto causou grande impacto sobre militantes de esquerda em todo o mundo. Muitos acreditavam sinceramente que as experiências "socialistas" concretas, embora muito problemáticas e "desviadas" representavam alternativas, ao menos potenciais, ao capitalismo, pensavam que apesar de todos os problemas que nelas existiam, havia ainda um apoio popular aos postulados que as informavam e que os desvios gestoriais observados seriam passageiros, causados que eram pela luta ideológica contra o capitalismo, e facilmente corrigíveis; outros ainda havia que denegavam a tais experiências concretas qualquer tipo de utilidade ou aplicação: teriam sido gestadas erroneamente pelos partidos políticos por elas responsáveis e apenas um "novo partido" que não repetisse os erros do passado poderia reconstruir a experiência socialista livre de teratogenias; para todos estes a queda da experiência soviética era como se um sonho se demonstrasse por fim impossível. Para outros, mais finos, e geralmente já bem aninhados nas burocracias dos partidos e das organizações de esquerda, longamente acostumados ao trato e às barganhas com os capitalistas, isto ofereceu a oportunidade de uma migração estratégica, com todas as armas e bagagens, para o campo do "inimigo" e é assim que hoje vemos a maioria dos partidos de esquerda, em escala planetária, submeter-se à lógica econômica do FMI e das grandes empresas transacionais, atuando no máximo como "assistentes sociais" em seus respectivos países, tentando remediar as crises que a ordem econômica capitalista, no momento incontest, é tão pródiga em distribuir. Tanto para uns como para outros entretanto este evento significou na prática abandonar qualquer tentativa de pensamento crítico, significou a desistência da construção de qualquer alternativa ao sistema econômico e social vigente, significou considerar "utópica" qualquer tentativa de superação da ordem econômica e social.

Para aqueles entretanto que não confundem a experiência soviética, a estatização e o regime de partido único como proposições socialistas a queda da URSS significou apenas a queda de mais uma ditadura explícita que, se altera um pouco, não modifica fundamente os termos essenciais do problema proposto. A queda da ex União Soviética, o colapso do bolchevismo, a crise de vários tipos de pensamento marxista ou, o que é pior, a subordinação prática de vários matizes políticos de socialismo estatal à muito mal denominada "lógica de mercado" e aos postulados básicos do sistema capitalista poderia ser, ao contrário mais do esperável para aqueles militantes honestos, tivessem sidos eles menos obnubilados pelo que já se denominou o "mito do partido", se tivessem sido mais atentos ao desenvolvimento histórico das idéias socialistas, de modo que pudessem distinguir que a proposta socialista não se restringe ao marxismo ou às visões mais estreitas dele que se desenvolveram à partir da Segunda Internacional. Tais militantes teriam então percebido que desde as primeiras formulações, duas vertentes socialistas ao menos sempre se defrontaram: uma que se apoiava sobre o federalismo e a autonomia e que desconfiava tanto da centralização política propiciada pelo Estado Nacional burguês como da concentração do poder econômico capitalista e outra que, ao contrário e desde o início, fiava-se no poder do Estado, nas virtudes ditatoriais de uma minoria aguerrida e preparada que tomasse conta das alavancas políticas do governo e então implantasse a racionalidade socialista. Os militantes do século XIX denominavam tais vertentes de socialismo "autoritário" ou de socialismo "libertário", vertentes que por um lado englobavam idéias de homens como Babeuf, Saint-Simon, Blanqui, Marx e Engels e por outro o pensamento de um Godwin, de um Fourier, de um Owen, de um Proudhon ou de um Bakunin. É claro que ambas listagens são esquemáticas e incompletas e os conceitos toscamente desenvolvidos, mas ao menos nos servem como pontos de referência. Por quase um século a vertente libertária foi no mínimo desconsiderada, quando não francamente perseguida, por muitos dos militantes embalados pelo mito do partido e pelas ilusões de que o "desenvolvimento das forças produtivas" propiciado pela expansão do capitalismo em escala planetária forçaria a crise final do sistema e portanto a implantação do projeto socialista e comunista em escala internacional. Neste sentido a história do século XX não apenas serve de desmentido para tal ilusão, como também nos indica que outros caminhos necessitam urgentemente ser trilhados.

II

Desvanece-nos portanto o fato de que o leitor brasileiro ou português possa agora ter acesso, quase cento e sessenta anos depois de escritas, a duas obras centrais desta polêmica: o SISTEMA DAS CONTRADIÇÕES ECONÔMICAS de P.J. Proudhon e a MISÉRIA DA

FILOSOFIA de Karl Marx, ambas integralmente traduzidas sob os mesmos critérios técnicos e devidamente glosadas (com qual competência cabe ao leitor decidir). Reputamos o acesso completo à polêmica de importância primacial, não apenas como erudição histórica, mas também pela sua *importância política atual*.

As *Contradições Econômicas*, figuram entre os primeiros livros de Proudhon. Quando ele começou a redigi-las, tinha publicado apenas a *Celebração do Domingo* (1839), suas três memórias sobre a propriedade (1840-1842) e a *Criação da Ordem na Humanidade* (1843). Publicadas em 1846, parece que Proudhon tenha começado a redigi-las em 1844, como explicamos em nossa "Introdução" ao texto proudhoniano. Elas aparecem como uma seqüência lógica de sua *Advertência aos Proprietários* de 1842, que constitui a terceira memória sobre a propriedade. A obra será posta à venda em 15 de outubro de 1846, quando o autor está em Lyon. Deveria ter sido lançada no dia 05 e o próprio Proudhon acredita ter sido esta a data de lançamento, mas o editor, retido no último momento por seus escrúpulos, queria tê-la submetido à uma "censura prévia", o que não impedirá que a obra levante contra seu autor as iras dos espíritos mais opostos, tanto os economistas liberais quanto os socialistas.

No momento em que Proudhon redige as suas *Contradições*, a escola dos economistas liberais ou manchesterianos promulga suas teses como verdades absolutas. A vigorosa ofensiva de Proudhon será recebida como uma verdadeira agressão. Os socialistas (saint-simonianos e fourieristas) já tinham começado os ataques, mas Proudhon os repele com violência igual ou maior e os despacha ao nível de seitas místicas e liberticidas. Antiliberal e anticomunista, ele anuncia a derrocada tanto do individualismo econômico, quanto do socialismo de 1848.

A "Miséria da Filosofia", publicada em julho de 1847 será (se excetuarmos a copiosa e importante produção jornalística de Marx no período, geralmente composta por longos artigos e estudos como a Crítica da Filosofia do Direito de Hegel, as suas análises da Dieta prussiana e seu escrito sobre a Questão Judaica[3]), depois de sua tese de doutoramento de 1841 sobre as Diferenças entre as Filosofias de Demó-

---

[3] Incluímos sob a rubrica "produção jornalística" – sem qualquer intenção pejorativa – os escritos de Marx publicados na Gazeta Renana, na Gazeta do Reno e posteriormente nos Anais Alemães e nos Anais Franco-Alemães.

crito e Epícuro, de A Sagrada Família (1843) e da Ideologia Alemã (1844/45) que entretanto permanecerá inédita até o século XX, e conforme consideremos ou não os "Manuscritos Econômico Filosóficos", de 1844, como um livro ou um esboço para estudo pessoal, a sua quarta ou quinta obra. Na Sagrada Família, Marx tinha se referido bastante elogiosamente ao pensamento de Proudhon, já na Miséria da Filosofia ele o ataca panfletariamente. Por que a diferença?

Já nos detivemos neste problema em nossa Introdução ao texto proudhoniano e a ela remetemos o leitor[4].

Proudhon descobre a filosofia alemã, a economia política inglesa e o socialismo francês – as três fontes que Lenin atribui ao marxismo – de maneira independente e anteriormente à Marx (entre 1832 e 1840). Ele extrai destas fontes conclusões algumas vezes próximas, como é o caso da descoberta da mais-valia, e muitas outras vezes muito distantes e diametralmente opostas, às de Marx.

Existem poucos documentos sobre as relações entre Marx e Proudhon, mas é seguro que elas existiram. Proudhon deve ter recebido Marx no apartamento que alugava em Paris, na rua Mazarine 36, entre setembro de 1844 e janeiro de 1845. Nada podemos dizer sobre o número destes encontros, nem sobre a sua duração ou freqüência. Quando Marx chega em Paris em 1844, Proudhon já é um polemista de sólida reputação e conhecido em toda a Europa; ademais ele já goza de alguma influência sobre o proletariado, principalmente em Lyon e em Paris. Marx, ao contrário, é totalmente desconhecido. São homens muito diferentes tanto pela origem social quanto pelo temperamento.

Os contrastes entre as naturezas, as origens e modos de vida entre os dois pensadores deixavam entrever os choques que de fato ocorreriam.

Em 1845, antes de se instalar em Bruxelas, Marx assinou um contrato como editor Leske de Darmstadt para uma *Crítica da Política e da Economia Política*. Em abril deste ano Engels passa por Bruxelas e leva o amigo para a Inglaterra, para que este conheça Weitling. Em setembro nasce Laura Marx. Em fevereiro de 1846 Marx e Engels tomam a iniciativa de lançar um comitê de correspondência dos comu-

---

[4] PROUDHON, P. J.: *Sistema das Contradições Econômicas ou Filosofia da Miséria*, trad. bras. pp. 7-36 (S. Paulo, Ícone Editora, 2003).

nistas e começam seus ataques contra Weitling[5]. Em maio, Marx escreve a Proudhon com dupla finalidade: propor que este se torne seu corres-

---

[5] É importante conhecer um pouco a história da imigração alemã em Paris e em outras cidades da Europa para bem compreender não apenas as andanças mas a própria biografia e a evolução política de Marx no período que estudamos. Para maiores referências ao que aqui dissermos, remetemos o leitor à pequena mas substancial obra de Jacques GRANDJONC: *Marx et les Communistes Allemands à Paris* (1ª ed. Paris, F. Maspéro 1974) e à sua bibliografia. Os dois primeiros volumes da História do Pensamento Socialista de G.D.H. COLE (citamos à partir da 3ª ed. mexicana de 1982), escritos originalmente em inglês em 1953 e disponíveis em várias traduções, ainda são de valia, assim como as biografias de Franz MEHRING (*Karl Marx: História de sua Vida*), que citamos igualmente à partir da 3ª edição da tradução espanhola de 1975, mas que foi redigida originalmente em alemão em 1892 e de Auguste CORNU: *Karl Marx et Friedrich Engels* (4 v., Paris, PUF 1958/1970). A grande imigração alemã do século XIX se dá entre 1825 e 1860 aproximadamente, abrangendo tanto camponeses empobrecidos quanto artesãos e operários qualificados e intelectuais. As causas da imigração são variadas e imbricadas, relacionando-se basicamente à uma explosiva mistura de problemas econômicos e políticos. A ordem reacionária que se estabeleceu nos países alemães, à partir de 1815, fruto da Santa Aliança e da política policialesca de Metternich, travou a possibilidade de qualquer tipo de reforma, mesmo as mais anódinas ou necessárias ao sistema, e qualquer saída de evolução pacífica. Esta situação iria explodir na Revolução de 1848 e produzirá mais tarde a hegemonia burocrática da Prússia no processo de unificação da Alemanha. Muito atrasados do ponto de vista industrial (salvo algumas exceções como o Hesse e a Boêmia), os Estados Alemães ainda eram reféns de uma nobreza improdutiva, que dominava politicamente a burguesia local e que mantinha a maior parte da população trabalhadora nos campos, amarrada a privilégios feudais peremptos, acaparando grande parte da renda nacional... (ver sobre este ponto o luminoso ensaio de Arno MAYER: *A Força da Tradição* trad. bras. S. Paulo Cia. das Letras 1985). As *corn-laws inglesas* de 1822-24 que fecharam abruptamente o maior mercado europeu ao trigo alemão, a crise econômica de 1824/25 que aumentou o desemprego e as tentativas liberais inspiradas pela revolução de 1830 na França e pela revolta polonesa de 1831, e que foram fortemente reprimidas pela polícia, forneceram os principais contingentes de camponeses, artesãos e operários, e intelectuais para a imigração. Os camponeses, em geral emigravam definitivamente para a América do Norte: os EUA receberam entre 1830 e 1849 mais de 500.000 alemães. Os operários e artesãos desempregados, geralmente emigravam por curto tempo, sazonalmente, à busca de trabalho ou para fazer aperfeiçoamento e buscar o título de mestres, muito embora alguns dentre eles se estabelecessem definitivamente no estrangeiro. Estes homens preferiam geralmente a Suíça, a Holanda ou a França oriental (a região de Estrasburgo) por razões lingüísticas, mas muitos deles estabeleciam-se igualmente em Paris, Milão, Bruxelas, Londres e Manchester e, depois de alguns anos no estrangeiro e de terem recolhido algum pecúlio, retornavam à pátria, sendo sempre substituídos por novas levas. Já os intelectuais tinham por destino quase certo Paris ou Londres. Desta forma Paris contava, na década de 1840, com uma colônia alemã razoavelmente estável de mais de 40.000 pessoas (para uma população total da ordem de 1 milhão de habitantes), entre as quais muitos tipógrafos, joalheiros, serralheiros, padeiros, pedreiros, alfaiates, sapateiros, fabricantes de instrumentos musicais e científicos, etc. Uma característica importante pois é a de que o movimento operário alemão começa a se formar no exílio, onde os seus membros estão expostos à convivência com um proletariado radicalizado e com uma classe média bastante politizada e portanto às idéias republicanas e socialistas, e à influência das seitas carbonárias, maçônicas e revolucionárias que então pululavam na França e na Inglaterra, sendo que tais organizações e tais idéias eram rigorosamente

pondente parisiense e para tentar desvinculá-lo de Karl Grünn, este jovem filósofo alemão, discípulo de Feuerbach e militante socialista, de quem Proudhon é muito amigo, apesar de divergências ideológicas. Grünn é um humanista feuerbachiano e Marx então já é um comunista convicto, tendo ajustado, como ele mesmo diz n'*A Ideologia Alemã*, as suas contas com a sua antiga consciência filosófica em 1844; ambas tendências, apesar de numerosas nuanças, disputam a influência entre os refugiados alemães de Paris, muito numerosos então, aí como em outras cidades da Europa, e ambas querem vincular-se a Proudhon. Tanto o Marx da *Sagrada Família*, quanto o Grünn do *Movimento Social na França* divulgam suas relações com Proudhon, mas o livro de Marx conhece um sucesso menor que o do seu rival. Em Paris, por fim é Grünn quem é o porta-voz de Proudhon para os alemães exilados, pois Marx tinha sido expulso do país. O teor das cartas trocadas, o leitor pode encontrar em nossa "Introdução" já citada.

Além disto, Marx, após algumas hesitações, integra-se totalmente à tradição partidária, jacobina e blanquista de socialismo[6] e para ele a questão da organização centralizada do movimento socialista começa a ter cada vez mais peso. Seus primeiros confrontos com o socialismo libertário e com o anarquismo começam nesta época. Lembre-se o leitor que ele dedica quase que 40% do volume da *Ideologia*

---

reprimidas nos países alemães. Estes artesãos assim formados politicamente transformavam-se, quando do seu retorno à Alemanha, em pólos organizadores dos primeiros movimentos sociais, contribuindo igualmente para a radicalização da classe média local, ainda envolta em sólidos devaneios nacionalistas. Muitas entidades de luta social como a *Liga dos Proscritos* e a *Liga dos Justos*, formavam-se desta maneira no exílio, mas com vistas a atuação política interna e foi desta última que saiu a *Liga dos Comunistas* à qual Marx e Engels se filiaram no final de1845 ou no início de 1846 e cuja política posteriormente dominariam a ponto de escrever-lhe como programa o célebre "Manifesto do Partido Comunista". Este caminho entretanto não foi fácil, envolvendo a expulsão de praticamente toda a base operária da antiga Liga dos Justos desta nova liga e envolvendo principalmente um ataque frontal de Marx à liderança exercida nestas organizações, desde 1837, pelo alfaiate Willhem WEITLING que sendo comunista, era entretanto bastante influenciado por Godwin e portanto avesso à tomada do poder de Estado. O comitê de correspondência internacional patrocinado por Marx e Engels, ao qual abaixo nos referimos, está pois relacionado à esta movimentação política: visava-se a influência sobre a emigração alemã em Paris, tendo-se em vista facilitar a penetração das idéias marxistas na Alemanha através dela; ora, nesta imigração tanto a influência de Weitling quanto a de Proudhon eram notáveis. Lembre-se o leitor, fato este que citamos em outra parte, que a tradução alemã do *Sistema das Contradições Econômicas*, realizado por Karl Grünn *esgotou três edições em pouco mais de um ano depois de publicada.*

[6] Ver sobre tal ponto, um breve resumo muito bem circunstanciado da evolução política do jovem Marx o livro de Luís Alfredo GALVÃO: *Marx & Marx* (1ª ed., S. Paulo, Ática, 1975).

Alemã a Stirner[7]; que como não consegue atrair Proudhon para a Liga dos Comunistas, o combaterá duramente n'*A Miséria da Filosofia* e que, alguns anos mais tarde já nos pródromos da Revolução de 1848, terá outro grande choque com Bakunin, choque este motivado pelas proposições de um federalismo pan-eslavo que se dirigisse contra toda a Santa Aliança e no qual, para tentar vencer, Marx não recuará nem mesmo diante de calúnias contra o russo, cuja crítica "teórica" da posição, Engels fará publicar na sua brochura sobre o Pan-eslavismo Revolucionário[8].

Engels chega em 16 de agosto de 1846 a Paris, com a missão de aí estabelecer a rede de correspondência e de neutralizar Karl Grünn e com isto retardar a penetração das idéias proudhonianas na Alemanha; basta que o leitor consulte a correspondência entre Marx e Engels entre setembro de 1846 e janeiro de 1848 para se dar conta das principais etapas desta epopéia. Enquanto isto as coisas não correm muito bem na Liga dos Comunistas; Weitling é acoimado de reacionário, Kriege é denunciado em uma circular como "comunista emotivo" e Moses Hess, que tinha iniciado Marx e Engels no socialismo, passa a ser um "sifilítico". Marx consegue ser eleito, em agosto de 1847, presidente da seção de Bruxelas da Liga dos Comunistas, mas mesmo assim, é pouco conhecido fora dos círculos militantes restritos.

Em outubro de 1846 foi lançado o *Sistema das Contradições Econômicas ou Filosofia da Miséria* de Proudhon. Muitos comentaristas acharão a obra obscura. Proudhon, que tinha longamente meditado sobre ela, usa como fio condutor de seu desenvolvimento uma série de questões econômicas, propostas para concurso pela Academia de Ciências Morais e Políticas e visa tratá-las pelo método da dialética serial, querendo demonstrar que todas as proposições da Academia são contraditórias.

---

[7] O que é, digamos de passagem, francamente desproporcional para quem quer fazer um ajuste de contas com sua antiga consciência filosófica, se não fosse talvez a atração que, *malgré lui*, as teses libertárias exerciam sobre o jovem Marx, como aliás insinua Luiz Alfredo Galvão. Stirner, que morre na obscuridade em 1856, só será mais amplamente conhecido como anarco-individualista, nas últimas duas décadas do século XIX, muito embora, por exemplo encontremos vestígios de sua leitura e influência em alguns autores alemães da segunda metade do século, como é o caso, por exemplo, do Nietzche de *Humano Demasiado Humano*, que em alguns trechos parece quase plagiar formulações de seu antecessor.

[8] O leitor interessado nestes fatos poderá encontrar um seu resumo, acompanhado dos principais documentos e de uma breve bibliografia em Georges RIBEIL (org.): *Marx/Bakounine: Socialisme Autoritaire ou Libertaire* T. I pp.23-52 (Paris, 10/18 1975).

Proudhon escreve ao seu amigo Ackermann, já em 1844: *"...Irei mostrar que todos os dados da Economia Política, da legislação, da moral e do governo são contraditórios, não apenas **entre-si** mas também **em-si** e que, entretanto, são todos necessários e irrefutáveis..."*. Isto já é um programa das *Contradições Econômicas*, que o autor demorará ainda dois anos para construir.

Por ocasião da morte de Proudhon, em 1865, Marx escreverá, no necrológio que lhe dedicará no *Sozialdemokrat*, que ele é o culpado por ter "adulterado" Proudhon pois o teria "infestado" de hegelianismo durante as discussões das noites parisienses e não teria podido completar o trabalho, devido à sua expulsão de Paris. Pelo que expusemos em nossa Introdução ao texto de Proudhon, o leitor pode aquilatar facilmente a veracidade da proposição, que já foi tomada como moeda corrente por muitos historiadores do socialismo.

Uma análise do método de Proudhon nos revela que sua dialética pouco deve a Hegel nas suas bases mas sim que deriva mais de Kant e de Fourier. Proudhon, que não conhece o alemão, entra em contato com a filosofia alemã nos anos 1837-1840, quando estuda algumas obras francesas sobre o tema na biblioteca do Institut de France, e quando é iniciado em Kant por Tissot. Posteriormente, através de Grünn e de Bakunin, será iniciado em Hegel. Não se pode negar, *a priori* que Marx tenha desempenhado algum papel no despertar do interesse de Proudhon por Hegel, mas esta influência que ele se auto-atribui deve ser convenientemente matizada[9].

Assim o problema fundamental neste caso é compreender o porquê da súbita inflexão da postura de Marx com relação à Proudhon. Não nos deteremos aqui em pessoalidades, embora elas possam ter desempenhado algum papel. Concentrar-nos-emos nos aspectos propriamente políticos da questão e neste sentido consideraremos que o ponto fulcral é a luta pela hegemonia política dentro da emigração alemã em Paris; nossa tese é a de que, como Marx não conseguiu cooptar Proudhon para as suas idéias, era necessário combatê-lo vigorosamente para assim diminuir sua influência junto aos alemães exilados e ganhar penetração para as próprias idéias. E este é um dos pontos que constituem a importância da polêmica ainda hoje: uma questão de método na luta política.

---

[9] Remetemos o leitor interessado no tema ao estudo de Pierre HAUBTMANN: *Proudhon, Marx et la Pensée Allemande* (2ª ed. Grenoble P.U.G. 1981) e à bibliografia nele contida.

Mas, muito embora o texto de Marx seja um panfleto anti-proudhoniano antes de mais nada, onde a ênfase é ridicularizar e abater o adversário, muito embora ainda hoje não possamos ler serenamente muitas das "citações" de Proudhon que Marx faz no texto, de tanto elas estarem distorcidas, muito embora hoje em dia Proudhon seja um desconhecido para o grande público, de modo que as invectivas de Marx contra ele muitas vezes passam por pura verdade em matéria de conhecimento do proudhonismo, não podemos deixar de ver no texto de Marx, embora subordinada à verve polêmica, uma outra intenção: trata-se aqui, como muitos marxólogos já o apontaram, de uma primeira formulação explícita que Marx faz dos postulados do seu materialismo histórico.

Este é um segundo ponto de importância na releitura de ambos textos nos dias de hoje. Pelo lado de Proudhon, é inegável que tanto nas *Contradições* quanto em escritos anteriores e posteriores[10] há a afirmação explícita da importância dos fatores econômicos para o entendimento da história das sociedades. Esta importância e esta relação entretanto, tanto para Proudhon quanto para todos os pensadores anarquistas, nunca chega ao nível da *determinação* dos fatores históricos e sociais pela estrutura econômica das sociedades e da *determinação* do ritmo da história exclusivamente pelo desenvolvimento das forças produtivas. Proudhon e muitos outros anarquistas sempre consideraram a história humana como um fato muito complexo e – em última instância – aberto, sobre cujo curso uma variedade de fatores podem influenciar; os fatores econômicos inegavelmente tem seu peso e condicionam uma parcela do desenvolvimento histórico, mas não podem ser tomados como *seus motores únicos e exclusivos*. Assim como negam a exclusividade ao fator econômico, eles negam-na também a exclusividade de qualquer outro fator (demográfico, psicológico, político, etc.). Rudolf ROCKER inclusive denominou um dos capítulos introdutórios de seu monumental *Nacionalismo e Cultura* de "A Insuficiência do Materialismo Histórico". Para o Marx que ora analisamos entretanto, e reconheçamos que a sua postura sobre este ponto evoluirá, o *determinismo econômico* da história é absoluto e este ponto informa quase todas as divergências de fundo que ele alimenta contra as posições proudhonianas

---

[10] E aqui gostaríamos de mencionar explicitamente ao menos as *Memórias sobre a Propriedade* (1840-42) e seu livro sobre *A guerra e a paz* (1861).

expostas n'*As Contradições*. Não nos esqueçamos que, embora Marx tenha posteriormente matizado as suas posições sobre o materialismo histórico, as suas formulações mais "duras" tais como as expostas na *Miséria da Filosofia* e no *Manifesto do Partido Comunista* terão uma influência muito grande sobre Lenin e portanto sobre toda a formulação do bolchevismo e das correntes marxistas de maior peso político durante todo o século XX. Assim esta primeira confrontação entre marxismo e anarquismo, à luz das experiências históricas do último século, talvez tenha algo ainda a nos ensinar.

III

Voltemo-nos agora para as questões mais técnicas. Os critérios que utilizamos para a tradução do texto de Marx foram os mesmos utilizados na tradução do texto de Proudhon e que explicitamos em uma "Nota Técnica" no frontispício da tradução brasileira deste último. Tratamos o texto marxista com respeito, muito embora nos afastemos de muitas de suas proposições diametralmente ou quase. O texto base seguido foi o que Maximilien RUBEL preparou para a edição francesa das obras completas de Marx, empreendida pela editora La Pleiade em 1977; lembremos que Marx redigiu este texto diretamente em francês e que Engels corrigiu os rascunhos da sua 1ª edição, bem como preparou a segunda em 1888. O "texto RUBEL" foi retomado pela Federação Anarquista Francesa, em apêndice (tomo III) da sua edição da "*Philosophie de la Misére*" que já havíamos utilizado na tradução de Proudhon. Colacionamos aproximadamente 25% do texto da FAF com o da "Coleção La Pleiade" e não encontramos divergências, de modo que, por comodidade e para nos aproveitarmos de muitas notas, realizamos então o trabalho de tradução diretamente sobre o texto da FAF.

Uma característica importante desta tradução é a de que, ao que saibamos, **pela primeira vez em língua portuguesa**, ela traz o elenco completo de **todas as anotações marginais do exemplar pessoal de Proudhon.** Já indicamos sumariamente em nossa introdução à tradução de Proudhon (páginas 24-30) o histórico do conhecimento por Proudhon do panfleto de Marx e aqui não nos repetiremos, lembremos apenas que é Eisermann, um discípulo de Grünn, quem adverte Proudhon, em uma carta datada de 13 de agosto de 1847 do livro de

Marx; o próprio Eisermann tinha lido a obra em um exemplar que pertencia a Engels. Proudhon alertado pede a Eisermann que lhe envie o exemplar para que possa ter conhecimento do seu teor e este último de fato despacha o livro pedido, acompanhado de uma carta, em 24 de agosto. Eisermann entretanto não estava mais de posse do exemplar de Engels e teve que arranjar outro; deve ter provavelmente comprado em sebo ou adquirido de outra forma um exemplar que curiosamente teria pertencido ou ao menos passado pelas mãos de Crémieux[11]; sabemos disto porque deste exemplar 'proudhoniano' constam numerosas anotações marginais de Crémieux. Proudhon lê rapidamente a obra e a anota. Curiosamente suas notas concentram-se no Capítulo II do texto de Marx. O exemplar mencionado assim possui notas devidas a três mãos distintas: a de Proudhon, a de Crémieux e a de um desconhecido que provavelmente deva pertencer ao círculo de Grünn. O elenco completo destas notas foi levantado por Pierre Haubtmann, na obra que acima mencionamos (ver nota 9) com os comentários críticos pertinentes e à tal referência remetemos o leitor para os detalhes. Frisemos apenas que no corpo de nosso texto <u>as passagens anotadas marginalmente serão sempre indicadas por um sublinhado seguido de uma nota</u> na qual consta a indicação de origem e o texto propriamente dito da anotação.

Com relação às notas é necessário um esclarecimento. Para facilidade de leitura lançamos todas elas *ao pé de página e numeradas seqüencialmente*. Tais notas são de vária origem: existem em primeiro lugar as notas do próprio Marx que em geral possuem apenas caráter bibliográfico, isto é, referenciam a passagem citada de um determinado autor; Marx entretanto neste texto negligencia muitas vezes a indicação da passagem citada. Em todos estes casos o Editor francês (isto é a FAF) providenciou uma nota de rodapé com a referência correta; poucas notas são de Engels, geralmente introduzidas para a 2ª edição francesa do livro, ou para as edições inglesa e alemã, todas elas realizadas na década de 1880. Vem a seguir as notas que na verdade constituem as

---

[11] Adolphe CRÉMIEUX (Nîmes, 1796 - Paris, 1880): Advogado e republicano, foi Ministro da Justiça em 1848, tendo posteriormente aderido ao regime de Luís Napoleão e atuado como banqueiro e operador político dos interesses ferroviários e finalmente como Ministro junto ao Governo Imperial. É curioso ver neste episódio dois homens que estreiam em lados opostos durante o Segundo Império (Proudhon enquanto preso político e exilado e Crémieux como homem do regime) unidos aqui por tão singular e involuntário episódio.

anotações marginais do exemplar proudhoniano: nelas temos o texto das citações traduzido com as marcas de origem. O editor francês muitas vezes anota também o texto no sentido histórico ou político e tais notas foram em geral mantidas pois as consideramos importantes. Finalmente vêm as notas de tradução, que são de nossa própria lavra: estas notas são igualmente de origem variada; muitas delas são de caráter filológico e lingüístico, quando ocorrem dilemas de tradução, assim como já indicamos para o texto proudhoniano; em alguns outros casos introduzimos comentários de caráter histórico que ao nosso ver facilitariam a leitura do texto pelo leitor médio, mas a maioria delas têm um acentuado caráter político e polêmico e é bom que o leitor seja advertido liminarmente disto. Em algumas destas últimas notas nós simplesmente polemizamos com as interpretações marxistas do texto de Proudhon, em outras, abusados pelo modo pouco respeitoso com que Marx "cita" o texto proudhoniano – muitas vezes distorcendo o seu sentido original – restabelecemos as citações completas de Proudhon. As origens estão indicadas na tabela abaixo:

[M.]: indica nota procedente de Marx
[F.E.]: indica nota procedente de Engels
[C.]: indica anotação marginal procedente de Crémieux
[P.]: indica anotação marginal procedente de Proudhon
[X.]: indica anotação marginal procedente de autor desconhecido
[N.E.]: indica nota procedente do Editor Francês (FAF)
[N.T.]: indica nota procedente do tradutor.

Como sempre um *caveat* final. Muito embora tenhamos nos empenhado ao máximo, nosso trabalho de tradução, sempre duro, não está certamente isento de falhas e nem imune às críticas. Agradeceríamos previamente a todos os comentários e sugestões que nos fossem enviados visando um aperfeiçoamento desta obra. Para terminar, temos o gratíssimo dever de agradecer aqui a colaboração e a paciência de Yara Nastari Guardado, que não apenas nos auxiliou na ingrata tarefa da revisão da tradução, como também foi uma incansável fonte de apoio para um trabalho realizado em circunstâncias pessoais difíceis.

José Carlos Orsi Morel
F.B.P.V.

MISÉRIA DA FILOSOFIA

O Sr. Proudhon tem a infelicidade de ser singularmente mal apreciado[1] na Europa. Na França, ele tem o direito de ser um mau economista porque passa por ser um bom filósofo alemão. Na Alemanha ele tem o direito de ser mau filósofo, porque passa por ser um economista francês dos mais fortes. Nós, em nossa dupla qualidade de alemão e de economista simultaneamente, queremos protestar contra este duplo erro[2,3].

O leitor compreenderá que, neste trabalho ingrato, nos foi necessário muitas vezes abandonar a crítica do Sr. Proudhon para fazer a crítica da filosofia alemã e dar, ao mesmo tempo, um apanhado da economia política.

KARL MARX

Bruxelas, 15 de junho de 1847.

---

[1] [N.T.]: *méconnu* no original francês, que significa literalmente (falando-se de alguém) *não ser reconhecido pelo seu real valor*. Trata-se aqui de uma clara ironia de Marx.

[2] [N.E.]: Marx escreverá mais adiante que Proudhon "nos força a retomar, contra a nossa vontade, a nossa qualidade de alemão" que "os economistas são os representantes científicos da classe burguesa" (ver o começo do capítulo II).

[3] [X]: "Não sei se sois filósofo, mas seguramente não sois economista".

A obra do Sr. Proudhon não é simplesmente um tratado de economia política, um livro comum; é uma Bíblia[4]: "Mistérios", "Segredos arrancados do seio de Deus", "Revelações", nada disto nela falta. Mas como em nossos dias os profetas são discutidos mais conscienciosamente que os autores profanos, é preciso que o leitor se resigne a passar conosco pela erudição árida e tenebrosa do "gênese", para elevar-se mais tarde com o Sr. Proudhon, às regiões etéreas e fecundas do supra-socialismo (ver PROUDHON: Philos. de la Misére, p. III linha 20).

---

[4] [X]: Sois um ourives, Sr. Josse.

I

UMA DESCOBERTA CIENTÍFICA

1. OPOSIÇÃO ENTRE O VALOR DE UTILIDADE E O VALOR DE TROCA

A capacidade que têm os produtos, seja naturais, seja industriais, de servir à subsistência do homem, denomina-se particularmente *valor de utilidade*; a capacidade que possuem de se darem um pelo outro, *valor de câmbio*...Como o valor de uso torna-se valor de troca?...A geração da idéia de valor (de troca) não foi notada pelos economistas com cuidado suficiente: importa que nos detenhamos sobre ela. Posto que, dentre os objetos dos quais tenho necessidade, um grande número encontra-se na natureza em quantidade medíocre, ou mesmo não se encontra de modo algum, sou forçado a auxiliar na produção daquilo que me falta e como não posso pôr mãos à obra em tanta coisa, *proporei* a outros homens, meus colaboradores em funções diversas, de me ceder uma parte de seus produtos *em troca* do meu[1,2,3].

---

[1] [M.]: PROUDHON: *Systéme des Contradictions Économiques* Tomo I Capítulo II.

[2] [N.E.]: Marx esquece-se de precisar que esta citação compõe-se de três passagens extraídas de três parágrafos diferentes e que é ele quem faz os destaques.

[3] [N.T.]: Em nossa tradução da *Filosofia da Miséria* o trecho citado encontra-se às páginas 116 à 121 (que incluem longas notas nossas). Pode-se dizer, sem temer calúnia, que a citação

acima simplesmente adultera a substância do pensamento proudhoniano. Para que o leitor aquilate a veracidade desta proposição, citemos *in extenso* a passagem disputada: "*Tudo aquilo que pode me ser de algum serviço, tem valor para mim e eu sou tão mais rico quanto mais for abundante a coisa útil: até aqui não há dificuldade. O leite, e a carne, os frutos e grãos, a lã, o açúcar, o algodão, o vinho, os metais, o mármore, a terra e por fim o ar, o fogo e o Sol são, com relação a mim, valores de uso, valores por natureza e destino. Se todas as coisas que servem à minha existência fossem tão abundantes como algumas dentre elas – como a luz por exemplo – se, em outros termos, a quantidade de cada espécie de valor fosse inesgotável, o meu bem-estar estaria perpetuamente assegurado e eu não teria que trabalhar, eu sequer pensaria. Neste estado haveria sempre utilidade nas coisas, mas não seria mais verdadeiro dizer que as coisas VALEM, pois o valor, como logo veremos, indica uma relação essencialmente social; é somente através da troca, fazendo por assim dizer uma espécie de retorno da sociedade sobre a natureza, que adquirimos a noção de utilidade. Todo o desenvolvimento da civilização deve-se portanto à necessidade na qual se encontra a espécie humana de provocar incessantemente a criação de novos valores; da mesma forma que os males da sociedade têm sua causa primeira na luta perpétua que sustentamos contra nossa própria inércia. Subtraiamos do homem esta necessidade que solicita o seu pensamento e que o molda para a vida contemplativa e o contramestre da criação não será mais que o primeiro dos quadrúpedes.*

Mas como o valor de uso se transforma em valor de troca? Pois é preciso observar que os dois tipos de valor, ainda que contemporâneos no pensamento (posto que o primeiro é percebido apenas na ocasião do segundo) sustentam, não obstante, entre si uma relação de sucessão: o valor trocável é dado por uma espécie de reflexo do valor útil, assim como os teólogos ensinam que, na Trindade, o Pai, contemplando-se desde toda a eternidade, gera o Filho. Esta geração desta idéia de valor não é notada pelos economistas com o cuidado suficiente: é importante que nos detenhamos sobre ela.

Posto que, dentre os objetos dos quais tenho necessidade, um número muito elevado encontra-se na natureza em quantidade mediocre, ou mesmo não se encontra de modo algum, eu sou forçado a auxiliar na produção daquilo que me falta; e como não posso pôr mãos à obra em tantas coisas, proporei a outros homens, meus colaboradores em funções diversas, de me ceder uma parte de seus produtos em troca do meu. Terei portanto de minha parte, do meu produto particular, sempre mais do que consumo; da mesma forma meus pares, por sua parte, terão de seus produtos respectivos sempre mais do que utilizam. Esta convenção tácita cumpre-se pelo comércio. Em tal ocasião, observaremos que a sucessão lógica das duas espécies de valor aparece bem melhor na história que na teoria; os homens passaram milhares de anos disputando os bens naturais (é o que se denomina comunidade primitiva) antes que sua indústria lhes tenha possibilitado alguma troca.

Ora, a capacidade que possuem todos os produtos, sejam naturais ou industriais, de servir para a subsistência do homem denomina-se particularmente valor de utilidade; a capacidade que têm de darem-se um pelo outro, valor de troca. No fundo trata-se da mesma coisa, pois o segundo caso apenas faz acrescentar ao primeiro uma idéia de substituição e tudo isso parece uma sutileza ociosa: na prática as conseqüências serão surpreendentes e alternadamente felizes ou funestas.

Assim, a distinção estabelecida no valor é dada pelos fatos e nada tem de arbitrária: cabe ao homem, submetendo-se a tal lei, fazê-la girar em proveito do seu bem-estar e de sua liberdade. O trabalho, segundo a bela expressão de um autor, o Sr. Walras, é uma guerra declarada à parcimônia da natureza; é através dele que se gerará ao mesmo tempo a riqueza e a sociedade. Não apenas o trabalho produz incomparavelmente muito mais bens do que os que nos oferece a natureza – de modo que, como já foi observado, somente os sapateiros da França produzem dez vezes mais que as minas do Peru, do Brasil e do México reunidas – mas o trabalho, pelas transformações às quais submete os valores naturais, estendendo e multiplicando ao infinito os seus direitos, faz com que pouco a pouco toda a riqueza, passando necessariamente pelas cadeias industriais, recaia quase que totalmente nas mãos daquele que a criou, ficando pouco ou quase nada para o detentor da matéria-prima.

O Sr. Proudhon propõe-se a explicar-nos, antes de mais nada, a dupla natureza do valor, a *"distinção no valor"*, o movimento que faz do valor de uso valor de troca. Importa que nos detenhamos, com o Sr. Proudhon, neste ato de transubstanciação. Eis como este ato se cumpre segundo o nosso autor.

Um número muito grande de produtos não se encontra na natureza, acha-se apenas no final da indústria. Suponha-se que as necessidades ultrapassem a produção espontânea da natureza, o homem está forçado a recorrer à produção industrial[4]. O que é esta indústria na suposição do Sr. Proudhon? Qual é a sua origem? Um único homem, experimentando a necessidade de um número muito grande de coisas, "não pode pôr mãos à obra em tantas coisas". Tantas necessidades a satisfazer pressupõem tantas coisas a produzir[5] – não há produtos sem produção – e tantas coisas a produzir já não supõem mais que a mão

---

Tal é pois a marcha do desenvolvimento econômico: no primeiro momento apropriação da terra e dos valores naturais; depois associação e distribuição pelo trabalho até a igualdade completa. Nossos caminhos são semeados de abismos, o gládio está suspenso sobre nossas cabeças, mas para conjurar todos os perigos, temos a nossa razão; e a razão é o todo-poderio" (PROUDHON, P.J. *Filosofia da Miséria* T. I Capítulo II pp.116-121, salvo as notas; S. Paulo, Ícone Editora 2003). Como o leitor pode bem observar Marx "recorta" e "reconstroi" as palavras de Proudhon; sem isto muitas das "críticas" que ele logo lhe dirigirá sobre a sua teoria do valor, seriam à rigor ininputáveis e verdadeiros absurdos.

[4] [N.T.]: Ora, Proudhon nos diz explicitamente, na passagem que acima citamos que: *"Posto que, dentre os objetos dos quais tenho necessidade, um número muito elevado encontra-se na natureza em quantidade medíocre, ou mesmo não se encontra de modo algum, eu sou forçado a auxiliar na produção daquilo que me falta; e como não posso pôr mãos à obra em tantas coisas, proporei a outros homens, meus colaboradores em funções diversas, de me ceder uma parte de seus produtos em troca do meu. Terei portanto de minha parte, do meu produto particular, sempre mais do que consumo; da mesma forma meus pares, por sua parte, terão de seus produtos respectivos sempre mais do que utilizam. Esta convenção tácita cumpre-se pelo comércio"* e igualmente que: *"Não apenas o trabalho produz incomparavelmente muito mais bens do que os que nos oferece a natureza – de modo que, como já foi observado, somente os sapateiros da França produzem dez vezes mais que as minas do Peru, do Brasil e do México reunidas – mas o trabalho, pelas transformações às quais submete os valores naturais, estendendo e multiplicando ao infinito os seus direitos, faz com que pouco a pouco toda a riqueza, passando necessariamente pelas cadeias industriais, recaia quase que totalmente nas mãos daquele que a criou, ficando pouco ou quase nada para o detentor da matéria-prima."*; desta forma não há necessidade de dizer que o homem está forçado à produção industrial: é da própria ação meditada do homem sobre a natureza que a indústria surgirá; seja a modestíssima "indústria lítica" de nossos ancestrais neandertahlianos, seja a moderna petroquímica ou a aeronáutica.

[5] [N.T.]: Aqui, mais uma vez e em nossa opinião, Marx não avança e nem critica nada no *texto completo* proudhoniano. Sua "crítica" só é possível porque ele omite coisas. Proudhon refere-se explicitamente no texto acima, à geração social da idéia de valor e à instituição social das trocas como os mecanismos de satisfação das necessidades humanas. Em nossas notas ao texto proudhoniano, ressaltamos a contribuição que a moderna antropologia social nos deu à compreensão desta problemática.

de um único homem atuando na produção. Ora, no momento em que supondes uma mão auxiliando na produção, já supusestes toda uma produção baseada na divisão do trabalho[6]. Assim a necessidade, tal como o Sr. Proudhon a supõe, supõe igualmente toda a divisão do trabalho[7]. Supondo a divisão do trabalho tereis troca e conseqüentemente valor de troca. Tanto daria supor inicialmente o valor de troca[8].

Mas o Sr. Proudhon preferiu inicialmente dar a sua volta. Sigamo-lo em seus desvios[9] para sempre voltar ao seu ponto de partida.

Para sair do estado de coisas onde cada um produz solitariamente e para chegar à troca eu "dirijo-me", diz Proudhon, "a meus colaboradores em funções diversas". Portanto eu tenho colaboradores que estão todos em funções diversas, sem que com isso – sempre segundo a suposição do Sr. Proudhon – tivéssemos saído da posição solitária e pouco social de Robinsons[10]. Os colaboradores e as funções

---

[6] [N.T.]: Coisa que, aliás, Proudhon também admite explicitamente na passagem que citamos e cuja citação Marx *omite.*

[7] [N.T.]: É preciso ter cuidado com as palavras, Sr. Marx. Seria melhor talvez dizer que tais necessidades *supõem igualmente* **uma** *divisão do trabalho* (mas aí, mais uma vez recairemos sobre aquilo que cumpre combater!...). A necessidade de drogas alucinógenas entre os Yanomamis distantes dos seus pontos de produção é igual à que experimentam os seus confrades situados próximos às suas fontes e portanto dela melhor abastecidos; no entanto (ao menos até a aparição do homem branco), não se viu formar entre eles estruturas análogas ao famigerado "Cartel de Medellín" (aliás, muito mais uma invenção de propaganda da CIA que uma entidade social real) ou das firmas comerciais que, da "City" londrina, abriram à força dos tiros de canhoneiras, o mercado chinês ao ópio no começo do século XIX. O "kula", tão bem estudado por Malinowsky, implica um longo e complexo circuito de trocas marítimo-comerciais, mas muito afastado das normas, que os manuais consideram sadias, de "comércio internacional" (que, como o próprio Proudhon demonstrou em sua análise da balança de comércio, nada mais é, no mais das vezes sob o regime capitalista, que o exercício descarado da espoliação). A divisão do trabalho e a organização da produção precedem em muito o surgimento do capitalismo e, como tão bem nos diz Pierre Clastres, não há um único bom motivo "a priori" para que o comportamento econômico de um "capitão de indústria" ou de um banqueiro, seja considerado melhor ou mais racional que o comportamento econômico do selvagem, cada um em seu respectivo meio social.

[8] [N.T.]: Proudhon diz, no trecho citado: "*No fundo trata-se da mesma coisa* (o valor de uso ou de troca), *pois o segundo caso apenas faz acrescentar ao primeiro uma idéia de substituição e tudo isso parece uma sutileza ociosa: na prática as conseqüências serão surpreendentes e alternadamente felizes ou funestas*". Notemos igualmente que no primeiro capítulo d'O Capital, Marx será mais sutil na análise do valor.

[9] [N.T.]: *détours* no original francês.

[10] [N.T.]: Alusão a Robinson Crusoé, célebre personagem do romance homônimo de Daniel Defoe. Um prêmio deveria ser outorgado à desfaçatez; que o leitor julgue, à partir não só das citações acima como também da leitura a obra, se posições econômicas de Proudhon podem ser assimiladas *tout court* ao individualismo manchesteriano: é a sociedade quem cons-

diversas, a divisão do trabalho e a troca que ela implica, estão totalmente dados[11].

Resumamos: Eu tenho necessidades fundadas na divisão do trabalho e na troca. Supondo estas necessidades o Sr. Proudhon acha-se na condição de ter suposto a troca e o valor de troca, dos quais ele se propõe justamente "notar a geração com mais cuidado que os outros economistas".

O Sr. Proudhon poderia também inverter a ordem das coisas sem com isto inverter a justeza de suas conclusões. Para explicar o valor de troca, é preciso a troca. Para explicar a troca é preciso a divisão do trabalho. Para explicar a divisão do trabalho, é preciso necessidades que precisem da divisão do trabalho. Para explicar estas necessidades, é preciso "*supo-las*", o que não é negá-las, contrariamente ao primeiro axioma do prólogo do Sr. Proudhon: "Supor Deus é negá-lo[12, 13]".

Como o Sr. Proudhon, para quem a divisão do trabalho é suposta conhecida, se arranja[14] para explicar o valor de troca, que para ele é totalmente desconhecido?

"Um homem" vai "propor a outros homens, seus colaboradores em funções diversas", de estabelecer a troca e de fazer uma distinção entre o valor usual[15] e o valor trocável. Aceitando esta distinção proposta, os colaboradores não deixaram ao Sr. Proudhon outro "cuida-

---

titui o valor econômico – isto está dito não apenas no texto acima citado, mas igualmente em vários outros capítulos d'*As Contradições* onde se trata de problemas de "medição" dos valores. Proudhon está totalmente convencido da verdade e da realidade da teoria do valor-trabalho e para ele são os economistas burgueses, ao papaguear inconscientemente algumas teses de Smith, que concebem absurdos ao negar a mensurabilidade dos valores e portanto a objetividade dos vínculos sociais que os constituem.

[11] [N.T.]: *sont tout trouvés* no original francês.

[12] [M.]: PROUDHON, Obra Citada, Prólogo p. 1

[13] [N.E.]: De fato Proudhon escreve: "Supor Deus, dir-se-á, é negá-lo". Mais adiante ele explica: "Direi como, estudando no silêncio de meu coração e longe de toda a consideração humana o mistério das revoluções sociais, Deus, o grande Desconhecido, tornou-se para mim uma hipótese, quer dizer, um instrumento dialético necessário". Um pouco mais adiante no Prólogo, Proudhon ainda notará como, em suas *Memórias sobre a Propriedade*, ele tinha abordado o problema à maneira de Feuerbach: "A humanidade crê que Deus existe: mas no que ela acredita acreditando em Deus? Em uma palavra, o que é Deus? (*Primeira Memória sobre a Propriedade*). É curioso que, menos de três anos depois de ter admirado e incensado esta memória, Marx não mais "compreenda" o caminho de Proudhon.

[14] [N.T.]: *Comment M. Proudhon, ..., s'y prend-il pour expliquer la valeur d'echange?* No original francês.

[15] [N.T.]: *la valeur usuelle* no original francês. Preferimos aqui a tradução literal para manter a ambigüidade do texto.

27

do" que não o de lançar em ata tal fato[16], marcá-lo, "notar" em seu tratado de economia política a "geração da idéia de valor". Mas ele nos deve sempre, a nós, explicar a "geração" desta proposição, deve dizer-nos enfim como este único homem, este Robinson, teve de repente a idéia de fazer "aos seus colaboradores" uma proposição do tipo conhecido e como seus colaboradores a aceitaram sem protesto algum.

O Sr. Proudhon não entra nestes detalhes genealógicos. Ele dá simplesmente ao fato da troca uma espécie de timbre histórico, apresentando-a sob a forma de uma moção que um terceiro teria feito, tendendo a estabelecer a troca.

Eis uma amostra do "*método histórico e descritivo*" do Sr. Proudhon que professa um soberbo desdém pelo "método histórico e descritivo" dos Adam Smith e dos Ricardo.

A troca possui a sua própria história. Ela passou por diferentes fases.

Houve um tempo, como na Idade Média, onde se trocava apenas o supérfluo, o excedente da produção sobre o consumo.

Houve ainda um tempo onde não apenas o supérfluo, mas todos os produtos, toda a existência industrial passou-se ao comércio, onde toda a produção dependia do comércio. Como explicar esta segunda fase da troca? – o valor venal à segunda potência?

O Sr. Proudhon teria já uma resposta pronta: Digamos que um homem tenha "*proposto* a outros homens, seus colaboradores em funções diversas" elevar o valor venal à sua segunda potência.

Veio enfim um tempo no qual tudo aquilo que os homens tinham considerado como inalienável tornou-se objeto de troca, de tráfico e podia alienar-se. É o tempo no qual as próprias coisas que até então eram comunicadas mas não trocadas, dadas mas jamais vendidas, adquiridas mas jamais compradas – virtude, amor, opinião, ciência, consciência, etc. – onde tudo enfim passou ao comércio. É o tempo da corrupção geral, da venalidade universal, ou, para falar em termos de economia política, o tempo no qual toda a coisa, moral ou física, tendo se tornado valor venal, é levada ao mercado para ser apreciada pelo seu mais justo v .

Como explicar esta nova e derradeira fase da troca: o valor venal à sua terceira potência?

---

[16] [N.T.]: *que de prendre acte du fait* no original.

O Sr. Proudhon teria uma resposta já pronta: Digamos que uma pessoa tenha "*proposto* a outras pessoas, suas colaboradoras em funções diversas" de fazer da virtude, do amor, etc., um valor venal, de elevar o valor de troca à sua terceira e derradeira potência.

Ora, se vê que o "método histórico e descritivo" do Sr. Proudhon serve para tudo, responde tudo, explica tudo. Trata-se sobretudo de explicar historicamente a "geração de uma idéia econômica", ele supõe um homem que propõe a outros homens, seus colaboradores em funções diversas, de cumprir este ato de geração e tudo está dito.

Doravante nós aceitamos a "geração" do valor de troca como um ato já realizado[17]; resta agora apenas expor a relação do valor de troca para o valor de utilidade. Escutemos o Sr. Proudhon.

Os economistas ressaltaram muito bem o caráter duplo do valor, mas o que não explicaram com a mesma nitidez é a sua *natureza contraditória*[18]. E aqui começa a nossa crítica.... Mas é pouco ter assinalado no valor útil e no valor trocável este estranho contraste aonde os economistas estão acostumados a ver algo de muito simples: é preciso mostrar que esta aparente simplicidade oculta um mistério profundo, que é de nosso dever penetrar.... Em termos técnicos, o valor útil e o valor trocável, necessários um ao outro, estão na razão inversa um do outro[19,20].

Se nós bem captamos o pensamento do Sr. Proudhon, eis os quatro pontos que ele pretende estabelecer:

1º O valor útil e o valor trocável formam um "estranho contraste" e fazem-se oposição;

---

[17] [N.T.]: *comme un acte accompli* no original francês.

[18] [N.T.]: É Marx quem destaca

[19] [M.]: PROUDHON, t. I pp. 61 e 63.

[20] [N.T.]: Marx interrompe a citação antes de um sinal de dois pontos, que substitui por um ponto final. Eis a passagem completa, segundo nossa tradução: "*Em termos técnicos, o valor útil e o valor trocável, necessários um ao outro, estão na razão inversa um do outro: eu pergunto pois porque a escassez e não a utilidade é sinônimo de carestia. Pois, observemos bem este ponto, a alta e a baixa das mercadorias são independentes da quantidade de trabalho dispensada em sua produção e a maior ou menor despesa que custou a sua produção não serve de nada para explicar as variações das suas cotações.*" De resto, como o leitor pode facilmente verificar cotejando com a tradução das páginas citadas, mais uma vez aqui Marx recorta a citação acima, de pouco mais que um parágrafo, de mais de duas páginas do texto proudhoniano.

2º O valor útil e o valor trocável estão em razão inversa um do outro, em contradição;

3º Os economistas não viram e nem conheceram esta oposição nem esta contradição;

4º A crítica do Sr. Proudhon começa pelo fim.

Nós também começaremos pelo fim, e para desculpar os economistas das acusações do Sr. Proudhon, deixaremos falar dois economistas bastante importantes.

Sismondi:

É a oposição entre o valor usual e o valor trocável, à qual o comércio reduziu todas as coisas, etc[21].

Lauderdale:

Em geral a riqueza nacional [o valor útil] diminui na proporção em que as fortunas individuais crescem pelo aumento do valor venal e na medida em que estas últimas reduzem-se pela diminuição deste valor, a primeira geralmente aumenta[22].

Sismondi fundou sobre a *oposição* entre valor usual e valor trocável a sua principal doutrina, segundo a qual a diminuição da renda é proporcional ao acréscimo da produção.

Lauderdale fundou o seu sistema sobre a razão inversa das duas espécies de valor e sua doutrina chegou até mesmo ser tão popular ao tempo de *Ricardo*, que este podia dela falar como se fosse coisa geralmente conhecida.

É confundindo as idéias de valor venal e de riquezas (valor útil) que já se pretendeu que diminuindo a quantidade das coisas necessárias, úteis ou agradáveis à vida, poder-se-ia aumentar as riquezas[23].

---

[21] [M.]: SISMONDI: *Études*, t. II, p. 162, edição de Bruxelas.

[22] [M.]: LAUDERDALE: *Recherches sur la Nature et l'Origine de la Richesse Publique*, traduzido por Largentie de Lavaisse, Paris 1808.

[23] [M.]: RICARDO: *Principes d'Économie Politique*, traduzido por Constâncio e anotado por J. B. Say, Paris 1835, t. II, Capítulo "Sobre o Valor e as Riquezas".

Acabamos de ver que os economistas, antes de Proudhon "assinalaram" o mistério profundo de oposição e de contradição. Vejamos agora como o Sr. Proudhon explica por sua vez este mistério depois dos economistas[24].

O valor trocável de um produto baixa na medida em que a sua oferta vai crescendo, com a demanda permanecendo a mesma; em outros termos: quanto mais um produto é abundante *relativamente à demanda*, mais o seu valor trocável ou seu preço é baixo. *Vice-versa:* quanto mais a oferta é fraca relativamente à demanda, mais o valor trocável ou o preço do produto oferecido aumenta; em outros termos quanto maior for a raridade dos produtos oferecidos relativamente à demanda, mais haverá carestia. O valor de troca de um produto depende de sua abundância ou de sua raridade, mas sempre com relação à demanda. Suponhais pois um produto mais que raro, único em seu gênero eu digo: este produto único será mais que abundante, será supérfluo se não for demandado. Ao contrário, suponhais um produto multiplicado aos milhões, ele sempre será raro se não bastar à demanda, isto é, se for muito demandado.

Cá estão verdades quase banais diríamos, entretanto foi necessário reproduzi-las aqui para fazer compreender os mistérios do Sr. Proudhon.

Desta forma, seguindo este princípio até as suas últimas conseqüências acabaríamos por concluir, da maneira mais lógica do mundo, que as coisas cujo uso é necessário e a quantidade infinita devam ser dadas a troco de nada e que aquelas cuja utilidade é nula, mas a raridade extrema devam ter um preço inestimável. Mais ainda, para cúmulo do embaraço, a prática não admite estes casos extremos, por um lado, nenhum produto humano poderia jamais atingir o infinito em grandeza e por outro mesmo as coisas mais raras precisam ser, em algum grau, úteis, sem o que não seriam suscetíveis de ter algum valor. O valor útil e o valor trocável encontram-se desta forma fatalmente encandeados um ao outro, ainda que, por sua natureza, tendam mutuamente a se excluir[25].

---

[24] [N.T.]: *Voyons maintenant comment M. Proudhon explique à son tour ce mystère après les économistes.* No original francês.

[25] [M.]: PROUDHON: tomo I, p. 64.

O que leva ao cúmulo o embaraço do Sr. Proudhon? É que ele pura e simplesmente esqueceu a *demanda*[26], que uma coisa poderia ser rara ou abundante apenas na medida em que fosse demandada. Uma vez posta a demanda de lado, ele assimila o valor trocável à *raridade* e o valor útil à *abundância*[27]. Efetivamente, dizendo que coisas "cuja *utilidade é nula* e a *escassez extrema*" são "de um *preço inestimável*"[28], ele diz simplesmente que o valor de troca nada mais é que a pura escassez[29, 30]. "Raridade extrema e utilidade nula" é a pura raridade. "Preço inestimável" é o máximo do valor trocável, é o valor trocável em toda a sua pureza[31]. Estes dois termos ele os põe em equação. Portanto valor trocável e raridade são termos equivalentes. Chegando a estas pretensas "conseqüências extremas", o Sr. Proudhon consegue de fato ter levado ao extremo não as coisas, mas os termos que as exprimem e nisto dá provas de retórica bem mais do que de lógica[32]. Ele reencontra as suas hipóteses primeiras em toda a sua nudez, quando crê ter encontrado novas conseqüências. Graças ao mesmo procedimento, ele consegue identificar o valor útil com a abundância pura.

Depois de ter posto em equação o valor trocável e a escassez, o valor útil e a abundância, o Sr. Proudhon surpreende-se por não encontrar nem valor útil na raridade e o valor trocável, nem valor trocável na abundância e o valor útil e, vendo que a prática não admite tais extremos, ele nada mais pode fazer do que acreditar no mistério. Há para ele preço inestimável porque não há compradores, e eles jamais serão encontrados, posto que ele abstrai a demanda.

Por outro lado a abundância do Sr. Proudhon parece ser algo de espontâneo. Ele esquece completamente que há pessoas que a pro-

---

[26] [X.]: Mentis! Ele não põe a demanda de lado.

[27] [N.T.]: Mais uma vez, *não é isso em absoluto o que Proudhon faz*. Seria longo refutar este ponto em uma nota, portanto mais uma vez remetemos o leitor ao capítulo II d'*As Contradições* que versa justamente sobre a análise do valor.

[28] [N.T.]: Na verdade Proudhon não diz que tais coisas *são* de um preço inestimável, mas sim que *seriam*, pois ele pretende justamente assinalar a evidente contradição da proposta, para polemizar com os manchesterianos adeptos da "lei da oferta e da procura" como fundante do valor.

[29] [N.T.]: *rareté* no original francês, que literalmente significa raridade. Traduzimos aqui por *escassez* por causa da construção gramatical da oração seguinte de Marx, que causaria um barbarismo em português, se traduzíssemos literalmente.

[30] [X.]: Suposição gratuita que inventais apenas para a necessidade de vossa causa.

[31] [N.T.]: *c'est la valeur échangeable toute pure* no original francês. Optamos aqui por uma tradução mais hiperbólica.

[32] [N.T.]: *M. Proudhon se trouve en effet avoir poussé à l'extrême, non pas les choses, mais les termes qui les expriment* no original francês.

duzem e que é do interesse destas jamais perder de vista a demanda. Senão, como o Sr. Proudhon teria podido dizer que as coisas que são muito úteis deveriam ser de preço muito baixo ou mesmo não custar nada? Seria preciso, ao contrário, que ele concluísse que é preciso restringir a abundância, a produção das coisas muito úteis, se se quer elevar o seu preço, o valor de troca.

Os antigos vinhateiros da França, ao solicitar uma lei que proibisse o plantio de novos vinhais, os holandeses ao queimar as especiarias da Ásia e ao arrancar os pés de cravo nas Molucas, queriam simplesmente reduzir a abundância para elevar o valor de troca. Toda a Idade Média, limitando por leis o número de companheiros que um único mestre poderia ocupar, limitando o número de instrumentos que ele poderia empregar, agia segundo este mesmo princípio (Ver ANDERSON: *Histoire du Commerce*)[33].

Depois de ter representado a abundância como valor útil e a raridade como valor trocável – e nada é mais fácil do que demonstrar que a abundância e a escassez estão em razão inversa – o Sr. Proudhon identifica o valor útil à *oferta* e o valor trocável à *demanda*. Para tornar a antítese ainda mais nítida, ele faz uma substituição de termos, colocando *"valor de opinião"* no lugar de *valor trocável*. Eis portanto a luta que muda de lugar e nós temos de um lado a *utilidade* (o valor de uso, a oferta) e de outro a *opinião* (o valor trocável, a demanda).

Estas duas potências opostas uma à outra, quem as conciliará? Como fazer para colocá-las em acordo? Poderia-se estabelecer entre elas um ponto de comparação?

> Certamente, *exclama o Sr. Proudhon*, há um ponto: é o *arbítrio*. O preço que resultará desta luta entre a oferta e a demanda, entre a utilidade e a opinião, não será a expressão da justiça eterna[34].

O Sr. Proudhon continua a desenvolver esta antítese:

---

[33] [N.E.]: Contrariamente a aquilo que parece afirmar Marx, Proudhon não negligenciou este aspecto do problema. Ele dá vários exemplos para ilustrar os efeitos nefastos da abundância sobre o escoamento das mercadorias (cf. tomo I, p. 65 e ss.)

[34] [C]: Arbítrio – justiça eterna: será que os esforços da ciência não tendem a aproximar cada vez mais estas duas idéias contraditórias?

Em minha qualidade de *comprador livre*, eu sou o juiz de minha necessidade, juiz da conveniência do objeto, do preço que *quero* lhe dar. Por outro lado, em vossa qualidade de *produtor livre*, sois amo dos *meios de execução* e, em conseqüência, tendes a faculdade de reduzir vossos custos[35].

E como a demanda ou o valor de troca é idêntico à opinião, o Sr. Proudhon é levado a dizer:

Está provado que é o *livre-arbítrio* do homem que dá lugar à oposição entre valor útil e valor de troca. Como resolver esta oposição enquanto subsistir o livre-arbítrio? E como sacrificar este último sem se sacrificar o homem?[36].

Assim, não há resultado possível. Há uma luta entre duas potências incomensuráveis, por assim dizer, entre a utilidade e a opinião, entre o comprador livre e o produtor livre[37].

Vejamos as coisas um pouco mais de perto.

A oferta não representa exclusivamente a utilidade, a demanda não representa exclusivamente a opinião. Aquele que demanda não oferece igualmente um produto qualquer ou o sinal representativo de todos os produtos, o dinheiro, e oferecendo-o não representaria ele, segundo o Sr. Proudhon, a utilidade ou o valor de uso?

Por outro lado, aquele que oferece também não demanda um produto qualquer ou o sinal representativo de todos os produtos, ou seja o dinheiro? E ele não se torna desta maneira o representante da opinião, do valor de opinião ou do valor de câmbio?

A demanda é ao mesmo tempo uma oferta, a oferta é ao mesmo tempo uma demanda. Assim, a antítese do Sr. Proudhon, identificando simplesmente a oferta e a demanda uma à utilidade e outra à opinião repousa apenas sobre uma abstração fútil.

O que o Sr. Proudhon denomina valor útil, outros economistas denominam, com igual razão, valor de opinião. Citaremos apenas Storch[38].

---

[35] [M.]: PROUDHON, tomo I p. 65.
[36] [M.]: Idem.
[37] [C.]: E por que não? Afirmar um fato não é estabelecer a legitimidade deste fato.
[38] [M.]: *Cours d'Économie Politique* Paris, 1823 pp. 88 e 99

Em sua opinião, denomina-se *necessidades* as coisas das quais sentimos precisão[39]; denomina-se *valores* as coisas às quais atribuímos valor. A maior parte das coisas tem valor apenas porque elas satisfazem às necessidades geradas pela opinião. A opinião sobre nossas necessidades pode mudar e portanto a utilidade das coisas, que exprime apenas uma relação entre estas coisas e nossas necessidades, pode igualmente mudar. As necessidades naturais em si mudam continuamente. Que variedade existe, com efeito, nos objetos que servem de alimento principal entre os diferentes povos!

A luta não se estabelece entre a utilidade e a opinião: ela estabelece-se entre o valor venal que pede quem oferta e o valor venal que oferece o demandante. O valor trocável do produto é, em cada ocasião, a resultante destas apreciações contraditórias.

Em última análise, a oferta e a demanda colocam em presença a produção e o consumo, mas a produção e o consumo fundados sobre as trocas individuais.

O produto que se oferece não é útil em si mesmo. É o consumidor que nele constata a utilidade[40]. E mesmo quando nele se reconhece a qualidade de ser útil, ele não se restringe exclusivamente ao útil[41]. No curso da produção, ele foi trocado contra todos os custos de produção, tais como matérias-primas, o salário dos operários, etc. todas coisas que são valores venais. O produto portanto representa, aos olhos do produtor, uma soma de valores venais. O que ele oferece, não é somente um objeto útil, mas também, e sobretudo, um valor venal.

Quanto à demanda, ela será efetiva apenas sob a condição de ter à sua disposição os meios de troca. Estes meios são, eles mesmos, produtos, valores venais.

Na oferta e na demanda nós encontramos portanto, por um lado, um produto que custou valores venais e a necessidade de vender; por outro lado, os meios que custaram valores venais e o desejo de comprar[42].

---

[39] [N.T.]: *les choses dont sentons le besoin* no original francês. *Besoin* é geralmente traduzido como necessidade em português; por razões estilísticas optamos aqui por precisão, no sentido etimológico.

[40] [X]: Disputa de palavras.

[41] [N.T.]: O original francês diz: "*...Et lors même qu'on lui reconnaît la qualité d'être utile, il n'est pas exclusivement utile*". Optamos pela tradução acima por acreditá-la mais fiel ao espírito do texto.

[42] [C.]: Por que querer confundir aquilo que a razão distingue tão bem?

O Sr. Proudhon opõe o *comprador livre* ao *produtor livre*. Ele dá a um e a outro qualidades puramente metafísicas. É isto que o faz dizer:

Está provado que é o *livre-arbítrio* do homem que dá lugar à oposição entre valor útil e valor de troca.

O produtor, no momento em que produziu numa sociedade fundada na divisão do trabalho e sobre as trocas, e esta é a hipótese do Sr. Proudhon, é forçado a vender[43]. O Sr. Proudhon faz do produtor o senhor dos meios de produção, mas ele convirá conosco que não é do *livre-arbítrio* que dependem seus meios de produção. Há mais: estes meios de produção são em grande parte produtos que lhe chegam de fora e na produção moderna ele sequer é livre de produzir a quantidade que quer. O grau atual de desenvolvimento das forças produtivas o obriga a produzir em tal ou qual escala.

O consumidor não é mais livre que o produtor. Sua opinião repousa sobre seus meios e suas necessidades. Uns e outros são determinados por sua situação social, que depende ela mesma da inteira organização social[44]. Sim, o operário que compra batatas e a mulher teúda e manteúda[45] que compra suas peças de renda, seguem um e outra a sua respectiva opinião. Mas a diversidade de suas opiniões explica-se pela diferença da posição que ocupam no mundo, que por sua vez é o produto da organização social.

O sistema inteiro das necessidades está fundado sobre a opinião ou sobre toda a organização da produção? No mais das vezes as necessidades nascem diretamente da produção, ou de um estado de coisas baseado na produção. O comércio do universo rola quase inteiramente sobre as necessidades não do consumo individual, mas da produção.

---

[43] [N.T.]: A moderna antropologia perguntaria ao Sr. Marx: "qual é a sociedade que, de alguma forma, não se apóia sobre a divisão do trabalho e sobre as trocas, da mesma forma como se apóia sobre os mitos e as trocas simbólicas?" Os arqueólogos hoje conseguem demonstrar, ao menos desde o paleolítico médio, a existência de operações coordenadas e seqüenciadas no talhe do sílex, e portanto ao menos de *divisão seqüencial do trabalho*, isto há pelo menos cem (ou talvez mesmo quinhentos) mil anos atrás. Obviamente quem diz divisão de trabalho e diz trocas, não diz automaticamente mercado, assim como quem diz divisão de trabalho, trocas e mercado não diz necessariamente estrutura econômica capitalista. As trocas existiram muito antes dos mercados e os mercados são muito anteriores aos comerciantes e banqueiros capitalistas.

[44] [C]: E a organização social é o produto de quê?! Vamos! Ocultai a ponta de vossa orelha!

[45] [N.T.]: " *et la femme entretenue*" no original francês.

Assim, para dar um outro exemplo, a necessidade que se tem de tabeliães não supõe um direito civil já dado, que nada mais é que uma expressão de um certo desenvolvimento da propriedade, isto é, da produção?

Não basta ao Sr. Proudhon ter eliminado da relação entre a oferta e a procura os elementos dos quais acabamos de falar. Ele leva a abstração aos seus últimos limites, fundindo todos os produtores *em um único* produtor e todos os consumidores *em um único* consumidor e estabelecendo a luta entre estes dois personagens quiméricos. Mas no mundo real as coisas se passam de outra maneira[46]. A concorrência entre aqueles que ofertam e a concorrência entre aqueles que demandam, formam um elemento necessário da luta entre compradores e vendedores, de onde resulta o valor venal.

Depois de ter eliminado os custos de produção e a concorrência, o Sr. Proudhon pode, todo à vontade, reduzir ao absurdo a fórmula da oferta e da procura.

A oferta e a procura, *diz ele*, nada mais são que duas *formas cerimoniais*, que servem para colocar em presença o valor de utilidade e o valor de troca e para provocar a sua conciliação. São os pólos elétricos cujo contato deve produzir o fenômeno de afinidade denominado *troca*[47].

Tanto vale dizer que a troca nada mais é que uma "forma cerimonial" para colocar em presença o consumidor e o objeto de consumo. Tanto vale dizer que todas as relações econômicas são "formas cerimoniais" para servir de intermediário ao consumo imediato[48]. A oferta e a procura são relações de uma dada produção, nem mais e nem menos que as trocas individuais.

Assim, no que consiste toda a dialética do Sr. Proudhon? Em substituir o valor útil e o valor trocável, a oferta e a procura, por noções abstratas e contraditórias, tais como escassez e abundância, utili-

---

[46] [X.]: Proudhon não abstraiu, ele generalizou. Por que vós não o seguistes neste terreno, onde teríeis encontrado a verdade? Vós o pressentistes e preferistes patinar na rotina burguesa.

[47] [M.]: PROUDHON, t. I p. 71.

[48] [N.T.]: Com certeza M. Mauss e B. Malinowsky teriam muito mais que uma palavra a dizer sobre isto. Apenas registremos aqui o fato e sigamos adiante.

dade e opinião, *um* produtor e *um* consumidor, ambos *cavaleiros do livre-arbítrio*[49].

Aonde ele queria chegar?

A se preparar um meio de introduzir mais tarde um dos elementos que ele tinha afastado, os *custos de produção*, como síntese do valor útil e do valor trocável. É assim que, aos seus olhos, os custos de produção constituem o *valor sintético* ou o *valor constituído*[50, 51].

2. O VALOR CONSTITUÍDO OU O VALOR SINTÉTICO

"O valor (venal) é a pedra angular do edifício econômico." O valor *"constituído"* é a pedra angular do sistema das contradições econômicas.

O que é portanto este *"valor constituído"* que constitui toda a descoberta do Sr. Proudhon em economia política?

Uma vez admitida a utilidade, o trabalho é a fonte do valor. A medida do trabalho é o tempo. O valor relativo dos produtos é determinado pelo tempo de trabalho que é preciso empregar para produzi-los. O preço é a expressão monetária do valor relativo de um produto. Enfim, o valor *constituído* de um produto é simplesmente o valor que se constitui pelo tempo de trabalho nele fixado.

Da mesma forma como Adam Smith descobriu a *divisão do trabalho*, da mesma maneira ele, o Sr. Proudhon, pretende ter descoberto o *"valor constituído"*. Ora, isto não é, precisamente, "algo de inaudito", mas é também preciso convir que não há nada de inaudito em

---

[49] [C.]: Que pena que não podeis lançar-vos no campo das abstrações, vós que sois economista e filósofo!

[50] [N.E.]: Marx negligencia nesta primeira parte todo o primeiro capítulo das *Contradições Econômicas*, que se intitula "Da Ciência Econômica". Neste capítulo entretanto encontram-se numerosos elementos que Marx mais tarde retomará.

[51] [N.T.]: A idéia de *valor constituído* em Proudhon, como aliás o leitor facilmente constatará se se der ao trabalho de consultar o segundo capítulo das contradições, não consiste na contabilidade dos custos de produção, mas sim na contabilidade do **trabalho humano agregado** nos bens e serviços e em uma regra de distribuição e de trocas que leve em conta a equivalência de todo o trabalho humano. Notemos que esta idéia, é um dos fios condutores das *Contradições*, voltando à baila, por exemplo, ao se analisar a balança de comércio e o crédito. Note-se igualmente que, para Proudhon, os valores *não estão constituídos* na sociedade capitalista e que é o próprio projeto desta constituição que forma o processo de superação da sociedade capitalista, que Proudhon ora denominará *Justiça*, ora *Anarquia*.

nenhuma das descobertas da ciência econômica. O Sr. Proudhon, que sente toda a importância de sua invenção, busca entretanto atenuar o seu mérito

> para tranqüilizar o leitor sobre suas pretensões sobre originalidade e reconciliar os espíritos que sua timidez torna pouco favorável às idéias novas.

Mas na medida em que ele reconhece a parte daquilo que cada um de seus predecessores fez para a avaliação do valor, ele é forçosamente conduzido a confessar em alta voz que é a ele que cabe a maior parte, a parte do leão.

> A idéia sintética do valor tinha sido vagamente percebida por Adam Smith...Mas esta idéia do valor era completamente intuitiva em A. Smith: ora a sociedade não muda, não muda seus hábitos, sob a fé de intuições: ela decide-se apenas sob a autoridade dos fatos. Era preciso que a antinomia se exprimisse de uma maneira mais sensível e mais clara: J. B.Say foi seu principal intérprete[52].

Eis a história já feita da descoberta do valor sintético: a Adam Smith cabe a intuição vaga, a J. B. Say a antinomia, ao Sr. Proudhon a verdade constituinte e "constituída". E que ninguém se equivoque: todos os outros economistas, de Say a Proudhon, nada mais fizeram do que mover-se no rastro[53] da antinomia.

> É incrível que tantos homens de bom senso debatem-se há quarenta anos contra uma idéia tão simples. Mas não, *a comparação dos valores efetua-se sem que haja entre eles nenhum ponto de comparação e sem unidade de medida*: eis, ao invés de abraçar a teoria revolucionária da igualdade, o que os economistas do século XIX resolveram sustentar contra tudo e contra todos. *O que dirá disto a posteridade?*[54].

---

[52] [N.E.]: PROUDHON, t. I, pp. 84 e 85.

[53] [N.T.]: "*dans l'orniére*" no original francês. *Orniére* literalmente é o sulco deixado por uma roda ou uma trilha.

[54] [M.]: PROUDHON, t. I, p. 86.

39

A posteridade, tão bruscamente apostrofada, começará por embaraçar-se com a cronologia. Ela deve necessariamente perguntar-se: Ricardo e sua escola não estão entre os economistas do século XIX? O sistema de Ricardo, que põe como princípio

que o valor relativo das mercadorias deve-se exclusivamente à quantidade de trabalho requerida para a sua produção,

remonta a 1817. Ricardo é o chefe de toda uma escola que reina na Inglaterra desde a Restauração[55]. A doutrina ricardiana resume rigorosamente, impiedosamente, toda a burguesia inglesa, que por sua vez é o tipo da burguesia moderna. "O que dirá a posteridade?" Ela não dirá que o Sr. Proudhon não conhece Ricardo, uma vez que ele fala deste último e fala longamente, ele sempre retorna a Ricardo e acaba por dizer que ele é um "calhamaço". Se porventura a posteridade imiscuir-se nisto, ela dirá talvez que o Sr. Proudhon, temendo chocar a anglofobia de seus leitores, preferiu fazer-se o editor responsável das idéias de Ricardo. Seja como for, ela achara muito ingênuo que o Sr. Proudhon dê como "teoria revolucionária do futuro" aquilo que Ricardo cientificamente expôs como teoria da sociedade atual, da sociedade burguesa, e que tome assim por solução da antinomia entre a utilidade e o valor de câmbio aquilo que Ricardo e sua escola há muito tempo antes dele apresentaram como a fórmula científica de um único lado da antinomia, do *valor de câmbio*. Mas coloquemos para sempre a posteridade de lado e confrontemos o Sr. Proudhon com seu predecessor Ricardo. Eis algumas passagens deste último autor, que resumem a sua doutrina do valor:

---

[55] [N.T.]: Marx refere-se aqui, obviamente e segundo o costume vigente entre os historiadores e políticos de sua época, à restauração dos Bourbons no trono de França, com Luís XVIII e Carlos X, à partir da queda definitiva de Napoleão, em 1815. O regime da "*Restauração*" encerra-se com as jornadas de julho de 1830 (as "Três Gloriosas"), que derrubam o regime e inauguram a monarquia "burguesa" de Luís Felipe (que perdura até 1848). Ao nosso humilde saber, parece-nos que tal denominação popularizou-se através dos escritos de Michelet, de Thiers e de Taine. Em nossas notas à tradução das *Contradições Econômicas*, inserimos numerosos comentários e referências à estes dois importantes períodos da história da França e da Europa contemporâneas. Pode-se dizer, inclusive, que o pano de fundo necessário para a interpretação do pensamento de Proudhon e dos primeiros socialistas franceses constitui-se deste quadro histórico e da percepção dos limites práticos alcançados pelas lutas populares durante a Revolução Francesa.

Não é a utilidade que é a medida do *valor trocável*, ainda que ela lhe seja absolutamente necessária[56].

As coisas, uma vez que sejam reconhecidas úteis por si mesmas, tiram o seu valor trocável de duas fontes: de sua raridade e da quantidade de trabalho necessária para adquiri-las. Há coisas cujo valor depende apenas de sua escassez. Nenhum trabalho poderia aumentar a sua quantidade e seu valor não pode baixar pela sua maior abundância. Tais são as estátuas ou os quadros preciosos, etc. Este valor depende unicamente das faculdades, dos gostos e do capricho daqueles que têm vontade de possuir tais objetos[57].

Estas formam entretanto apenas uma quantidade muito pequena das mercadorias que são trocadas diariamente. Como o maior número de objetos que se deseja possuir é fruto da indústria, pode-se multiplicá-los não apenas em um país mas em muitos, em um grau ao qual é quase impossível designar limites, todas as vezes que se quiser para tanto empregar a indústria necessária para criá-los[58].

Quando pois falamos de mercadorias, de seu valor trocável e dos princípios que regulam seu preço relativo, temos em vista apenas aquelas mercadorias cuja quantidade pode crescer pela indústria do homem, cuja produção é encorajada pela concorrência e não contrariada por nenhum entrave[59].

Ricardo cita A. Smith que, em sua opinião, "definiu com *muita precisão* a fonte primitiva de todo o valor trocável"(SMITH: t.I, Cap. V) e acrescenta:

Que esta seja na realidade a base do valor trocável de todas as coisas [ou seja, o tempo de trabalho], salvo daquelas que a indústria dos homens não pode multiplicar à vontade, é um ponto de doutrina da mais alta importância em economia política: pois não *há fonte* da qual tenham corrido mais erros,

---

[56] [M.]: RICARDO: *Príncipes d'Économie Politique...*, traduzido do inglês por J. S. Constâncio, Paris, 1839, t. I p. 3.

[57] [M.]: Idem pp. 4 e 5.

[58] [M.]: Idem p. 5.

[59] [M.]: Idem p. 5.

de onde nasceram tantas opiniões diversas, que não o sentido vago e pouco preciso que se vincula à palavra *valor*[60].

Se é a quantidade de trabalho fixada em uma coisa que regula o seu valor trocável, segue-se que todo aumento na quantidade de trabalho deve necessariamente aumentar o valor do objeto sobre o qual ele foi empregado e, da mesma forma, toda a diminuição de trabalho deve diminuir o seu preço[61].

Ricardo reprova em seguida a Adam.Smith:

1º De dar ao valor outra medida que não o trabalho, tanto para o valor do trigo, quanto o valor da quantidade de trabalho que uma coisa pode comprar, etc.[62].

2º De ter admitido sem reservas o princípio e de ter restringido entretanto a sua aplicação ao estado primitivo e grosseiro da sociedade, que precede à acumulação dos capitais e a propriedade das terras[63].

Ricardo esforça-se por demonstrar que a propriedade das terras, quer dizer a renda não poderia modificar o valor relativo[64] dos gêneros e que a acumulação dos capitais exerce apenas uma ação passageira e oscilatória sobre os valores relativos determinados pela quantidade comparada de trabalho empregado em sua produção. Em apoio desta tese, ele dá a sua famosa teoria da renda da terra, decompõe o capital e chega, em última análise, a encontrar aí apenas trabalho acumulado. Ele desenvolve em seguida toda uma teoria do salário e do lucro e demonstra que o salário e o lucro, em seus movimentos de alta e de queda, estão na razão inversa um do outro sem influir no valor relativo do produto. Ele não negligencia a influência que a acumulação dos capitais e a diferença de sua natureza (capitais fixos e capitais circulantes), bem como a taxa dos salários podem exercer sobre o va-

---

[60] [M.]: Idem p. 8.

[61] [M.]: Idem

[62] [M.]:Idem pp. 9 e 10.

[63] [M.]: Idem p. 21.

[64] [E.]: Na margem de seu exemplar Engels anota: "Em Ricardo, o valor relativo é o valor expresso em numerário". Esta nota não figura na edição de 1896.

lor proporcional dos produtos. Estes até mesmo são os principais problemas que ocupam Ricardo.

Toda economia no trabalho, *diz ele*[65], nunca deixa de baixar o valor relativo de uma mercadoria, seja porque tal economia incide sobre o trabalho necessário para a fabricação do próprio objeto, seja porque ela se realiza sobre o trabalho necessário para a formação do capital empregado nesta produção[66].

Em conseqüência, enquanto uma jornada de trabalho continuar a dar a mesma quantidade de peixe e outra a mesma quantidade de caça, a taxa natural dos preços respectivos de troca permanecerá sempre a mesma, qualquer que seja, aliás, a variação nos salários e no lucro e apesar de todos os efeitos de acumulação do capital[67].

Nós já consideramos o trabalho como o fundamento do valor das coisas e a quantidade de trabalho necessária à sua produção como a regra que determina as quantidades respectivas das mercadorias que se deve dar em troca de outras: mas com isso não pretendemos negar que não houvesse no preço corrente das mercadorias algum desvio acidental e passageiro deste preço primitivo e natural[68].

São os custos de produção que regulam, em última análise, os preços das coisas e não, como freqüentemente se argumentou, a proporção entre a oferta e a demanda[69].

Lord Lauderdale tinha desenvolvido as variações do valor trocável segundo a lei da oferta e da procura, ou da escassez e da abundância relativas à demanda. Em sua opinião, o valor de uma coisa pode

---

[65] [M.]: RICARDO: obra citada, t. I, p. 28.

[66] [E.]: Na edição alemã de 1885, Engels insere aqui o seguinte trecho: "Sabe-se que, para Ricardo, o valor de uma mercadoria é determinado pela *quantidade de trabalho que é necessário para adquiri-la*. Ora, o modo de trocas que predomina em toda a forma de produção fundada sobre a mercadoria – e portanto igualmente o sistema capitalista – tem entretanto por conseqüência que tal valor não se exprime diretamente em quantidades de trabalho, mas em quantidades de uma outra mercadoria. Em Ricardo, o valor de uma mercadoria expresso no quantum de uma outra mercadoria (dinheiro ou não) denomina-se valor relativo".

[67] [M.]: RICARDO, obra citada t. I, p. 28.

[68] [M.]: Idem p. 105.

[69] [M.]:Idem t. II, p. 253.

aumentar quando a sua quantidade diminui ou quando a sua demanda aumenta; ele pode diminuir em razão do aumento de sua quantidade ou em razão da diminuição da demanda. Assim, o valor de uma coisa pode mudar pela operação de oito causas diferentes, à saber; das quatro causas aplicadas à esta coisa em si e de quatro causas aplicadas ao dinheiro ou a toda outra mercadoria que sirva de medida ao valor. Eis a refutação de Ricardo:

> Produtos cujo *monopólio* é detido por um particular ou por uma companhia variam de valor segundo a lei que Lord Lauderdale colocou: eles baixam na proporção em que são oferecidos em maior quantidade e sobem com o desejo que demonstram os compradores em adquiri-los; seu preço não mantém relação necessária com seu valor natural. Mas quanto às coisas que estão sujeitas à concorrência entre vendedores e cuja quantidade pode aumentar-se em limites moderados, seu preço depende, definitivamente, não do estado da demanda ou do abastecimento, mas sim do aumento ou da diminuição dos custos de produção[70].

Deixaremos ao leitor o cuidado de fazer a comparação entre a linguagem tão precisa e tão clara de Ricardo e os esforços retóricos que faz o Sr. Proudhon para chegar à determinação do valor relativo pelo tempo de trabalho[71].

Ricardo nos mostra o movimento real da produção burguesa que constitui o valor. O Sr. Proudhon, fazendo abstração deste movimento real, "debate-se" para inventar novos procedimentos[72], para com isto regular o mundo segundo uma fórmula pretensamente nova que nada mais é senão a expressão teórica do movimento real existente e tão bem exposto por Ricardo. Ricardo toma seu ponto de partida na sociedade atual para nos demonstrar como ela constitui o valor: o

---

[70] [M.]: Idem p. 259.

[71] [N.E.]: Marx "esquece" que nas *Memórias sobre a Propriedade* (que ele tanto tinha admirado), Proudhon já tinha afirmado que, sendo o valor de um produto uma função do tempo de trabalho, poderia-se reivindicar a igualdade das tarefas sociais e dos salários (cf. *Primeira Memória sobre a Propriedade*, Cap. III, § 6).

[72] [X]:É permitido debater-se para encontrar uma fórmula nova quando se vê os felizes resultados do movimento real de vossa produção burguesa.

Sr. Proudhon toma por ponto de partida o valor constituído para constituir um novo mundo social através deste valor. Para ele, o Sr. Proudhon, o valor constituído deve dar uma volta e retornar constituinte para um mundo já completamente constituído segundo este modo de avaliação. A determinação do valor pelo tempo de trabalho é para Ricardo a lei do valor trocável; para o Sr. Proudhon ela é a síntese do valor útil e do valor trocável[73]. A teoria dos valores de Ricardo é a interpretação científica da vida econômica atual: a teoria dos valores do Sr. Proudhon é a interpretação utópica da teoria de Ricardo. Ricardo constata a verdade de sua fórmula fazendo-a derivar de todas as relações econômicas e explicando por este meio todos os fenômenos, mesmo aqueles que, à primeira vista parecem contradizê-la como a renda, a acumulação dos capitais e a relação dos salários aos lucros; é isto precisamente o que faz de sua doutrina um sistema científico; o Sr. Proudhon, que reencontrou esta fórmula de Ricardo através de hipóteses completamente arbitrárias, é forçado em seguida buscar fatos econômicos isolados que ele tortura e falsifica, para fazê-los passar como exemplos, aplicações já existentes e começos de realização de sua idéia regeneradora. (V. o nosso § 3)

Passemos agora às conclusões que o Sr. Proudhon tira do valor constituído (pelo tempo do trabalho).

— Uma certa quantidade de trabalho equivale ao produto criado por esta mesma quantidade de trabalho.

— Toda jornada de trabalho vale uma outra jornada de trabalho[74], quer dizer em quantidade igual, o trabalho de um vale o trabalho do outro: não há diferença qualificativa. A quantidade igual de trabalho, o produto de um se dá em troca pelo produto do outro. Todos os homens são trabalhadores assalariados e assalariados igualmente pagos por um tempo igual de trabalho. A igualdade perfeita preside às trocas.

Estas conclusões seriam as conseqüências naturais e rigorosas do valor "constituído" ou determinado pelo tempo do trabalho?

Se o valor relativo de uma mercadoria está determinado pela quantidade de trabalho requerida para produzi-la, segue-se natural-

---

[73] [X]: A inveja vos rói e vos faz bancar o prestidigitador.

[74] [C]: Não se responde a um livro sério com uma série de gracejos. É ao Sr. Proudhon ou às suas idéias que atacais? Devíeis ter-nos prevenido sobre isto.

mente que o valor relativo do trabalho, ou o salário, está igualmente determinado pela quantidade de trabalho necessária para produzir o salário. O salário, quer dizer o valor relativo ou o preço do trabalho, está pois determinado pelo tempo de trabalho que é preciso para produzir tudo aquilo que é necessário à manutenção do operário.

> *Diminua-se os custos de fabricação* dos chapéus e seu preço acabará por cair ao seu novo preço natural, ainda que a demanda possa duplicar, triplicar ou quadruplicar. *Diminua-se os custos de manutenção dos homens,* diminuindo-se o preço natural do alimento e das vestimentas que sustentam a vida e ver-se-á os salários acabarem abaixando, mesmo que a demanda de braços tenha crescido consideravelmente[75].

Certamente a linguagem de Ricardo não pode ser mais cínica. Colocar na mesma linha os custos de fabricação dos chapéus e os custos de manutenção do homem é transformar o homem em chapéu. Mas, não gritemos tanto por cinismo. O cinismo está nas coisas e não nas palavras que exprimem as coisas. Autores franceses, tais como os Srs. Droz, Blanqui e Rossi entre outros, se dão a inocente satisfação de provar a sua superioridade sobre os economistas ingleses buscando observar a etiqueta de uma linguagem "humanitária"; se eles reprovam Ricardo e à sua escola a sua linguagem cínica é porque estão vexados ao ver expor as relações econômicas em toda a sua crueza, é por ver traídos os mistérios da burguesia.

Resumamos: o trabalho sendo ele próprio mercadoria, mede-se como tal pelo tempo de trabalho que é preciso para produzir o trabalho-mercadoria. E o que é preciso para produzir o trabalho-mercadoria? Justamente aquilo que é preciso em tempo de trabalho para produzir os objetos indispensáveis à manutenção incessante do trabalho, quer dizer aquilo que faz viver o trabalhador e o põe em condição de propagar sua raça. O preço natural do trabalho nada mais é que o mínimo do salário. Se o preço corrente do salário[76] eleva-se acima do

---

[75] [M]: RICARDO: Obra citada, t. II, p. 253.

[76] [E]: Nota de Engels para a ed. Alemã de 1885 – "A fórmula segundo a qual o preço *natural,* quer dizer normal da força de trabalho coincide com o salário mínimo, quer dizer com o equivalente em valor das subsistências absolutamente necessárias para a existência e a reprodução do operário, esta fórmula foi inicialmente estabelecida por mim no *Esboço de uma crítica*

preço natural, é precisamente porque a lei do valor, colocada como princípio pelo Sr. Proudhon, encontra-se contrabalançada pelas conseqüências das variações da relação entre a oferta e a demanda. Mas, o mínimo do salário nem por isto deixa de ser o centro para o qual gravitam os preços correntes dos salários.

Assim, o valor relativo medido pelo tempo do trabalho, é fatalmente a fórmula da escravidão moderna do operário, ao invés de ser, como quer o Sr. Proudhon, a "teoria revolucionária" da emancipação do proletariado[77].

Vejamos agora em quantos casos a aplicação do tempo de trabalho como medida do valor é incompatível com o antagonismo existente das classes e a retribuição desigual do produto entre o trabalhador imediato e o possessor do trabalho acumulado.

Suponhamos um produto qualquer; por exemplo o tecido de linho[78]. Este produto, enquanto tal, encerra uma quantidade de trabalho determinada. Esta quantidade de trabalho será sempre a mesma, seja qual for a situação recíproca daqueles que concorreram para criar este produto.

Tomemos um outro produto: o tecido de lã[79] que teria exigido a mesma quantidade de trabalho que o pano de linho.

---

da *Economia Política* (Anais Franco-Alemães, 1844) e na *Situação da Classe Laboriosa na Inglaterra*. Como se vê aqui, Marx tinha então aceito esta fórmula. Foi de nós dois que Lassalle a emprestou. Mas se é verdade que na realidade o salário tem, constantemente, tendência a aproximar-se de seu mínimo, a fórmula acima nem por isso deixa de ser falsa. O fato de que a força de trabalho seja, em regra geral e em média, paga abaixo de seu valor não modificaria este último. No *Capital*, Marx ao mesmo tempo retificou esta fórmula (na seção *compra e venda da força de trabalho*) e desenvolveu as circunstâncias que permitem à produção capitalista fazer cada vez mais baixar abaixo de seu valor o preço da força de trabalho" (Cap. XXIII "A Lei Geral da Acumulação Capitalista").

[77] [X]: Sim, sob o império do capital onde o operário nunca pôde resgatar seu produto.

[78] [N.T.]: *toile* no original francês, que geralmente é utilizado para designar os panos e tecidos finos de linho e algodão. Marx aqui oporá *toile* e *drap*, que originalmente designa os tecidos pesados de lã, como a casimira, p.ex. Lembremos que no tempo em que estas linhas são escritas, ainda não existe uma indústria de confecções como a que conhecemos hoje em dia: a fiação e a tecelagem já eram bastante industrializadas, mas a confecção de roupas, ainda era semi-artesanal. As roupas de "maior responsabilidade (sobrecasacas, ternos, vestidos e mantos de senhoras), eram executados por oficinas de alfaiataria e de costura mais especializada, sendo geralmente executadas em panos mais pesados e caros; as roupas brancas, como as camisas p. ex., eram executadas em panos leves por pessoal menos especializado. Além disso existia ainda um florescente negócio de remendões e buteiros, destinado ao reparo de roupas velhas, ou a adaptação de roupas usadas, compradas de segunda mão ou ganhas.

[79] [N.T.]: *drap* no original francês.

Se há troca entre estes dois produtos, há troca entre quantidades iguais de trabalho. Trocando estas quantidades iguais de tempo de trabalho, não se muda a situação recíproca dos produtores e nem se muda coisa alguma na situação dos operários e dos fabricantes entre si. Dizer que esta troca de produtos medidos pelo tempo de trabalho tem por conseqüência a retribuição igualitária de todos os produtores é supor que a igualdade de participação no produto subsistiu anteriormente à troca. Se a troca da lã contra o pano de linho for cumprida, os produtores de lã participarão dos panos na proporção idêntica a que tinham antes participado na lã[80].

A ilusão do Sr. Proudhon provém do fato de que ele toma por conseqüência aquilo que, no máximo, poderia ser que uma suposição gratuita[81].

Mas vamos além.

O tempo de trabalho como medida de valor, supõe ao menos que as jornadas sejam *equivalentes*, ou que a jornada de um valha a jornada de outro? Não.

Suponhamos um instante que a jornada de um joalheiro equivale a três jornadas de um tecelão: ocorrerá que o valor das jóias com relação aos tecidos, a menos de ser o resultado passageiro de oscilações da demanda e da oferta, deve ter por causa uma diminuição ou um aumento do tempo de trabalho empregado, por um lado ou por outro, na produção. Que três jornadas de diferentes trabalhadores estejam entre si como 1,2 e 3, mesmo assim toda a mudança no valor relativo de seus produtos será uma mudança nesta proporção de 1,2,3. Assim pode-se medir os valores pelo tempo de trabalho, apesar da desigualdade do valor das diferentes jornadas de trabalho; mas para aplicar tal medida, nos é necessária uma escala comparativa das diferentes jornadas de trabalho: é a concorrência quem estabelece esta escala.

Vossa hora de trabalho vale o mesmo que a minha? É uma questão que se debate pela concorrência[82].

A concorrência, segundo um economista americano, determina quantas jornadas de trabalho simples estão contidas em uma jornada de trabalho complicada. Esta redução de jornadas de trabalho compli-

---

[80] [X.]: "Quem disse o contrário?"
[81] [C.]: "Vossa ilusão é acreditar nessa ilusão".
[82] [C.]: "Quem o nega?

cado para jornadas de trabalho simples não supõe que se toma o próprio trabalho simples como medida do valor? A quantidade de trabalho somente, servindo de medida ao valor sem considerar a qualidade, supõe por sua vez que o trabalho simples tornou-se o eixo da indústria. Ela supõe que os trabalhos se equalizaram pela subordinação do homem à máquina, ou pela divisão extrema do trabalho; supõe que os homens se apagam diante do trabalho; que o trabalho tornou-se o balanço do pêndulo e tornou-se a medida exata da atividade relativa de dois operários, assim como o é da rapidez de duas locomotivas. <u>Então, não é preciso dizer que uma hora de um homem vale uma hora de um outro homem, mas sim que um homem de uma hora vale um outro homem de uma hora</u>[83]. O tempo é tudo, o homem não é mais nada; ele é no máximo a carcaça do tempo. Não mais existe a questão da qualidade. A quantidade sozinha decide tudo: hora por hora, jornada por jornada; mas esta equalização do trabalho não é obra da justiça eterna do Sr. Proudhon; ela é simplesmente o fato da indústria moderna.

Na oficina automática, o trabalho de um operário quase não mais se distingue do trabalho de outro operário; os operários não podem mais distinguir-se entre si, a não ser pela quantidade de tempo que empregam em trabalhar. Entretanto, esta diferença quantitativa torna-se, sob um certo ponto de vista, qualitativa na medida em que o tempo a dedicar ao trabalho depende, em parte, de causas puramente materiais, tais como a constituição física, a idade, o sexo, e em parte de causas morais puramente negativas como a paciência, a impassibilidade, a assiduidade. Enfim, se há uma diferença de qualidade no trabalho dos operários, e esta é no máximo uma qualidade de última qualidade, o que está longe de ser uma especialidade distintiva. Eis qual é, em última análise, o estado das coisas na indústria moderna. É sobre a igualdade já realizada do trabalho automático que o Sr. Proudhon passa a sua plaina da "equalização", que se propõe realizar universalmente "no tempo futuro".

Todas as conseqüências "igualitárias" que o Sr. Proudhon retira da doutrina de Ricardo repousam sobre um erro fundamental. É que ele confunde o valor das mercadorias medido pela quantidade de trabalho nelas fixada com o valor das mercadorias medido pelo *valor de trabalho*. Se estas duas maneiras de medir o valor das mercadorias se

---

[83] [C.]: Pasquinada. Seria preciso uma brochura!"

confundissem em uma só, se poderia dizer indiferentemente: o valor relativo de uma mercadoria qualquer é medido pela quantidade de trabalho nela fixada; ou melhor tal valor é medido pela quantidade de trabalho que ele está em condições de comprar; ou melhor ainda: ele é medido pela quantidade de trabalho que consegue adquirir. Mas as coisas não se passam assim. O valor do trabalho poderia servir de medida para o valor tanto quanto o valor de qualquer outra mercadoria. Alguns exemplos bastarão para explicar melhor o que acabamos de dizer.

Se o moio de trigo custasse duas jornadas de trabalho ao invés de uma só ele teria o dobro de seu valor primitivo, mas não movimentaria a quantidade dupla de trabalho, porque não possuiria mais matéria nutritiva do que antes. Assim o valor do trigo, medido pela quantidade de trabalho empregada em produzi-lo, teria dobrado; mas se fosse medido pela quantidade de trabalho que ele pode comprar ou pela quantidade de trabalho pela qual pode ser comprado, este valor estaria longe de ter dobrado. Por outro lado, se o mesmo trabalho produzisse o dobro de roupas que antes, o valor relativo destas cairia pela metade; entretanto, esta quantidade duplicada de roupas estaria com isso reduzida a comandar apenas a metade da quantidade de trabalho, ou o mesmo trabalho não poderia comandar a dupla quantidade de roupas, porque a metade das roupas continuaria a fornecer ao operário o mesmo serviço que antes.

Assim, determinar o valor relativo dos gêneros pelo valor do trabalho vai contra os fatos econômicos. É mover-se em um círculo vicioso, é determinar um valor relativo por outro valor relativo que, por sua vez, tem necessidade de ser determinado.

Está fora de dúvida que o Sr. Proudhon confunde as duas medidas, a medida pelo tempo de trabalho necessário para a produção de uma mercadoria e a medida pelo valor do trabalho. "O trabalho de qualquer homem, diz ele, pode comprar o valor que ele encerra". Assim, em sua opinião, uma certa quantidade de trabalho fixado em um produto, equivale à retribuição do trabalhador, isto é, equivale ao valor do trabalho. É ainda esta mesma razão que o autoriza a confundir os custos de produção com os salários.

"O que é o salário? É o preço de venda do trigo, etc., é o preço que integra qualquer coisa." Podemos ir mais longe ainda: "O salário é a proporcionalidade dos elementos que compõem a riqueza." O que é o salário? É o valor do trabalho.

Adam Smith toma por medida do valor tanto o tempo de trabalho necessário à produção de uma mercadoria quanto o valor do trabalho. Ricardo desvelou este erro fazendo ver claramente a disparidade entre estas duas maneiras de medir. O Sr. Proudhon reincide sobre o erro de Adam Smith, identificando as duas coisas que o outro tinha apenas justaposto.

É para determinar a justa proporção pela qual os operários devem participar no produto ou, em outros termos, é para determinar o valor relativo do trabalho, que o Sr. Proudhon busca uma medida do valor relativo das mercadorias. Para determinar a medida do valor relativo das mercadorias ele não imagina nada melhor que dar por equivalente de uma certa quantidade de trabalho a soma dos produtos que ela criou, o que implica em supor que toda a sociedade consiste apenas de trabalhadores imediatos recebendo por salário o seu próprio produto. Em segundo lugar, ele coloca de fato a equivalência das jornadas dos diversos trabalhadores. Em resumo, ele busca a medida do valor relativo das mercadorias para encontrar a retribuição igual dos trabalhadores e toma um dado já totalmente encontrado, a igualdade dos salários para ir buscar aí o valor relativo das mercadorias. Que dialética admirável!

Say e os economistas que o seguiram observaram que estando o trabalho em si mesmo sujeito a avaliação, sendo uma mercadoria como qualquer outra enfim, haveria um círculo vicioso em tomá-lo como princípio e causa eficiente do valor. Estes economistas, que me permitam dizê-lo, demonstraram aí uma desatenção prodigiosa. Diz-se que o trabalho *vale*, não por ser ele próprio uma mercadoria, mas sim tendo-se em vista os valores nele encerrados potencialmente. <u>O valor do trabalho é uma expressão figurada, uma antecipação da causa sobre o efeito. É uma ficção, ao mesmo título que a *produtividade do capital*</u>[84]. O trabalho produz, o capital vale...Por uma espécie de elipse se diz valor do trabalho... O trabalho, como a liberdade... é uma coisa vaga e indeterminada por sua natureza, mas que se define

---

[84] [C.]: O valor do trabalho não é uma ficção de direito: é uma metáfora. A produtividade do capital é uma expressão que a ciência criou para sancionar a rapina moderna. O Capital produz: eis o fato brutal. Mas não se pode demonstrar que tal produtividade seja legítima: eis a antinomia.

qualitativamente por seu objeto, quer dizer, que se torna uma realidade pelo produto.

Mas será que há necessidade de insistir? Desde que o economista [leia-se o Sr. Proudhon] muda o nome das coisas, *vera rerum vocabula*, ele confessa implicitamente a sua impotência e se coloca fora de causa[85].

Nós vimos que o Sr. Proudhon fez do valor do trabalho a "causa eficiente" do valor dos produtos ao ponto que, para ele, o *salário*, nome oficial do "valor do trabalho", forma o preço integrante de qualquer coisa. Eis porque a objeção de Say o perturba. No trabalho-mercadoria, que é de uma realidade espantosa, ele vê apenas uma elipse gramatical. Portanto, toda a sociedade atual, fundada sobre o trabalho-mercadoria, estará doravante fundada sobre uma licença poética, sobre uma expressão figurada. A sociedade quer "eliminar todos os inconvenientes" que a trabalham? Pois bem, que ela elimine os termos malsoantes, que ela mude a linguagem e para tanto basta que ela se dirija à Academia para lhe pedir uma nova edição de seu dicionário. Depois de tudo o que acabamos de ver, nos é fácil compreender porque o Sr. Proudhon, em uma obra de economia política, teve que entrar em longas dissertações sobre a etimologia e sobre outras partes da gramática[86]. Assim ele está ainda a discutir eruditamente a derivação ultrapassada de *servus* por *servare*[87, 88]. Estas dissertações filológicas possuem um sentido profundo, um sentido esotérico: elas fazem parte essencial da argumentação do Sr. Proudhon.

O trabalho, a força do trabalho, enquanto vende-se e é comprada, é uma mercadoria como as outras e possui, conseqüentemente, um valor de troca. Mas o valor do trabalho, ou o trabalho enquanto

---

[85] [M.]: PROUDHON t. I, pp. 80,81 e 179, 180. [N.E.]: Nesta "citação", Marx omite duas vezes as reticências que indicariam que ele toma apenas extratos das páginas 80 e 81. O último parágrafo da citação é extraído do capítulo sobre "A Concorrência" e é completamente estranho à questão debatida. Por fim Proudhon ataca o "comunista [que] muda o nome das coisas". Marx transforma "comunista" em "economista" e, para cúmulo da confusão, ainda acrescenta o parênteses: "leia-se o Sr. Proudhon"! Como bem o escreve M. Rubel: "Estranha maneira de arrumar a vítima".

[86] [X.]: Escarneceis e não ides ao fundo das coisas.

[87] [C.]: Se a mofa constitui a qualidade essencial do Senhor Marx, onde estão as suas qualidades acessórias?

[88] [N.E.]: PROUDHON, t. I, p. 168.

mercadoria, produz tão pouco quanto o valor do trigo, ou o trigo enquanto mercadoria, serve de alimento.

O trabalho "vale" mais ou menos, conforme os gêneros alimentícios estejam mais caros ou mais baratos, segundo o estado da oferta e da demanda de braços, etc., etc.

O trabalho não é uma "coisa vaga"; ele é sempre um trabalho determinado, pois nunca é o trabalho em geral o que se vende e que se compra. Não é apenas o trabalho que se define qualitativamente pelo objeto, mas é ainda o objeto que é determinado pela qualidade específica do trabalho.

O trabalho, enquanto se vende e se compra, é ele mesmo uma mercadoria. Porque ele é comprado? "Em vista dos valores que se supõe estarem potencialmente nele encerrados". Mas se dissermos que esta coisa é uma mercadoria, não mais se trata da finalidade sob a qual ela é comprada, isto é, da utilidade que se quer tirar dela, da aplicação que se quer dela fazer. Ela é mercadoria como objeto de tráfico. Todos os raciocínios do Sr. Proudhon limitam-se a isto: Não se compra o trabalho como objeto imediato de consumo. Não, ele é comprado como instrumento de produção, como se se comprasse uma máquina. Enquanto mercadoria o trabalho vale e não produz. O Sr. Proudhon poderia ter dito igualmente que não existe de modo algum mercadoria, visto que qualquer mercadoria é comprada tendo-se em vista uma utilidade qualquer e nunca como mercadoria em si mesma.

Ao medir o valor das mercadorias pelo trabalho, o Sr. Proudhon entrevê vagamente a impossibilidade de se furtar à esta mesma medida o trabalho enquanto possuidor de um valor, o trabalho-mercadoria. Ele pressente que isto é fazer do mínimo do salário o preço natural e normal do trabalho imediato, que é aceitar o estado atual da sociedade. Assim, para subtrair-se desta conseqüência fatal, ele dá uma reviravolta e pretende que o trabalho não é uma mercadoria, que ele não poderia ter um valor. Ele se esquece que, ele mesmo, tinha tomado por medida o valor do trabalho, ele se esquece que todo o seu sistema repousa sobre o trabalho-mercadoria, sobre o trabalho que se troca, que se vende e se compra, que é trocado contra produtos, etc.; sobre o trabalho, enfim, que é uma fonte imediata de renda para o trabalhador. Ele esquece tudo.

Para salvar o seu sistema ele consente em sacrificar a base.

Et proper vitam vivendi perdere causas[89]!

Chegamos agora a uma nova determinação do "valor constituído".

"O valor é a *relação de proporcionalidade* dos produtos que compõem a riqueza."

Observemos inicialmente que a simples palavra "valor relativo ou trocável" implica a idéia de uma relação qualquer na qual os produtos trocam-se reciprocamente. Que se dê a tal relação o nome de "relação de proporcionalidade", não se muda nada no valor relativo, a não ser uma expressão. Nem a depreciação, nem a apreciação do valor de um produto destroem a qualidade que ele possui de se encontrar em uma "relação de proporcionalidade" qualquer com os outros produtos que formam a riqueza.

Porque pois este novo termo, que não traz uma idéia nova?

A "relação de proporcionalidade" faz pensar em muitas outras relações econômicas, tais como a proporcionalidade da produção, a justa proporção entre a oferta e a demanda, etc.; e o Sr. Proudhon pensou em tudo isto ao formular esta paráfrase didática do valor venal.

Em primeiro lugar, como o valor relativo dos produtos é determinado pela quantidade comparada de trabalho empregado na produção de cada um deles, a relação de proporcionalidade, aplicada a este caso especial, significa a quantidade respectiva de produtos que podem ser fabricados em um tempo dado e que, conseqüentemente, se dão em troca.

Vejamos qual partido tira o Sr. Proudhon desta relação de proporcionalidade.

Todo mundo sabe que quando a oferta e a procura se equilibram, o valor relativo de um produto qualquer é determinado exatamente pela quantidade de trabalho que nele está fixada, isto quer dizer que este valor relativo exprime a relação da proporcionalidade precisamente no sentido que acabamos de vincular ao termo. O Sr. Proudhon inverte a ordem das coisas. Começai, diz ele, por medir o valor relativo de um produto pela quantidade de trabalho que nele está fixada e então a oferta e a procura se equilibrarão infalivelmente. A produção corresponderá ao consumo e o produto será sempre trocável. Seu preço corrente exprimirá exatamente o seu justo valor. No lugar de dizer como todo o mundo: quando o tempo está bom vemos muita

---

[89] [N.E.]: "E para viver, perder aquilo que é a razão da vida." (Juvenal)

gente passear, o Sr. Proudhon faz passear o seu mundo para poder assegurar-lhe bom tempo.

Aquilo que o Sr. Proudhon dá como a conseqüência do valor venal determinado *a priori* pelo tempo do trabalho, poderia apenas se justificar por uma lei redigida aproximadamente nos seguintes termos:

Os produtos serão doravante trocados na razão exata do tempo de trabalho que custaram. Qualquer que seja a proporção entre a oferta e a demanda, a troca das mercadorias se fará sempre como se elas tivessem sido produzidas proporcionalmente à demanda. Que o Sr. Proudhon se encarregue de formular e de fazer uma tal lei, nós lhe passaremos os rascunhos. Se ele tentar ao contrário justificar sua teoria não como legislador mas enquanto economista, ele terá que provar que o *tempo* que é necessário para criar uma mercadoria indica exatamente o seu grau de *utilidade* e que marque a sua relação de proporcionalidade para a demanda, em conseqüência para o conjunto das riquezas. Neste caso, se um produto se vende a um preço igual aos seus custos de produção, a oferta e a procura sempre se equilibrarão, porque supõem-se que os custos de produção exprimem a relação verdadeira entre a oferta e a procura.

Efetivamente o Sr. Proudhon esforça-se por provar que o tempo de trabalho necessário para criar um produto marca a sua justa proporção com relação às necessidades, de tal maneira que as coisas cuja produção custa menos tempo são as mais imediatamente úteis e assim por diante, gradualmente. Já a única produção de um objeto de luxo demonstra, segundo esta doutrina, que a sociedade teve tempo excedente que lhe permitiu satisfazer a uma necessidade do luxo.

A própria prova de sua tese, o Sr. Proudhon a encontra na observação de que as coisas mais úteis custam menos tempo de produção, que a sociedade sempre começa pelas indústrias mais fáceis e que sucessivamente ela

ataca a produção dos objetos que custam mais tempo de trabalho e que correspondem à necessidades de ordem mais elevada.

O Sr. Proudhon empresta do Sr. Dunoyer o exemplo da indústria extrativa – coleta, pastoreio, caça, pesca etc. – que é a indústria mais simples, a menos custosa e através da qual o homem começou "o primeiro dia de sua segunda criação[90]". O primeiro dia de sua primeira criação está consignado no Gênese que nos faz ver em Deus o primeiro industrial do mundo.

As coisas se passam de maneira totalmente diferente do que pensa o Sr. Proudhon. No próprio momento no qual a civilização começa, a produção começa a fundar-se sobre o antagonismo das ordens, dos estados, das classes, sobre o antagonismo enfim entre o trabalho acumulado e o trabalho imediato. Sem antagonismo não há progresso. Esta é a lei que a civilização seguiu até os nossos dias. Até o presente as forças produtivas desenvolveram-se graças a este regime de antagonismos das classes. Dizer agora que, estando todas as necessidades dos trabalhadores satisfeitas, os homens poderiam entregar-se à criação de produtos de ordem superior a indústrias mais complicadas, seria fazer abstração do antagonismos das classes e subverter[91] todo o desenvolvimento histórico. É como se quiséssemos dizer que, como se criavam moréias em piscinas artificiais ao tempo dos imperadores romanos, tivéssemos como alimentar abundantemente toda a população romana; ao passo que, muito ao contrário, faltava ao povo romano o necessário para comprar pão e aos aristocratas romanos não faltavam escravos para lançar de pasto às moréias[92].

O preço dos víveres subiu quase que continuamente, ao passo que o preço dos objetos manufaturados e de luxo quase que continuamente baixou. Tomemos a própria indústria agrícola: os objetos mais indispensáveis, tais como o trigo, a carne, etc., sobem de preço ao passo que o algodão, o açúcar, o café, etc. baixam continuamente em uma proporção surprendente. E mesmo entre os comestíveis propriamente ditos os objetos de luxo, tais como as alcachofras, os aspargos, etc., são hoje em dia relativamente mais baratos que os víveres de primeira necessidade. Em nossa época o supérfluo é mais fácil de produzir que o necessário. Enfim, nas diversas épocas históricas, as relações recíprocas dos preços são não somente diferentes mais também opostas. Em toda a Idade Média, os produtos agrícolas estavam relativamente mais baratos que os produtos manufaturados; nos tempos modernos eles estão na razão inversa. A utilidade dos produtos agrícolas teria por isso diminuído desde a Idade Média?

---

[90] [N.E.]: PROUDHON: t. I, p. 94.

[91] [N.T.]: *Bouleverser* no original francês.

[92] [N.T.]: Vemos aqui o "miserabilismo" mais uma vez em ação. Historicamente a afirmação de Marx é no mínimo discutível.

O uso dos produtos está determinado pelas condições sociais nas quais se acham os consumidores, estas condições em si mesmas repousam sobre o antagonismo das classes.

O algodão, as batatas, e a aguardente, são objetos do uso mais comum. As batatas geraram as escrófulas; o algodão expulsou em grande parte o linho e a lã, muito embora a lã e o linho sejam, em muitos casos, de maior utilidade, ainda que seja sobre o aspecto da higiene; a aguardente por fim, venceu a cerveja e o vinho, ainda que a aguardente empregada como substância alimentar seja geralmente reconhecida como um veneno. Durante todo um século, os governos lutaram em vão contra o ópio europeu[93]: a economia prevaleceu, ditou ordens ao consumo.

Por que pois o algodão, a batata e a aguardente são os eixos da sociedade burguesa? Porque é preciso, para produzi-los, menos trabalho e portanto estão disponíveis a menor preço[94]. Por que o mínimo do preço decide o máximo do consumo? Seria, por acaso, por causa da utilidade absoluta destes objetos? de sua utilidade intrínseca? de sua utilidade na medida em que correspondem de maneira mais útil às necessidades do operário enquanto homem e não do homem enquanto operário? Não, é porque em uma sociedade fundada sobre a *miséria*, os produtos mais *miseráveis* têm a prerrogativa fatal de servir ao uso da maioria[95].

Dizer agora que, como as coisas mais baratas são de uso maior, elas devem ser de maior utilidade, equivale a dizer que o amplo uso da

---

[93] [N.T.]: Marx refere-se aqui ao abuso de bebidas alcoólicas, que realmente chegou a níveis epidêmicos durante a Primeira Revolução Industrial e a conseqüente proletarização de camponeses e artesãos, conforme já discutimos amplamente em nossas notas ao texto traduzido de Proudhon.

[94] [X.]: É precisamente isto o que vos diz o Sr. Proudhon.

[95] [N.T.]: *Il faut matiser* Sr. Marx; como dizia o seu desafeto Bakunin, a realidade é sempre mais ampla que qualquer doutrina. Os jornais brasileiros de hoje [julho de 2003] nos informam que, devido à crise econômica, os pátios das montadoras de automóveis brasileiras, estão abarrotados de *modelos populares de 1000 cilindradas* (justamente os mais baratos), ao passo que a produção dos modelos mais sofisticados *simplesmente não consegue atender a demanda* (os prazos de espera atingem até dois meses). Da mesma forma, durante a crise brasileira de 1981/82, inúmeras empresas fecharam e o desemprego atingiu níveis elevadíssimos; não obstante os estaleiros dedicados à produção dos caros barcos e lanchas de recreio viveram um momento de verdadeira euforia econômica. Exemplos parecidos poderiam ser citados à respeito do Estado Militar-Industrial, do setor terciário, etc. Os custos associados a apenas *um dia* da recente guerra norte-americana contra Iraque (nove bilhões de dólares, segundo as declarações oficiais do Departamento de Defesa norte-americano), teriam gerado recursos suficientes para se restaurar a agricultura familiar africana por dez anos.

aguardente, por causa do baixo custo de sua produção, é a prova mais concludente de sua utilidade; equivale a dizer ao proletário que a batata lhe é mais salutar que a carne; é aceitar o estado de coisas existente; é, por fim, fazer com o Sr. Proudhon, a apologia de uma sociedade sem compreendê-la[96].

Em uma sociedade futura, na qual o antagonismo de classes tenha cessado, onde não mais existissem classes, o uso não seria mais determinado pelo *mínimo* do tempo de produção, mas sim o tempo de produção social que seria consagrado aos diferentes objetos seria determinado pelo seu grau de utilidade social[97].

Para voltar à tese do Sr. Proudhon, no momento em que o tempo de trabalho necessário à produção de um objeto não é mais a expressão de seu grau de utilidade, o valor de troca deste mesmo objeto, previamente determinado pelo tempo de trabalho nele fixado, nunca poderá regular a relação justa entre a oferta e a demanda, quer dizer, a relação de proporcionalidade no sentido que o Sr. Proudhon vincula ao termo neste momento.

Não é a venda de um produto qualquer ao preço de seus custos de produção que constitui a "relação de proporcionalidade" entre a oferta e a demanda, ou a quota proporcional deste produto com relação ao conjunto da produção; são *as variações da demanda e da oferta* que designam ao produtor a quantidade na qual é preciso produzir uma dada mercadoria, para receber de volta ao menos os custos de produção. E como estas variações são contínuas, existe também um movimento contínuo de retirada e de aplicação dos capitais nos diferentes ramos da indústria.

É apenas em razão de tais variações que os capitais são consagrados precisamente na *proporção* requerida e não além, para a produção das diferentes mercadorias para as quais existe demanda. Pela elevação ou pela baixa dos preços, os lucros elevam-se ou caem abaixo de seu nível geral e por tal intermédio os capitais são atraídos ou desviados do emprego particular que experimentam uma ou outra destas variações.

---

[96] [X.]: Acusação gratuita e muito digna de vós.
[97] [N.E.]: No exemplar Utine, a palavra *social* está riscada.

Se nós levarmos o olhar para os mercados das grandes cidades, veremos com que regularidade eles são abastecidos com todos os tipos de gêneros, nacionais e estrangeiros, na quantidade requerida, por mais diferente que seja a demanda pelo efeito do capricho, do gosto ou pelas variações na população, sem que haja com freqüência acumulação, por efeito de um abastecimento superabundante, e nem carestia excessiva causada por tenuidade do abastecimento, comparada à demanda: deve-se convir que o princípio que distribui o capital em cada ramo da indústria, *nas proporções exatamente convenientes*, é mais poderoso do que usualmente se supõe[98].

Se o Sr. Proudhon aceita o valor dos produtos como determinados pelo tempo de trabalho, ele deve aceitar igualmente o movimento oscilatório que, por si só, faz do trabalho a medida do valor. Não há "relação de proporcionalidade" completamente constituída, existe apenas um movimento constituinte[99].

Acabamos de ver em qual sentido é justo falar da "proporcionalidade" como uma conseqüência do valor determinada pelo tempo de trabalho. Iremos agora ver como esta medida pelo tempo, denominada pelo Sr. Proudhon "lei de proporcionalidade" se transforma em lei de *desproporcionalidade*.

Toda a nova invenção que permite produzir em uma hora aquilo que até agora era produzido em duas horas, deprecia todos os produtos homogêneos que se encontram no mercado. A concorrência força o produtor a vender o produto de duas horas tão barato quanto o produto de uma hora. A concorrência realiza a lei segundo a qual o valor relativo de um produto é determinado pelo tempo de trabalho necessário para produzi-lo. O tempo de trabalho que serve de medida ao valor venal torna-se desta maneira a lei de uma *depreciação* contínua do trabalho. Diremos mais. Haverá depreciação não apenas para as mercadorias trazidas ao mercado, mas também para os instrumentos de produção e para toda uma oficina. Ricardo já assinala o fato dizendo:

---

[98] [M.]: RICARDO: obra citada, t. I, pp. 105 e 108.

[99] [N.E.]: Na edição MEGA depois de "...o movimento oscilatório que..." Engels precisa: "nas sociedades fundadas sobre as trocas individuais".

Aumentando constantemente a facilidade de produção, diminuímos constantemente o valor de algumas das coisas anteriormente produzidas[100].

Sismondi vai mais longe. Ele vê, neste *"valor constituído"* pelo tempo de trabalho a fonte de todas as contradições da indústria e do comércio modernos.

O valor mercantil, *diz ele,* está sempre fixado, em última análise, sobre a quantidade de trabalho necessária para se obter a coisa avaliada[101]: não aquela que realmente a coisa custou, mas sim aquela que custaria doravante com os métodos talvez aperfeiçoados; e esta quantidade, por mais difícil que seja apreciá-la, é sempre estabelecida com fidelidade pela concorrência...É sobre esta base que é calculada a demanda do vendedor bem como a oferta do comprador. O primeiro afirmará talvez que a coisa lhe custou dez jornadas de trabalho, mas se o outro reconhecer que ela pode doravante cumprir-se com oito jornadas de trabalho, se a concorrência trouxer a demonstração disto aos dois contratantes, será a oito jornadas somente que estará reduzido o valor e que se estabelecerá o preço de mercado. Um e outro contratantes possuem, é bem verdade, a noção de que a coisa é útil, que ela é desejada, que sem o desejo não haveria mais venda, mas a fixação do preço não conserva relação alguma com a utilidade[102].

É importante insistir sobre este ponto, que aquilo que determina o valor não é o tempo no qual uma coisa foi produzida, mas sim o *mínimo* de tempo no qual ela é suscetível de ser produzida[103], e este

---

[100] [M.]: RICARDO: obra citada, t. II, p. 59.

[101] [X.]: Proudhon sabe isto melhor do que vós. Aquilo que estais nos dizendo é o resultado da concorrência anárquica e apenas sublinha melhor a necessidade de regulá-la.

[102] [M.]: SISMONDI: *Études*...ed. de Bruxelas, t. II, p. 267.

[103] [N.T.]: Note o leitor que Marx mais tarde, na redação do Livro Primeiro d'*O Capital* voltará atrás nesta proposição "refluindo" para uma posição mais proudhoniana – evidentemente sem citar o nosso tipógrafo francês, ao introduzir o "tempo de trabalho socialmente necessário" para a produção de uma mercadoria, definido como uma espécie de média, tomada sobre todo o aparelho produtivo da sociedade em certo momento e supondo determinado estado da tecnologia disponível, dos termos de produção dos trabalhadores individuais.

mínimo é constatado pela concorrência. Suponhamos por um instante que não haja mais concorrência e que conseqüentemente não há mais meios de constatar o mínimo de trabalho necessário para a produção de um determinado gênero; o que acontecerá? Bastará alguém investir na produção de certo objeto seis horas de trabalho para ter direito, segundo o Sr. Proudhon, de exigir em troca seis vezes mais que aquele que colocou apenas uma hora na produção do mesmo objeto[104, 105].

Em lugar de uma relação de "proporcionalidade" teríamos uma relação de desproporcionalidade, se quiséssemos ainda nos manter nestas relações, boas ou más.

A depreciação contínua do trabalho não é apenas um único lado, uma única conseqüência da avaliação dos gêneros pelo tempo de trabalho. A alta dos preços, a superprodução e muitos outros fenômenos de anarquia industrial encontram a sua interpretação neste modo de avaliação.

Mas o tempo de trabalho que serve de medida ao valor faria ao menos nascer a variedade proporcional nos produtos que tanto encanta o Sr. Proudhon?

Totalmente ao contrário, o monopólio em toda sua monotonia vem por sua vez invadir o mundo dos produtos, da mesma forma como todo o mundo viu e soube do monopólio invadindo o mundo dos instrumentos de produção. É apanágio apenas de certos ramos da indústria, como a indústria algodoeira, fazer progressos bastante rápidos. A conseqüência natural destes progressos é que os produtos da manufatura algodoeira, por exemplo, baixam rapidamente de preço; mas na medida em que o preço do algodão baixa, o preço do linho deve comparativamente subir[106]. O que acontece? O linho será substituído pelo algodão. Foi desta forma que o linho foi praticamente expulso de quase toda a América do Norte. E nós obtivemos, ao invés da variedade proporcional dos produtos, o reino do algodão.

O que resta pois desta "relação de proporcionalidade"? Nada mais que o desejo de um homem honesto que gostaria que as mercadorias se produzissem em proporções tais que pudessem ser vendidas a

---

[104] [X.]: Absurdo!

[105] [N.T.]: Marx aqui caricatura singularmente o pensamento de Proudhon, como o leitor facilmente constatará através da leitura dos capítulos II, III e IV do *Sistema das Contradições Econômicas*.

[106] [N.T.]: Notemos, *en passant*, que esta proposição, em termos puramente econométricos, nem sempre é correta.

preços honestos. Em todos os tempos, os bons burgueses e os econo-mistas filantropos esmeraram-se em formular este voto inocente.

Deixemos falar o velho *Boisguillebert*:

O preço dos gêneros, *diz ele*, deve sempre ser *proporcionado*, pois é apenas esta inteligência que os pode fazer viver em conjunto, *para se dar a todo o momento* [eis a trocabilidade contínua do Sr. Proudhon], e receber reciprocamente o nascimento uns dos outros...Como a riqueza pois, nada mais é que esta mistura contínua de homem a homem, de ofício a ofício, etc., é cegueira espantosa ir buscar a causa da miséria em outra parte que não seja na cessação de tal comércio, ocorrida por um desarranjo das proporções dos preços[107].

Ouçamos agora um economista moderno:

Uma grande lei que se deve aplicar à produção, é a *lei da proporcionalidade* (*the law of proportion*) que, sozinha, pode preservar a continuidade do valor...O equivalente deve ser garantido... Todas as nações tentaram em diversas épocas, através de numerosos regulamentos e restrições comerciais, realizar até certo ponto a lei de proporcionalidade; mas o egoísmo, inerente à natureza do homem, o impele a subverter todo este regime regulamentar. Uma produção proporcionada (*proportionate production*), é a realização da verdade inteira da ciência da economia social[108].

Fuit Troja[109]. Esta justa proporção entre a oferta e a demanda, que recomeça a ser objeto de tantas aspirações, há muito tempo deixou de existir. Ela passou ao estado de velharia. Ela era possível apenas em épocas nas quais os meios de produção eram limitados, onde a troca agitava-se em limites extremamente restritos. Com o nascimento da grande indústria, esta justa proporção teve que cessar e a produção

---

[107] [M.]: BOISGUILLEBERT: *Dissertation sur la nature des Richesses*, ed. Daire.
[108] [M.]: W. ATKINSON: *Principles of Political Economy*, Londres, 1840, pp. 170, 195.
[109] [N.E.]: Tróia não mais existe.

está hoje, fatalmente obrigada a passar, em sucessão perpétua, pelas vicissitudes da prosperidade, da depressão, da crise, da estagnação, de nova prosperidade e assim por diante.

Aqueles que, como Sismondi, querem voltar a justa proporcionalidade da produção, mas conservando as bases atuais da sociedade, são reacionários, posto que, para serem conseqüentes, deveriam também querer trazer de volta todas as outras condições da indústria dos tempos passados.

O que é que mantinha a produção em proporções justas ou aproximadamente justas? Era a demanda que comandava a oferta, que a precedia. A produção seguia passo a passo o consumo. A grande indústria, forçada pelos próprios instrumentos que possui a produzir em uma escala cada vez maior, não pode mais esperar a demanda. <u>A produção precede o consumo, a oferta força a demanda</u>[110].

Na sociedade atual, na indústria baseada sobre trocas individuais, a anarquia da produção, que é a fonte de tanta miséria, é ao mesmo tempo a fonte de todo o progresso[111].

Assim, das duas coisas uma:

Ou quereis as justas proporções dos séculos passados, com os meios de produção de nossa época, e então sois ao mesmo tempo reacionário e utópico.

<u>Ou quereis o progresso sem anarquia: então, para conservar as forças produtivas, abandonareis as trocas individuais</u>[112].

As trocas individuais concordam apenas com a pequena indústria dos séculos passados e seu corolário de "justa proporção" ou com a grande indústria e todo seu cortejo de miséria e anarquia.

Depois de tudo o que acabamos de dizer, a determinação do valor pelo tempo de trabalho, isto é, a fórmula que o Sr. Proudhon nos dá como fórmula regeneradora do futuro, nada mais é que a expressão científica das relações econômicas da sociedade atual, assim como Ricardo clara e nitidamente demonstrou bem antes do Sr. Proudhon.

Mas ao menos a aplicação *"igualitária"* desta fórmula pertenceria ao Sr. Proudhon? Será ele o primeiro que imaginou reformar a socie-

---

[110] [X.]: Não nos trazeis nada de novo.

[111] [N.E.]: Sente-se aqui apontar a teoria marxista-leninista do miserabilismo: a miséria conduz à luta de classes e a luta de classes introduz uma negação revolucionária que conduzirá ao socialismo.

[112] [X.]: Isto não é necessário: o que dizeis prova que nada entendeis desta questão.

dade transformando todos os homens em trabalhadores imediatos, trocando quantidades iguais de trabalho? Teria ele aplicado corretamente aos comunistas – esta gente desprovida de todo o conhecimento de economia política, estes "homens obstinadamente idiotas", estes "sonhadores paradisíacos" – o reproche de não ter encontrado, antes dele, esta "solução do problema do proletariado[113]"?

Qualquer um que, por pouco que seja, esteja familiarizado com o movimento da economia política na Inglaterra, não desconhece que quase todos os socialistas desse país propuseram, em épocas diferentes, a aplicação igualitária da teoria ricardiana. Nós poderíamos citar para o Sr. Proudhon: a *Economia Política* de Hodgskins[114] de 1822; William Thompson: *An Inquiry into the Principles of the Distribution of Wealth most conductive to Human Happyness*, 1824; T.R. Edmonds: *Practical Moral and Political Economy*, 1828; etc., etc., e mais quatro páginas de etc. Contentar-nos-emos em deixar falar um *comunista* inglês, o Sr. Bray. Citaremos as passagens decisivas de sua obra notável: *Labour's Wrongs and Labour's Remedy*, Leeds, 1839 e nos deteremos sobre ela algo longamente em primeiro lugar porque o Sr. Bray é ainda pouco conhecido na França e à seguir porque acreditamos ter aí encontrado a chave das obras passadas, presentes e futuras do Sr. Proudhon[115].

---

[113] [N.T.]: Convidaríamos o leitor a avaliar, à luz da documentação que reunimos na última parte de nossa introdução à tradução brasileira d'*As Contradições Econômicas*, se as numerosas passagens como esta que estamos assinalando n'*A Miséria da Filosofia*, seriam ditadas pela veemência crítica objetiva, ou antes pelo rancor de um intelectual frustrado em seus objetivos políticos imediatos!...

[114] [N.E.]: Marx tinha escrito "Hopkins" no original. Este erro foi corrigido por Engels na 2ª edição alemã da obra.

[115] [N.T.]: Quanto à acusação de ignorância e plágio, contida implicitamente nas linhas acima, cremos que as notas de Roger Picard ao texto d'*As Contradições* que traduzimos em nosso trabalho já bastante citado esclarecem bastante a questão. A leitura dos *Carnets* de Proudhon bem nos mostra, em qualquer caso, que ele lia a Economia Política inglesa apenas através das traduções francesas, por não dominar o idioma original no qual eram escritas estas obras, não tendo pois acesso a livros não traduzidos. Estas notas provam ademais que as reflexões de Proudhon sobre este aspecto da economia ricardiana foram realizadas *independentemente* dos ricardianos de esquerda ingleses, mas mais ou menos *contemporaneamente* à eles. Proudhon, na década de 1830, já tinha lido e meditado sobre Ricardo. Quanto aos germes das obras futuras do tipógrafo bisontino serem apenas comentários toscos de Ricardo, o exame da sua produção teórica e de combate à partir da revolução de 1848 e a profunda e duradoura influência de seu pensamento sobre a classe operária francesa, que perdurou até bem avançado o século XX, demonstram claramente o apoucado dom profético de Marx.

O único meio para chegar à verdade é abordar de frente os primeiros princípios. Remontemos completamente à fonte da qual os próprios governos derivam. Indo assim à origem da coisa, encontraremos que toda a força de governo, toda injustiça social e governamental provêem do sistema social atualmente em vigor – da *instituição da propriedade tal como agora existe* (*the institution of property as it at present exists*) e que desta forma, para pôr fim para sempre às injustiças e às misérias de hoje, é preciso *derrubar de alto a baixo o estado atual da sociedade...* Atacando os economistas em seu próprio terreno e com suas próprias armas, evitaremos a tagarelice absurda sobre os *visionários* e os *teóricos*, que eles estão sempre dispostos a desenvolver. A menos de negar ou de desaprovar verdades e princípios reconhecidos, sobre os quais eles fundam seus próprios argumentos, os economistas não poderão mais repelir as conclusões às quais nós chegamos através deste mesmo método[116].

É *o trabalho quem sozinho dá o valor.* (*It is labour alone wich bestows value*)...cada homem possui um direito indubitável a tudo aquilo que seu trabalho honesto lhe pode fornecer. Apropriando-se desta forma dos frutos de seu trabalho, ele não comete injustiça alguma com relação a outros homens porque ele não obstrui o direito de outros homens de agir da mesma maneira... Todas as idéias de superioridade e de inferioridade, de mestre e de assalariado, nascem do fato de se ter negligenciado os primeiros princípios e de que, em conseqüência, a *desigualdade* se tenha introduzido na posse (*and to the consequent rise of inequality of possessions*[117]). Enquanto esta desigualdade for mantida, será impossível desenraizar tais idéias ou derrubar as instituições que se fundam sobre ela. Até o presente, sempre se teve a esperança vã de remediar um estado de coisas que é contra a natureza, tal como o que agora nos rege, destruindo-se a *desigualdade existente* e deixando-se subsistir a *causa* desta desigualdade; mas nós logo demonstraremos que o governo não é uma causa, mas sim um efeito, que ele não cria, mas sim que é criado –

---

[116] [M.]: BRAY: *Labour's Wrongs and Labour's Remedy...* Leeds 1839, pp. 17 e 41.

[117] [N.T.]: Não concordamos com a tradução que Marx faz desta passagem, muito embora reconhecendo a nossa rusticidade no idioma inglês. Ao nosso ver a passagem seria traduzida mais precisamente como *... e o conseqüente aumento na desigualdade das posses*.

que, em uma palavra, ele é o *resultado da desigualdade na posse* (*the offspring of inequality of possessions*) e que a desigualdade nas posses está inseparavelmente ligada ao sistema social atual[118].

O sistema de igualdade tem por si não apenas as maiores vantagens, mas também a mais estrita justiça... Cada homem é um elo, e um elo indispensável, na cadeia dos efeitos que toma seu ponto de partida em uma idéia para terminar talvez na produção de uma peça de tecido. Assim, do fato de que nossos gostos não sejam os mesmos para as diferentes profissões, não se deve concluir que o trabalho de um deva ser melhor remunerado que o trabalho de outro. O inventor receberá sempre, além de sua justa recompensa em dinheiro, o tributo de nossa admiração, que apenas o gênio pode de nós obter[119]...

Pela própria natureza do trabalho e da troca, a estrita justiça pede que todos os trocadores tenham benefícios[120], e não apenas *mútuos* mas *iguais* (*all the exchangers should be not only mutually but they should likewise be equally benefitted*). Há apenas duas coisas que os homens podem trocar entre si, à saber: o trabalho e o produto do trabalho. Se as trocas se operassem segundo um sistema eqüitativo, o valor de todos os artigos seria determinado por *seus custos completos de produção; e valores iguais sempre se trocariam por valores iguais* (*If a just system of exchanges were acted upon, the value of all articles would be determined by the entire cost of production, and equal values should always exchange for equal values*). Se, por exemplo, um chapeleiro emprega uma jornada para fazer um chapéu e um sapateiro emprega o mesmo tempo para fazer um par de sapatos (supondo-se que a matéria-prima que empregam tenha o mesmo valor), ao trocar entre si os artigos, o benefício que retiram é ao mesmo tempo mútuo e igual. A vantagem que daí decorre para cada uma das partes

---

[118] [M.]: Idem pp. 33,36 e 37.

[119] [N.E.]: Idem p. 45.

[120] [N.T.]: *bénéfices* no original francês. Lembremos ao leitor que tal palavra pode significar tanto *lucro* como *benefício* em português e que é utilizada mais no primeiro sentido em francês. Optamos aqui pela tradução pouco ortodoxa, por julgá-la mais adaptada ao "espírito" do texto inglês que a seguir Marx cita e que, digamos de passagem, traduziríamos da seguinte forma: *e todos os trocadores deveriam ser não apenas mutuamente, mas também igualmente beneficiados.*

não pode ser uma desvantagem para a outra, posto que cada uma forneceu a mesma quantidade de trabalho e que os materiais dos quais elas se serviram eram de igual valor. Mas se o chapeleiro tivesse obtido *dois* pares de sapatos contra *um* chapéu, sempre dentro de nossa hipótese primeira, é evidente que a troca seria injusta. O chapeleiro frustraria o sapateiro em uma jornada de trabalho e se ele assim agisse em todas as suas trocas, receberia contra o seu trabalho de *meio ano* o produto de *um ano inteiro* de outra pessoa. Até o presente nós sempre seguimos este sistema de trocas soberanamente injusto: os *operários deram* ao capitalista o trabalho de um ano inteiro em troca do valor de meio ano (*the workmen have given the capitalist the labour of a whole year, in exchange for the value of only half a year*), e é daí, e não em uma suposta desigualdade nas forças físicas e intelectuais dos indivíduos, que provém a desigualdade de riqueza e de poder. A desigualdade das trocas, a diferença de preços entre as compras e as vendas apenas pode existir sob a condição de que para sempre os capitalistas permaneçam capitalistas e os operários, operários – uns a classe dos tiranos, outros uma classe de escravos...Esta transação prova pois claramente que os capitalistas e os proprietários nada mais fazem que dar ao operário, por seu trabalho de uma semana, uma parte da riqueza que dele obtiveram na semana anterior, o que quer dizer que em troca de *alguma coisa* eles não lhe dão *nada* (*nothing for something*)... A transação entre o trabalhador e o capitalista é uma verdadeira comédia: de fato ela nada mais é, em muitas circunstâncias, que um *roubo* impudico, apesar de *legal*. (*The whole transaction between the producer and the capitalist is a mere farce: it is, in fact, in thousands of instances, no other than a barefaced though legal robbery*[121]).

O lucro[122] do empresário nunca deixará de ser uma perda para o operário até o momento em que as trocas entre as partes sejam iguais: e as trocas não podem ser iguais enquanto a sociedade estiver dividida entre capitalistas e produtores, e

---

[121] [M.]: Idem, pp. 45, 48 e 50. [N.T.]: ficará igualmente óbvio ao leitor com algum manejo do inglês que na verdade Marx *parafraseia* a última citação e não a cita literalmente.

[122] [N.T.]: *bénéfice* no original francês.

enquanto os últimos vivam de seu trabalho, ao passo que os primeiros engordem do lucro deste trabalho...

Está claro, *continua o Sr. Bray*, que podereis muito bem estabelecer esta ou aquela forma de governo... que podereis muito bem pregar, em nome da moral e do amor fraterno... a reciprocidade é incompatível com a desigualdade nas trocas. A desigualdade nas trocas sendo a fonte da desigualdade das posses, é o inimigo secreto que nos devora. (*No reciprocity can exist where there are unequal exchanges. Inequality of exchanges, as being the cause of inequality of possessions, is the secret enemy that devours us*)[123].

...A consideração da meta e do fim da sociedade autoriza-me a concluir que não apenas todos os homens devem trabalhar para desta forma chegarem a poder trocar, mas também que valores iguais devem trocar-se contra valores iguais. Ademais, como o benefício de um não pode constituir-se em perda para outro, o valor deve determinar-se pelos fatos da produção. Vimos entretanto que, sob o regime social atual, o lucro do capitalista e do homem rico é sempre a perda para o operário; que deste resultado deve necessariamente seguir-se que o pobre permanecerá abandonado inteiramente à mercê do rico, sob qualquer forma de governo, enquanto persistir a desigualdade das trocas e que a igualdade das trocas apenas pode ser assegurada por um regime social que reconheça a universalidade do trabalho...A igualdade das trocas faria gradualmente passar a riqueza das mãos dos capitalistas atuais para as mãos das classes operárias[124].

Enquanto este sistema de desigualdade nas trocas estiver em vigor, os produtores serão tão pobres, tão ignorantes, tão sobrecarregados de trabalho quanto o são atualmente, mesmo que se *abolisse todas as taxas e todos os impostos governamentais...* Apenas uma mudança total de sistema, a introdução da igualdade do trabalho e das trocas poderá melhorar este estado de coisas e assegurar aos homens a verdadeira igualdade de direitos...Os produtores têm que fazer apenas um único esforço – e é por eles que todo o esforço por sua salvação deve ser feito –

---

[123] [N.E.]: Idem pp. 51, 52.
[124] [M.]: Idem pp. 53 e 54.

e suas cadeias serão rompidas para sempre... <u>Como meta, a</u> <u>igualdade política é um erro: ela é um erro até mesmo como</u> <u>um meio</u>[125, 126]. (*As an end, the political equality is there a faillure, as a means, also, it is there a faillure.*)

Com a igualdade nas trocas, o lucro de um não pode transformar-se na perda do outro, pois qualquer troca nada mais é que uma simples *transferência* de trabalho e de riqueza, ela não exige sacrifício algum. Assim, sob um sistema social baseado sobre a igualdade das trocas, o produtor poderá ainda chegar à riqueza através de suas poupanças; mas sua riqueza nada mais será que o produto acumulado de seu próprio trabalho. Ele poderá trocar a sua riqueza ou dá-la a outros; mas lhe será impossível permanecer rico por um tempo mais prolongado, quando deixar de trabalhar. Pela igualdade nas trocas a riqueza perde o seu poder atual de renovar-se e de reproduzir-se por si mesmo, por assim dizer: ela não poderá mais preencher o vazio que o consumo terá criado porque, a menos de ser reproduzida pelo trabalho, a riqueza uma vez consumida está perdida para sempre. Aquilo que denominamos hoje, *lucros* e *juros* não

---

[125] [P.]: Sim (escrito a lápis). [N.T.]: Esta é a primeira anotação marginal de Proudhon ao texto.

[126] [N.T.]: Lembremos que Bray, em 1839, escreve no auge do assim denominado *movimento cartista* na Inglaterra; um movimento social muito interessante das camadas mais exploradas do operariado britânico contra as condições econômicas e sociais da sociedade capitalista de então. A *ação direta* era uma tática de luta bastante desenvolvida entre os cartistas, mesclando-se igualmente com tendências e aspirações políticas tendentes a inserir a política partidária no seio do movimento dos trabalhadores. A ala cartista mais radical era contra esta intromissão "política" nas lutas dos trabalhadores. Bray aqui demonstra-se um partidário desta concepção. É curioso que Marx, em sua fúria contra Proudhon, esmere-se em citar longamente um pensamento cujas afinidades – ao menos tópicas e parciais – com o pensamento proudhoniano sejam tão intensas... é curioso igualmente que ele cite trechos de um "classismo" rígido, exatamente no momento em que estava organizando a "Liga dos Comunistas" e um partido político para lhe dar o devido apoio, tendo para tanto expurgado desta organização a maioria de operários que seguiam a Willhem Weitling e às idéias de autonomia operária, reduzindo assim o agrupamento a um punhado de intelectuais de classe média conduzindo um carneiril e reduzido rebanho de trabalhadores deslumbrados. Ao leitor interessado nestas peripécias recomendamos, além do clássico – muitas vezes excessivamente louvado – de THOMPSON, *The Making of the English Working Class*, as obras de Édouard DOLLEANS: *Histoire du Mouvement Ouvrier* (2ª ed. Paris, Colin, 1948) e *Le Chartisme* (1ª ed. Paris, 1932). O livro de Luís Alfredo GALVÃO, *Marx & Marx* (1ª ed. S. Paulo 1975) realiza um interessante apanhado histórico da trajetória intelectual de Marx ao tempo da redação da Miséria da Filosofia e o clássico de Amaro del ROSAL (*Los Congresos Obreros Internacionales* 1ª ed. México 1957) ainda é insubstituível pela documentação que apresenta, embora a sua interpretação seja muitas vezes bastante criticável.

poderá existir em um regime de trocas iguais. O produtor e o distribuidor serão então igualmente retribuídos e será a soma total de seu trabalho que servirá para determinar o valor de todo o artigo criado e posto ao alcance do consumidor...

O princípio da igualdade nas trocas deve portanto, por sua própria natureza, conduzir ao *trabalho universal*[127].

Depois de ter refutado as objeções dos economistas contra o *comunismo*, o Sr. Bray assim continua:

> Se uma mudança de caráter é indispensável para fazer brotar um sistema social de comunidade em sua forma perfeita; se, por outro lado, o regime atual não apresenta nem as circunstâncias nem as facilidades requeridas para se chegar a tal mudança de caráter e para preparar os homens para um estado melhor que todos nós desejamos, é evidente que as coisas devem, com toda a necessidade, permanecer tais como estão, a menos que se descubra e que se aplique um termo social preparatório – um movimento que participe tanto do sistema atual como do sistema futuro (do sistema de comunidade) – uma espécie de etapa[128] intermediária na qual a sociedade possa chegar com todos os seus excessos e todas as suas loucuras, para deixá-la em seguida, rica de qualidades e de atributos que são as condições vitais do sistema de comunidade[129].
>
> O movimento inteiro exigiria apenas a cooperação na sua forma mais simples... Os custos de produção determinariam, em toda a circunstância, o valor do produto e valores iguais se trocariam sempre contra valores iguais. De duas pessoas, se uma tivesse trabalhado uma semana inteira e outra apenas meia semana, a primeira receberia o dobro da remuneração da outra; mas este excedente de pagamento não seria dado a um às expensas do outro: a perda incorrida pelo último não recairia de modo algum sobre o primeiro. Cada pessoa trocaria o salário que teria

---

[127] [M.]: Idem pp. 67, 88, 89, 94 e 109-110.

[128] [N.T.]: *Halte* no original francês, cujo significado literal é o de *parada* de um veículo em movimento. Pode pois derivadamente ser traduzido por *etapa* ou por *estação*. Preferimos aqui a primeira alternativa.

[129] [M.]: Idem p. 134.

individualmente recebido contra objetos de mesmo valor que o seu salário e, em nenhum caso, o lucro realizado por um homem ou por uma indústria se constituiria em perda para outro homem ou outro ramo industrial. O trabalho de cada indivíduo seria a *única medida* de seus lucros e de sua perda[130]...

... Através de escritórios de contabilidade[131] (*boards of trade*) gerais e locais, determinar-se-ia a quantidade de diferentes objetos exigida pelo consumo e o valor relativo de cada objeto em comparação com outros (o número de operários à empregar nos diferentes ramos de trabalho), em uma palavra, tudo aquilo que diz respeito à produção e à distribuição sociais. Estas operações se fariam, para uma única nação, em tão pouco tempo e com tanta facilidade quanto se fazem, sob o regime atual, para uma sociedade comercial particular...Os indivíduos se agrupariam por famílias e as famílias em comunas, como no regime atual...nem mesmo se aboliria diretamente a distribuição da população entre a cidade e o campo, por ruim que esta seja. Nesta associação, cada indivíduo continuaria a gozar da liberdade que possui agora de acumular ao quanto lhe parecer razoável e de fazer destas acumulações o uso que julgar conveniente... Nossa sociedade será, por assim dizer, uma grande sociedade por ações, composta de um número infinito de sociedades por ações menores, todas trabalhando, produzindo e trocando os seus produtos no pé da mais perfeita igualdade... Nosso novo sistema de sociedade por ações é apenas uma concessão feita à sociedade atual para chegar ao comunismo[132], estabelecida de maneira à fazer coexistir a *propriedade individual* dos produtos com a *propriedade em comum* das forças produtivas e faz depender

---

[130] [N.E.]: Idem pp. 158 e 160.

[131] [N.T.]: *comptoirs* no original francês, cujo significado primitivo é o de *balcão de comércio* e que a seguir generalizou-se para designar feitorias ou postos comerciais avançados de uma firma ou empreendimento. Em finais do século XVIII a palavra passou a designar os serviços administrativos anexos às oficinas e estabelecimentos comerciais (a contadoria propriamente dita, serviços de registro de ponto, expedição e recepção de correspondência, fechamento de caixa, etc.). Preferimos aqui, uma tradução mais figurada. Já o *board of trade* inglês pode designar a burocracia de controle de um empreendimento comercial ou industrial, ou a direção de um sindicato ou de uma organização de ofício, etc.

[132] [N.E.]: Bray na verdade escreveu no seu texto: "Community of possessions" (N.T.: comunidade de posses, em português).

a sorte de cada indivíduo de sua própria atividade, concedendo-lhe uma parte igual em todas as vantagens concedidas pela natureza e pelo progresso das artes. Através disto, a sociedade pode aplicar-se em mudanças posteriores[133].

Teríamos apenas poucas palavras à responder ao Sr. Bray que, apesar de nós e a despeito de nós, foi suplantado pelo Sr. Proudhon, ressalvando que o Sr. Bray, longe de querer possuir a última palavra da humanidade, propõe apenas medidas que ele crê apropriadas para uma época de transição entre a sociedade atual e o regime da comunidade.

Uma hora de trabalho de Pedro troca-se contra uma hora de trabalho de Paulo. Eis o axioma fundamental do Sr. Bray.

Suponhamos que Pedro tenha doze horas de trabalho diante de si e que Paulo tenha apenas seis: então Pedro poderá fazer com Paulo apenas uma troca de seis contra seis[134]. Pedro terá em conseqüência seis horas de trabalho de sobra. O que fará com estas seis horas de trabalho?

Ou não fará nada[135], isto é, terá trabalhado seis horas por nada[136] ou então não trabalhará outras seis horas para equilibrar-se[137]; ou ainda, e este é o seu último recurso, ele dará a Paulo estas seis horas, com as quais não tem o que fazer, abaixo do preço de mercado[138].

Assim, no final das contas, o que Pedro teria ganho sobre Paulo? Horas de trabalho não. Teria ganho apenas horas de lazer: estará forçado a ser ocioso por seis horas. E para que este novo direito à ociosidade seja não apenas degustado, mas igualmente apreciado na nova sociedade, é preciso que esta encontre a sua mais alta felicidade na preguiça e que o trabalho pese-lhe como uma cadeia da qual deve desembaraçar-se a qualquer custo. Mais ainda, para voltar ao nosso exemplo, se estas horas de ócio que Pedro ganhou de Paulo fossem ao menos um ganho real! Mas não. Paulo, começando por trabalhar apenas seis horas, chega, por um trabalho regular e regrado ao mesmo resultado

---

[133] [M.]: BRAY: obra citada pp. 162, 163, 168, 170, 194.

[134] [X.]: O que vedes de extraordinário e de injusto nisso?

[135] [X.]: Isto é problema dele!

[136] [X.]: Isto não é verdadeiro.

[137] [X.]: Se tivésseis generalizado, teríeis achado que a coisa se passa assim na sociedade. Por mais filósofo que sejais, não tivésseis amplidão de espírito suficiente para isto!

[138] [X.]: Ele é livre para tanto, mas vossa conclusão é absurda!

que Pedro obtém começando por um excesso de trabalho[139]. Cada um vai querer ser Paulo e haverá concorrência para conquistar o lugar de Paulo, concorrência de preguiça.

Pois bem! A troca de quantidades iguais de trabalho deu-nos o quê? Superprodução, depreciação[140], excesso de trabalho seguido de desemprego, relações econômicas enfim, tais como as vemos constituídas na sociedade atual, menos a concorrência do trabalho.

Mas não, nós nos enganamos. Haverá ainda um outro expediente que poderá salvar a nova sociedade, a sociedade dos Pedro e dos Paulo. Pedro consumirá sozinho o produto das seis horas que lhe restam. Mas a partir do momento em que não há mais troca para haver produto, não há mais porque produzir para trocar e toda a suposição de uma sociedade fundada sobre a troca e a divisão do trabalho cairia. Teria-se salvado a igualdade das trocas pelo próprio fato das trocas terem deixado de existir: Pedro e Paulo voltariam ao estado de Robinsons.

Portanto, quando se supõe todos os membros da sociedade trabalhadores imediatos, a troca de quantidades iguais de horas de trabalho é possível apenas sob a condição de que tenha havido um acordo prévio sobre o número de horas de trabalho que seria necessário empregar na produção material. Mas uma tal convenção nega a troca individual[141].

---

[139] [N.T.]: Por mais peso, fascínio e poder que tenha a dialética, esta não derroga as regras mais comezinhas da Lógica, Sr. Marx. Esta última proposição não constava de vossas hipóteses iniciais e nem a deduzistes convenientemente ou a induzistes à partir de dados empíricos; portanto, na melhor das hipóteses, trata-se apenas de um efeito retórico mais apropriado ganhar o apoio de papalvos do que a convencer a um escrutinador mais sereno. O que se tem como hipótese inicial é que Pedro trabalhou doze horas e Paulo seis; não se sabe nada sobre a destreza nem sobre as condições de trabalho destes dois trabalhadores, sendo que vós, Sr. Marx, até o momento as subentendestes iguais para ambos os casos. Se ambos são igualmente peritos em seus ofícios e dispõem de uma base tecnológica similar, é óbvio que Pedro produziu mais que Paulo e portanto terá o seu direito legítimo à Preguiça, que vós tanto condenastes em vosso genro Lafargue, mas do qual fostes sempre tão exímio cultor durante vossa longa, bela e florescente vida. Se as bases tecnológicas são diferentes, então as produtividades poderão igualmente ser distintas e este caso Proudhon também o estuda, exaustivamente até, ao dedicar um capítulo inteiro à Balança de Comércio. Resta então o caso das habilidades dos trabalhadores serem diferentes: um é aprendiz e outro oficial, por exemplo; neste caso então, as produtividades serão distintas, mas o esforço envolvido merece recompensa adequada. É por tal motivo que Proudhon sempre se interessou muito pelo ensino técnico e sempre foi um inimigo acerbo do "trabalho parcelar", que transformava os trabalhadores em quase autômatos especializados em puxar alavancas e deslocar cargas.

[140] [X.]: Não é a troca de quantidades iguais de trabalho que dá tudo isto, mas sim a troca de quantidades desiguais auxiliada pela usura.

[141] [N.E.]: Pode-se aproximar esta proposição a aquela do Marx de 1875 (*Crítica do programa do partido Operário Alemão*).

Nós chegaremos ainda à mesma conseqüência, se tomarmos como ponto de partida não a distribuição dos produtos criados, mas sim o ato de produção. Na grande Indústria, Pedro não é livre para fixar ele mesmo o seu tempo de trabalho porque o trabalho de Pedro não é nada sem o concurso de todos os Pedros e todos os Paulos que formam a oficina. É isto o que explica muito bem a resistência obstinada que os comerciantes ingleses opuseram à *lei das dez horas*. É que eles sabiam muito bem que uma diminuição de duas horas concedida na jornada de trabalho de mulheres e crianças, deveria igualmente acarretar uma diminuição da jornada para os adultos. É da natureza da grande indústria que o tempo de trabalho seja igual para todos. Aquilo que hoje em dia é o resultado do capital e da concorrência dos operários entre si, será amanhã, se subtrairmos a relação do trabalho ao capital, o fato de uma convenção baseada sobre a relação da soma das forças produtivas para a soma das necessidades existentes[142].

Mas uma tal convenção é a condenação da troca individual e eis-nos então chegados ao nosso primeiro resultado.

No princípio não há troca de produtos, mas sim troca de trabalhos que concorrem para a produção. É do modo de troca das forças produtivas que depende o modo de troca dos produtos. Em geral a forma da troca dos produtos corresponde à forma da produção. Modifiquemos esta última e a primeira se modificará em conseqüência. Assim vemos na história da sociedade o modo de trocar os produtos regular-se sobre o modo de produzi-los. A troca individual corresponde também a um modo de produção determinado que, ele mesmo, responde ao antagonismo das classes. Assim, não há troca individual sem antagonismo de classes.

Mas as consciências honestas recusam-se a tal evidência. Quando se é burguês, não se pode agir de outra forma a não ser ver nesta relação de antagonismo uma relação de harmonia e de justiça eterna, que não permite a ninguém fazer-se valer às expensas de outrem. Para o burguês, a troca individual pode subsistir sem antagonismo de classes: para ele estas são duas coisas completamente disparatadas. A troca individual, como o burguês a figura, está longe de assemelhar-se à troca individual tal como ele a pratica.

---

[142] [N.E.]: Esta é quase uma citação literal do *Esboço de uma Crítica da Economia Política* de Engels (de 1844).

O Sr. Bray faz da *ilusão* do burguês honesto o *ideal* que quereria realizar. Depurando a troca individual, desembaraçando-a de tudo o que nela ele encontra de elementos antagonistas, ele crê encontrar uma relação "*igualitária*", que gostaria de fazer passar para a sociedade.

O Sr. Bray não vê que esta relação igualitária, este *ideal corretivo*, que desejaria aplicar ao mundo, nada mais é em si mesmo que o reflexo do mundo atual, e que por conseqüência é totalmente impossível reconstituir a sociedade sobre uma base que nada mais é que uma sombra embelezada. Na medida em que a sombra torna-se novamente corpo percebe-se que este corpo, longe de ser a sua transfiguração sonhada, é apenas o corpo atual da sociedade[143, 144, 145, 146].

---

[143] [M.]: Como qualquer outra teoria, a do Sr. Bray encontrou partidários que se deixaram enganar pelas aparências. Estes fundaram em Londres, em Sheffield, em Leeds e em muitas outras cidades da Inglaterra, as *Equitable Labour-Exchange Bazars*. Estes bazares, depois de terem absorvido capitais consideráveis, entraram em falências escandalosas. Estas pessoas perderam o gosto disto para sempre: advertência ao Sr. Proudhon.

[144] [E.]: (Nota de Engels à nota anterior de Marx, para a edição de 1886). Sabe-se que o Sr. Proudhon não levou em conta tal advertência. Em 1849 ele mesmo tentou abrir um novo banco de trocas em Paris. Este banco faliu antes mesmo de funcionar completamente. Perseguições judiciais foram lançados contra Proudhon, em conseqüência desta quebra.

[145] [N.E.]: Engels recria totalmente a história na nota acima. As "perseguições judiciais" que atingiram Proudhon, não partiram de modo algum de iniciativas contrárias ao Banco do Povo, mas sim dirigiam-se contra os violentos artigos que ele escreveu contra Luís Napoleão no *Le Peuple*, cuja tiragem quotidiana atingia então quarenta mil exemplares. Em 31 de janeiro de 1849, foi criado o Banco do Povo. Qual era seu objetivo declarado? Reorganizar a economia fora dos circuitos estatais, graças ao princípio do crédito sem juros. Em 14 de fevereiro, a Assembléia Constituinte autorizou processos contra Proudhon. Duchêne, que era o gerente do *Le Peuple*, será condenado a um ano de prisão e a mil francos de multa; Proudhon será condenado a três anos de prisão e a dez mil francos de multa por incitação ao ódio e ao desprezo do governo, ataques contra a Constituição, ataque aos direitos e à autoridade do príncipe-presidente e incitação ao ódio e ao desprezo mútuo entre os cidadãos". Por este fato o projeto do Banco do Povo não saiu do papel e todos os associados ao projeto foram reembolsados. ([N.T]: ver, para os detalhes deste episódio a biografia de Sainte-Beuve sobre Proudhon, bem como o volume respectivo de sua correspondência.)

[146] [X.]: (Anotação ao final do parágrafo). Apesar de todos os vossos esforços, deixais de pé toda a doutrina de Proudhon sobre o valor; vejo no fundo de vossa crítica apenas acrimônia, fatuidade e incapacidade.

3. APLICAÇÃO DA LEI DAS PROPORCIONALIDADES DO VALOR

a) A Moeda

"O ouro e a prata são as primeiras mercadorias cujo valor chegou a constituir-se[147].

O ouro e a prata são portanto as primeiras aplicações do "valor constituído"... por Proudhon. E como o Sr. Proudhon constitui os valores dos produtos determinando-os pela quantidade comparada de trabalho neles fixada, a única coisa que ele teria a fazer seria provar que as *variações* ocorridas no valor do ouro e da prata sempre se explicam pelas variações do tempo de trabalho que é preciso empregar para produzi-los. O Sr. Proudhon sequer cogita nisto. Ele não fala do ouro e da prata enquanto mercadorias, mas sim do ouro e da prata enquanto moeda.

Toda a sua lógica, se lógica existe, consiste em escamotear a qualidade[148] que possuem o ouro e a prata de servir de *moeda*, em privilégio com relação a todas as outras mercadorias que possuem a qualidade de serem avaliadas pelo tempo de trabalho. Decididamente há mais ingenuidade que malícia neste escamoteamento[149].

Um produto útil, sendo avaliado pelo tempo de trabalho necessário para produzi-lo, é sempre aceitável na troca. Testemunho, exclama o Sr. Proudhon, são o ouro e a prata que se encontram nas condições requeridas de "trocabilidade". O ouro e a prata portanto são o valor chegado ao estado de constituição, são a incorporação da idéia do Sr. Proudhon. Ele não poderia ser mais feliz na escolha do seu

---

[147] [N.E.]: PROUDHON, t. I, p. 87.

[148] [X.]:Vedes um escamoteamento porque não possuís o poder de generalizar.

[149] [N.T.]: Citemos, para que o leitor julgue a veracidade deste julgamento uma curta passagem do texto de Proudhon, situada no mesmo capítulo e parágrafo que Marx agora critica (capítulo 2, parágrafo 3) e situada um pouco abaixo da citação que Marx logo adiante fará: "O *que distingue a moeda com efeito não é a dureza do metal, que é menor que a do aço, nem a sua utilidade, que é muito inferior à do trigo, do ferro, do carvão mineral e de toda uma multidão de substâncias, que são reputadas vis, quando comparadas ao ouro. Não é nem a raridade e nem a densidade: uma e outra poderiam ser supridas, quer pelo trabalho efetuado sobre outras matérias, quer, como hoje em dia, pelas notas bancárias que representam vastas quantidades de ferro ou de cobre. O traço distintivo do ouro e da prata vem, eu o repito, do fato de que, graças às suas propriedades metálicas, à **dificuldade de sua produção e sobretudo à intervenção da autoridade pública** (destaque nosso), eles logo conquistaram enquanto mercadorias a fixidez e a autenticidade"*

exemplo. O ouro e a prata, além da qualidade que possuem de serem uma mercadoria, avaliada, como toda mercadoria, pelo tempo de trabalho, possuem ainda a qualidade de ser um agente universal de troca, de ser moeda. Tomando agora o ouro e a prata como uma aplicação do *"valor constituído"* pelo tempo de trabalho, nada mais fácil do que provar que toda mercadoria cujo valor estiver constituído pelo tempo de trabalho será sempre trocável, será moeda.

Uma questão muito simples se apresenta ao espírito do Sr. Proudhon. Por que o ouro e a prata possuem o privilégio de ser o padrão do "valor constituído"?

> Mas a função particular que o uso atribuiu aos metais preciosos, o de servir de agente para o comércio, é puramente convencional e toda outra mercadoria poderia, com maior ou menor comodidade talvez, representar este papel de uma maneira igualmente autêntica; os economistas reconhecem este fato e citam mais de um exemplo dele. Mas qual será pois a razão da preferência geralmente atribuída aos metais para servir de moeda e como se explica esta especialidade de função do metal, sem análogo na economia política?... Ora, seria possível restabelecer a série da qual a moeda parece ter se destacado e conseqüentemente reconduzi-la ao seu verdadeiro princípio?[150]

Já, colocando a questão nestes termos, o Sr. Proudhon *supôs* a moeda. A primeira questão que ele deveria ter colocado seria a de saber porque, nas trocas tais como estão constituídas atualmente, teve-se que individualizar, por assim dizer, o valor trocável, criando-se um agente especial de trocas. A moeda não é uma coisa, é uma relação social. Por que a relação da moeda, como qualquer outra relação econômica como a divisão do trabalho, etc., é uma relação de produção? Se o Sr. Proudhon tivesse se dado bem conta desta relação, ele não teria visto na moeda uma exceção, um membro destacado de uma série desconhecida ou à descobrir[151].

Ele teria reconhecido, ao contrário, que esta relação é um elo[152] e, como tal, está intimamente ligada a todo o encadeamento das ou-

---

[150] [N.E.]: PROUDHON, t. I, p. 87.

[151] [N.E.]: É exatamente isto o que Proudhon diz a respeito do *valor* (ver t. I, p. 59).

[152] [N.T.]: O original diz *anneau*, que é literalmente traduzido por *anel*. Optamos aqui por *elo*, porque ao nosso ver esta tradução adapta-se melhor ao contexto.

tras relações econômicas, sendo que esta relação pertence a um modo de produção determinado, assim como a troca individual[153]. Mas o que ele faz? Ele começa por destacar a moeda do conjunto do modo de produção atual, para fazer dela, mais tarde, o primeiro membro de uma série imaginária, de uma série a reencontrar.

Uma vez que se tenha reconhecido a necessidade de um agente particular de trocas, quer dizer, a necessidade da moeda, então não se trata mais de explicar porque esta função particular está entregue ao ouro e à prata ou a qualquer outra mercadoria. Esta é uma questão secundária que não mais se explica pelo encadeamento das relações de produção, mas sim pelas qualidades específicas inerentes ao ouro e à prata enquanto matéria. Se, depois de tudo isto, os economistas nesta ocasião

> lançaram-se para fora do domínio da ciência, se eles fizeram física, mecânica, história, etc.

como lhes reprova o Sr. Proudhon, fizeram apenas o que deveriam fazer. A questão não está mais no domínio da economia política.

> Aquilo que nenhum dos economistas, *diz o Sr. Proudhon*, viu nem compreendeu, é a *razão econômica* que determinou, para os metais preciosos, o favor que eles gozam[154].

A razão econômica que ninguém, é claro, nem viu, nem compreendeu, o Sr. Proudhon, viu, compreendeu e legou à posteridade.

> Ora, o que ninguém observou é que de todas as mercadorias, o ouro e a prata foram as primeiras cujo valor chegou à constituição. No período patriarcal o ouro e a prata se negociam

---

[153] [N.T.]: Inserimos, em nossas notas ao capítulo II do texto de Proudhon, vários comentários históricos sobre a origem e a difusão da moeda. Retomemos aqui o seguinte fato básico: lingotes timbrados de ouro, prata e cobre existem desde meados do III° milênio a.C.; moedas metálicas existem no Ocidente desde o século VIII a.C. e na China desde o século VII a.C. O papel-moeda irrompe na China pouco antes do início da era cristã. De que modo de produção Marx pois está falando? De seu "modo de produção asiático" (com todas as interrogações pertinentes que cercariam tal conceito)? daquilo que ele denomina "modo antigo de produção "ou "escravismo antigo"? do modo feudal ou do capitalista?

[154] [N.E.]: PROUDHON: t. I, p. 87.

e se trocam em lingotes, mas já com uma clara tendência à dominação e a uma preferência marcada. Pouco a pouco os soberanos se apossam deles e impõem-lhes o seu selo e desta consagração soberana nasce a moeda, quer dizer a mercadoria por excelência aquela que, apesar de todos os abalos do comércio conserva o seu valor proporcional determinado e que se faz aceitar como meio de pagamento... O traço distintivo do ouro e da prata vem, eu o repito, do fato de que, graças às suas propriedades metálicas, à dificuldade de sua produção e sobretudo à intervenção da autoridade pública, eles logo conquistaram enquanto mercadorias a fixidez e a autenticidade[155].

Dizer que, de todas as mercadorias, o ouro e a prata são as primeiras cujo valor atingiu a constituição quer dizer, segundo tudo o que precede, que o ouro e a prata são os primeiros que chegaram ao estado de moeda, eis a grande revelação do Sr. Proudhon, eis a verdade que ninguém antes dele havia descoberto.

Se, por tais palavras, o Sr. Proudhon quis dizer que o ouro e a prata são mercadorias para as quais o tempo de produção foi conhecido antes de todas as outras, isto seria ainda uma das suposições com as quais ele está sempre tão pronto a gratificar os seus leitores. Se quiséssemos nos manter nestas erudições patriarcais, diríamos ao Sr. Proudhon que o tempo necessário para produzir os objetos de primeira necessidade, tais como o ferro, etc., foi conhecido em primeiro lugar[156]. Nós lhe faremos dom do clássico arco de Adam Smith[157].

---

[155] [N.E.]: PROUDHON, t. I, p. 87.

[156] [N.T.]: Meu caro Sr. Marx, que anacronismo inconcebível sob a pena de um intelectual alemão tão bem formado e tão cioso das prerrogativas que o vocativo *Herr Doktor* prodigaliza! A metalurgia do ouro é conhecida desde os albores da história. Já o primeiro neolítico nos mostra o seu conhecimento pelo homem em caráter irretorquível (o ouro então é *catado* em pepitas nos aluviões e não ainda propriamente minerado). Já o *ferro* Sr. Marx, é um caso completamente distinto!.... As primeiras amostras de artefatos de ferro que conhecemos, nas civilizações suméria e egípcia, são produzidas com metal de origem meteorítica, e datam da segunda metade do III° Milênio a.C. A mineração e o forjamento do ferro *são muito mais recentes* que a mineração do ouro, do cobre, da prata e do estanho. Isto se deve ao fato de que, para se fundir os minérios de ferro é preciso uma temperatura muito mais elevada do que para se fundir o cobre ou a prata, de modo que a *fundição completa* deste metal foi uma conquista tecnológica relativamente recente na história da humanidade. Sem fusão, não há possibilidade de fundição e o trabalho metalúrgico é dificultado. A alternativa a isto é o *forjamento*: coze-se o óxido de ferro com carvão sob corrente de ar de modo a se obter uma gradual redução do óxido

Mas, depois de tudo isto, como o Sr. Proudhon poderia ainda falar da constituição de um valor, visto que o valor jamais se constitui sozinho? O valor está constituído, não apenas pelo tempo necessário para produzi-lo, mas também com relação à quota-parte de todos os outros produtos que podem ser criados no mesmo tempo. Assim, a constituição do valor do ouro e da prata supõe a constituição já completamente dada de uma multidão de outros produtos.

Não é pois a mercadoria que chegou, no ouro e na prata, ao estado de "valor constituído", é o "valor constituído" do Sr. Proudhon, que chegou, através do ouro e da prata, ao estado de moeda.

Examinemos agora, com maior proximidade, estas *razões econômicas* que, segundo o Sr. Proudhon, valeram ao ouro e à prata a vanta-

---

ao estado metálico, sendo que esta massa metálica incandescente mas ainda não fundida pode ser então trabalhada à martelo, sendo assim liberada de sua ganga e escórias e conformada sem necessidade de fundição. A redução e o forjamento do ferro são entretanto bastante posteriores ao trabalho dos metais preciosos e do cobre, basicamente pela complexidade dos tratamentos termoquímicos envolvidos e pelo sofisticado governo do fogo necessário. A humanidade começou a forjar o ferro por volta de 2000 a.C. e de início as peças produzidas eram bastante toscas e quebradiças. Uma siderurgia melhor desenvolvida aparecerá apenas por volta de 1500-1200 a.C. Assim, embora muito mais raros que os minerais de ferro, a humanidade iniciou a sua metalurgia pelos metais preciosos, pelo cobre e pelo bronze, podendo-se dizer que um faraó egípcio do Antigo ou do Médio Império poderia pois calcular com alguma precisão o tempo de trabalho necessário para se extrair dois dracmas de ouro dos poços da Núbia ou cinco libras de cobre das minas do Sinai, mas seria completamente incapaz de calcular em quanto tempo se faria um punhal de ferro. Escassez significa *muito trabalho* e portanto possibilidade de medição mais precisa do tempo de produção!

[157] [N.E.]: Alusão à passagem de Adam Smith: "em uma tribo de caçadores ou de pastores, um indivíduo faz arcos e flechas com maior celeridade e habilidade que outro. Ele trocará freqüentemente tais objetos com seus companheiros, contra gado e caça e não tardará a perceber que, por este meio, poderá obter mais gado e mais caça do que se ele mesmo fosse à caça. Por cálculo de interesses portanto, ele faz sua ocupação principal o fabricar arcos e flechas e eis que se transforma em uma espécie de armeiro". (*A Riqueza das nações*, ed. Garnier 1843, t. I, p. 20).

[N.T.]: Já comentamos longamente, em nossas notas ao texto de Proudhon a concepção completamente tosca e irrealista que os economistas clássicos tinham da economia primitiva. É em particular notável a facilidade e a ligeireza com a qual eles transpõem as categorias e os quadros mentais que condicionam o comportamento do empresário capitalista para o pensar do "homem primitivo" ou o fato de considerarem este último pouco mais que uma besta. A Antropologia, em um século e meio de trabalhos, revolucionou estes pontos de vista. Para uma visão mais realista do que seria uma economia primitiva, remetemos o leitor ao livro de Marshal SAHLINS *Stone Age Economics* e para os clássicos sempre verdejantes: *Argonauts of Western Pacific* de Bronislaw MALINOWSKY e o *Essai sur le Don* de Marcel MAUSS. Os historiadores e arqueólogos tem trazido o seu quinhão ao banco geral de conhecimentos. Mencionemos apenas as obras de Lewis MUMFORD: *Technics & Civilization* e *The Mith of Machine*, para uma revisão ao mesmo tempo ampla, erudita e crítica do problema.

gem de serem erigidos em moeda antes que qualquer dos outros produtos, passando pelo estado constitutivo do valor.

As razões econômicas são: a "tendência visível à dominação", a "preferência marcada" já no período patriarcal e outros circunlóquios do fato em si, que aumentam a dificuldade, porque multiplicam o fato multiplicando os incidentes que o Sr. Proudhon nos faz relembrar para explicar o fato. O Sr. Proudhon ainda não esgotou todas as suas pretensas razões econômicas. Eis aqui uma de uma força soberana irresistível:

> É da consagração soberana que nasce a moeda: os soberanos se apossam do ouro e da prata e neles apõem o seu selo.

Assim o bel-prazer dos soberanos é, para o Sr. Proudhon, a razão suprema em economia política!

Verdadeiramente é preciso ser desprovido de qualquer conhecimento histórico para ignorar que são os soberanos quem, em todos os tempos, suportaram as condições econômicas, mas que nunca foram eles quem fizeram a sua lei. A legislação, tanto política quanto civil, nada mais faz que pronunciar, verbalizar, o poder das relações econômicas.

É o soberano que apossou-se do ouro e da prata, para fazer deles os agentes universais de troca, neles imprimindo o seu selo ou são estes agentes universais de troca que se apossaram do soberano forçando-o por sua vez a neles imprimir o seu selo e dando-lhes consagração política[158]?

---

[158] [N.T.]: No que tange à história egípcia, que nos é melhor conhecida pessoalmente, não há dúvida que é o soberano quem se apossa dos metais, organizando as expedições à Núbia e ao Sinai já na IIª Dinastia e centralizando o metálico, literalmente "apondo o seu selo" aos lingotes que eram então depositados em seu tesouro ou no dos deuses... Tais lingotes logo começam a ser utilizados no comércio exterior com o Líbano, com Creta e com Chipre. O Líbano em especial é particularmente estratégico por que é daí que provêm quase toda a madeira pesada (cedros e pinhos) utilizadas pelos egípcios na construção civil e naval, bem como em obras mais leves de marcenaria, embora neste último caso estes materiais sofressem a concorrência do ébano e das madeiras leves da floresta africana. A importância do Líbano é tão grande ao ponto de uma grande parte do mito de Ísis e de Osíris passar-se nas praias de Tiro. (ver, p. ex. Nicolas GRIMAL *Histoire de l'Égypte Ancienne* e Michael RICE: *Egypt's Making* como referências mais modernas. Os trabalhos clássicos de Maspero, de Ermann e de Breasted já apontavam com suficiente clareza para este ponto que as pesquisas arqueológicas modernas confirmam). Recentemente passamos pessoalmente a nos interessar também pelo caso da China Antiga, pelo fato de lá terem aparecido tentativas primevas e, ao que parece, indepen-

A marca que foi dada e que se dá à prata, não é a de seu valor, mas sim a de seu peso. A fixidez e a autenticidade das quais nos fala o Sr. Proudhon aplicam-se apenas ao título da moeda e este título indica quanto existe de matéria metálica em um pedaço de prata amoedada[159].

O único valor intrínseco de um marco de prata, *diz Voltaire com o bom senso que lhe é reconhecido*, é um marco de prata, uma meia libra-peso de oito onças. O peso e o título constituem sozinhos este valor intrínseco[160].

---

dentes, de bater moeda e de se imprimir papel-moeda *por iniciativa do Imperador*. Nossas primeiras leituras apontam para o fato de ser, como quer Proudhon, o poder político quem monopoliza o metálico e a emissão, antes que a circulação de moeda amplie-se de modo consistente. Neste caso chinês entretanto, confessamos que nossas leituras e estudos ainda estão longe de nos conduzir a uma conclusão tão firme quanto a do caso egípcio. A análise de casos na História medieval e moderna é igualmente de muita importância para a elucidação completa do problema.

[159] [N.T.]: Ah! Dr. Marx, Dr. Marx, danadinho!!! Foste um bom aluno de retórica, mas talvez fugiste das aulas de lógica e matemática para supor em teus leitores um impacto basbaque por fórmulas sibilinas. Sim a marca é de **peso** mas é o *soberano* quem garante o peso. É por isso que desde muito cedo ao invés de lingotes simplesmente assinalados, vemos surgir as peças de moeda cunhadas dos dois lados (este fato é alias comezinho e comentado por todos os tratados de numismática): de um lado a marca de peso, ou de valor e de outro lado o selo real, o símbolo da cidade ou algum outro seu equivalente heráldico; ou seja, uma elipse está gravada no metal, elipse de uma fórmula que poderia ser talvez assim lida: " O soberano de X, ou a cidade de X garante que nesta peça está contida a massa Y de ouro (ou de prata, ou de cobre)". Como se conhece o tempo de trabalho necessário para se extrair, fundir e moldar uma *unidade de massa* do metal timbrado, conhece-se portanto, sabendo-se a *massa* da peça, que valor está nela incorporado. A chancela do soberano assim *garante o título da peça*, ao menos nominalmente, evitando aos seus usuários o custo de uma verificação que além de demorada, depaupera o valor por consumir massa metálica para a sua realização. A massa pode ser verificada bastante facilmente, já o título do metal não e assim a intervenção do soberano vem no sentido de se garantir o título (mais tarde, na introdução do papel-moeda esta garantia se reduzirá apenas à declaração de que existe no tesouro metálico suficiente para cobrir o valor de face da nota) e, é claro, isto não impede que por vezes o próprio soberano atue como falso moedeiro, mas isto já é um outro problema. O ponto importante é que a *circulação* do metálico está baseada na *confiança* no valor de face nele impresso e este foi o papel principal do soberano ao acaparar o metálico. Sem tal confiança na saúde da moeda todas as relações econômicas nela baseadas se esvaem. Ao pretender a constituição de todos os valores, Proudhon, entre outras coisas, pretende liberar o trabalhador da tutela do Estado nesta geração e armazenamento de valor, tornando o valor do trabalho imediatamente trocável. Este é o ponto central: pode-se concordar ou não com ele, mas Marx não o discute, sempre tergiversa ao se chocar com ele. Deixamos à argúcia do leitor o desafio de descobrir porque. Dica: por que será que o marxismo, durante todo o século XX serviu de ideologia aos gestores do Estado para introduzir as relações econômicas capitalistas em regiões nas quais estas estavam ainda pouco presentes?

[160] [M]: VOLTAIRE: *Système de Law*.

Mas a questão: quanto valem uma onça de ouro e de prata? não deixa de subsistir. Se a caxemira do magazine do *Grand Colbert*, levasse uma marca "*pura lã*", esta marca de fábrica nada vos diria ainda sobre o valor da caxemira. Restaria ainda saber o quanto vale a lã[161].

Felipe I, rei da França misturou à libra de Carlos Magno um terço de liga imaginando que, como possuía o monopólio de fabricação de moedas, poderia fazer o que faz qualquer comerciante que possua o monopólio de um produto. Qual foi o efeito desta alteração das moedas tão reprovada à Felipe e aos seus sucessores?

Um raciocínio muito justo do ponto de vista da rotina comercial, mas muito falso em ciência econômica, à saber que como a oferta e a demanda são a regra dos valores, pode-se, seja produzindo-se uma escassez factícia, seja concentrando toda a produção, fazer subir as cotações e portanto o valor das coisas e que isto é verdadeiro para o ouro e a prata, assim como para o trigo, o vinho, o azeite e o tabaco. Tão logo a fraude de Felipe foi percebida, a moeda foi reduzida ao seu justo valor e ele mesmo perdeu aquilo que julgou que ganharia de seus súditos. A mesma coisa ocorreu como conseqüência de outras tentativas análogas[162].

Em primeiro lugar foi demonstrado, muitas e muitas vezes, que, se o príncipe pretende alterar a moeda, é ele quem perde com isso. Aquilo que ganhou uma única vez por ocasião da primeira emissão, ele perde tantas vezes quantas as moedas falsificadas voltarem aos seus cofres sob forma de impostos, etc. Mas Felipe e seus sucessores souberam colocar-se mais ou menos ao abrigo desta perda porque, uma vez posta em circulação a moeda alterada, eles apressaram-se a ordenar uma refusão geral das moedas sobre o antigo pé.

---

[161] [N.T.]: É exatamente este problema que Proudhon pretende resolver pela constituição dos valores, como o leitor facilmente depreenderá da leitura dos capítulos II, IX e X de sua obra. Esquematizando muito diríamos que é "garantindo o título" do tempo de trabalho condensado em tipo de bem produzido e tornando estes bens diretamente trocáveis por seu valor incorporado assim titulado, sem o intermédio da moeda, do Estado, do banqueiro e do capitalista, através de mecanismos federativos e horizontais de produção e de troca, que Proudhon pretende chegar ao seu socialismo, à sua Justiça.

[162] [N.E.]: PROUDHON, t. I, p. 88.

Aliás, se Felipe tivesse verdadeiramente raciocinado como o Sr. Proudhon, ele não teria raciocinado tão bem "do ponto de vista comercial". Nem Felipe I nem o Sr. Proudhon dão provas de gênio mercantil, quando imaginam que se pode alterar o valor do ouro, assim como o valor de qualquer outra mercadoria, pela única razão que seu valor seja determinado pela razão entre a oferta e a procura.

Se o rei Felipe tivesse ordenado que um moio de trigo se denominasse doravante dois moios de trigo, o rei teria sido um escroque. Ele teria enganado todos os rentistas, toda a gente que tivesse que receber cem moios de trigo, teria feito com que todas estas pessoas, ao invés de receberem cem moios de trigo, tivessem recebido apenas cinqüenta. Mas suponhamos que no rei fosse devedor de cem moios e trigo: agora teria que pagar apenas cinqüenta. Mas no comércio, cem moios de trigo nunca valeriam cinqüenta. Mudando-se o nome, não se muda a coisa. A quantidade de trigo, seja a demandada, seja a ofertada, não teria nem diminuído nem aumentado por efeito desta mudança de nome, apenas. Assim, como a relação entre a oferta e a procura continuará a ser a mesma apesar desta alteração no nome, o preço do trigo não sofrerá nenhuma alteração real. Falando-se da oferta e da procura das coisas, não se fala da oferta e da procura do nome das coisas. Felipe I não era um fazedor de ouro e de prata, conforme diz Proudhon; ele era um fazedor de nomes de moedas. Façamos passar as nossas caxemiras francesas por caxemiras asiáticas, será possível que enganemos um comprador ou dois, mas uma vez descoberta a fraude as nossas pretensas caxemiras asiáticas verão seu preço cair abaixo do das caxemiras francesas. Dando uma etiqueta falsa ao ouro e à prata, o rei Felipe I apenas poderia enganar enquanto a fraude fosse desconhecida. Como outro bodegueiro qualquer, ele enganava os seus clientes através de uma falsa qualificação da mercadoria: isto poderia durar apenas um certo tempo. Cedo ou tarde ele deveria submeter-se ao rigor das leis comerciais. Seria isto o que o Sr. Proudhon quereria provar? Não, em sua opinião é do soberano e não do comércio que o dinheiro recebe o seu valor. E o que ele provou efetivamente? Que o comércio é mais soberano que o soberano. Que um soberano ordene que doravante um marco seja dois marcos, o comércio dirá sempre que estes dois marcos valem apenas um marco de outrora.

Mas com isto a questão do valor determinado pela quantidade de trabalho não avançou um passo. Resta sempre decidir se estes dois marcos, retransformados num marco de outrora, são determinados pelos custos de produção ou pela lei da oferta e da demanda.

O Sr. Proudhon continua:

> Dá no mesmo considerar que, se em lugar de alterar as moedas estivesse no poder do Rei duplicar sua massa, o valor trocável do ouro e da prata teria logo baixado à metade, sempre por esta razão de proporcionalidade e de equilíbrio.

Se esta opinião, que o Sr. Proudhon compartilha com os outros economistas é justa, ela dá prova em favor da doutrina da oferta e da procura e de modo algum em favor da proporcionalidade do Sr. Proudhon. Porque, seja qual for a quantidade de trabalho fixada na massa dobrada de ouro e de prata, o seu valor teria caído pela metade, com a demanda permanecendo a mesma e a oferta tendo duplicado. Ou será, que por acaso, *"a lei de proporcionalidade"* se confundiria desta vez com a lei tão desdenhada da oferta e da procura? Esta justa proporcionalidade do Sr. Proudhon é com efeito de tal forma elástica, ela se presta a tantas variações, combinações e permutações, que bem poderia uma vez coincidir com a razão da oferta para a procura.

Fazer "toda a mercadoria aceitável na troca, se não de fato, ao menos de direito", fundando-se sobre o papel que desempenhariam o ouro e a prata é pois desconhecer[163] este papel. O ouro e a prata são aceitáveis de direito porque eles o são de fato, e eles o são de fato porque a organização atual da produção tem necessidade de um agente universal de troca. O direito nada mais é que o reconhecimento oficial do fato.

Nós já vimos que o exemplo da prata como aplicação do valor passado ao Estado de constituição, tinha sido escolhido pelo Sr. Proudhon apenas para poder fazer passar em contrabando toda a sua doutrina da trocabilidade, quer dizer, para demonstrar que toda a mercadoria avaliada pelos seus custos de produção deve chegar ao estado de moeda. Tudo isto seria muito bom, não fosse o inconveniente de que precisamente o ouro e a prata enquanto moedas, são, de todas as mercadorias, as únicas que não estão determinadas pelos seus custos de produção; e isto é tão verdadeiro <u>que, na circulação, eles podem ser</u>

---

[163] [N.T.]: *Méconnaître* no original francês.

substituídos pelo papel[164]. Enquanto houver uma certa proporção observada entre as necessidades de circulação e a quantidade de moeda emitida, seja sob forma de papel-moeda, em ouro, em platina ou em cobre, não se tratará de uma proporção a observar entre o valor intrínseco (os custos de produção) e o valor nominal da moeda. Sem dúvida, no comércio internacional, a moeda é determinada, como toda a mercadoria, pelo tempo de trabalho. Mas é também assim que o ouro e a prata, uma vez passados para o comércio internacional, são meios de troca enquanto produto e não enquanto moeda, quer dizer que eles perdem este caráter de "fixidez e autenticidade", de "consagração soberana", que formam para o Sr. Proudhon o seu caráter específico. Ricardo compreendeu tão bem esta verdade que, depois de ter baseado todo o seu sistema sobre o valor determinado pelo tempo de trabalho, e depois de ter dito que:

> O *ouro e a prata*, bem como todas as outras mercadorias, possuem valor apenas na proporção da quantidade de trabalho necessária para produzi-los e fazê-los chegar ao mercado,

ele acrescenta entretanto que o valor da *moeda* não é determinado pelo tempo de trabalho fixado em sua matéria mas apenas pela lei da oferta e da procura[165].

Ainda que o papel não tenha valor intrínseco, quando nos limitamos à quantidade entretanto, seu valor trocável pode igualar o valor de uma moeda metálica de mesma denominação ou lingotes estimados em espécie. É ainda através do mesmo princípio, isto é, limitando-se a quantidade de moeda, que as peças de baixo título podem circular pelo mesmo valor que teriam se seu peso e seu título fossem aqueles fixados pela lei, e não segundo o valor intrínseco do metal puro que elas conteriam. Eis porque na história das moedas inglesas descobrimos que nosso numerário nunca foi depreciado na mesma proporção na qual foi alterado. A razão reside no fato de que ele nunca foi multiplicado na proporção de sua depreciação[166].

---

[164] [X.]: Sim, mas sob a condição de que o papel possa sempre ser trocado contra a prata.

[165] [X.]: Por que então a lei da oferta e da procura, que tem tanta influência sobre os outros produtos, mostra uma influência quase nula sobre o ouro e a prata?

[166] [M.]: RICARDO, obra citada (N.E.: t. II, pp. 206-07).

Eis o que observa J. B. Say, a respeito desta passagem de Ricardo:

Este *exemplo* deveria bastar, parece-me, para convencer o autor de que a base de um valor qualquer não está na quantidade de trabalho necessária para fazer uma mercadoria, mas sim na necessidade que dela se tem, contrabalançada por sua raridade[167].

Assim a moeda, que para Ricardo não é mais um valor determinado pelo tempo de trabalho, e que J. B. Say toma, por causa disto, como exemplo para convencer Ricardo de que os outros valores da mesma forma não poderiam ser determinados pelo tempo de trabalho, esta moeda, eu digo, tomada por J. B. Say como exemplo de um valor determinado exclusivamente pela oferta e pela procura, torna-se, para o Sr. Proudhon, o exemplo por excelência da aplicação do valor constituído pelo tempo de trabalho!

Para terminar com este ponto, se a moeda não é "valor constituído" pelo tempo de trabalho, ela com mais forte razão não poderia ter qualquer coisa em comum com a justa "proporcionalidade" do Sr. Proudhon. O ouro e a prata são sempre trocáveis porque possuem a função particular de servir como agente universal de câmbio, e de modo algum porque eles existem em quantidade proporcional ao conjunto das riquezas; dizendo-se melhor ainda, eles são sempre proporcionais porque, únicos dentre todas as mercadorias, eles servem de moeda, de agente universal de trocas, seja qual for a sua quantidade relativa ao conjunto das riquezas.

A moeda em circulação nunca seria abundante a ponto de transbordar[168]: porque, se baixarmos o seu valor, aumentaremos na mesma proporção a sua quantidade e, aumentando o seu valor, diminuiremos a sua quantidade[169].

"Que *imbróglio* é a economia política!" exclama o Sr. Proudhon.

---

[167] [N.E.]: Idem p. 206

[168] [N.T.]: *...ne saurait jamais assez abondante pour regorger* no original francês. *Regorger* significa propriamente *regurgitar* em português. Optamos aqui, por clareza, pelo sentido figurado do termo.

[169] [M.]: RICARDO, obra citada (N.E: p. 205).

"Maldito ouro!" exclama um comunista (pela boca do Sr. Proudhon). Seria equivalente dizer: Maldito trigo, malditas vinhas, malditos carneiros, porque:

> da mesma forma como o ouro e a prata, *todo o valor comercial* deve chegar a sua exata e rigorosa determinação.

A idéia de fazer chegar os carneiros e as vinhas ao estado de moeda não é nova. Na França, ela pertence ao século de Luís XIV. Nesta época, a prata tinha começado a estabelecer o seu todo-poderio e todos se queixavam da depreciação de todas as outras mercadorias e todos exprimiam os votos de que chegaria o momento no qual "todo o valor comercial" pudesse chegar a sua exata e rigorosa determinação, ao estado de moeda. Eis o que nós já encontramos em Boisguillebert, um dos mais antigos economistas da França:

> A prata então, por este afluxo inumerável de concorrentes que seriam os próprios gêneros restabelecidos em seus justos valores, será repelida para os seus limites naturais[170].

Vê-se que as primeiras ilusões da burguesia são também as suas últimas[171].

b) O Excedente de Trabalho

> Lê-se nas obras de economia política, esta hipótese absurda: *Se o preço de todas as coisas fosse duplicado...* Como se o preço de todas as coisas não fosse a proporção das coisas e que se pudesse duplicar uma proporção, uma relação, uma lei![172].

Os economistas caíram neste erro por não terem sabido fazer a aplicação da "lei de proporcionalidade" e do "valor constituído".

Infelizmente lê-se na própria obra do Sr. Proudhon, no t. I, p. 110, esta hipótese absurda de que "se o salário aumentasse em geral, os

---

[170] [M.]: BOISGUILLEBERT: *Economistes Financiers du XVIII Siécle*, edição "Daire" p. 422.
[171] [N.E.]: Marx começará efetivamente os seus estudos sobre a moeda apenas em 1850.
[172] [M.]: PROUDHON: t. I, p. 96.

preços de todas as coisas aumentariam". Ademais, se encontramos nas obras de economia política a frase em questão, encontramos também a sua explicação.

Quando se diz que o preço de todas as mercadorias sobe ou baixa, exclui-se sempre uma ou outra das mercadorias; a mercadoria excluída é geralmente o dinheiro ou o trabalho[173].

Passemos agora para a *segunda aplicação* do "valor constituído" e de outras proporcionalidades cujo único defeito é o de serem pouco proporcionais e vejamos se o Sr. Proudhon é aqui mais feliz que na sua *monetarização* dos carneiros.

Um axioma geralmente admitido por todos os economistas é o de que todo trabalho deve deixar um excedente. Esta proposição é para mim de uma verdade universal e absoluta: é o corolário da lei de proporcionalidade, que se pode considerar como o sumário de toda a ciência econômica. Mas, e aqui eu peço perdão aos economistas, o princípio de que *todo trabalho deve deixar um excedente* não tem sentido em sua teoria e não é suscetível de nenhuma *demonstração*[174].

Para provar que todo trabalho deve deixar um excedente, o Sr. Proudhon personifica a sociedade; ele fabrica uma *sociedade-pessoa*, sociedade que não existe, em lugar da sociedade de pessoas, porque ela possui as suas leis à parte, nada tendo em comum com as pessoas que compõem a sociedade, e também a sua "inteligência própria", que não é a inteligência do comum dos homens, mas sim uma inteligência que não possui senso comum. O Sr. Proudhon reprova aos economistas o não terem compreendido a personalidade deste ser coletivo. Gostaríamos de lhe opor a seguinte passagem de um economista norte-americano que reprova aos economistas justamente o contrário:

---

[173] [M.]: *Encyclopoedia Metropolitana or Universal Dictionary of Knowledge*, V.IV, artigo "Political Economy", por Senior, Londres 1836. (Ver também, sobre esta questão, J. S. MILL: *Essays on some Unsettled Questions of Political Economy*, Londres 1844 e TOOKE, *An History of Prices, etc.* Londres 1838).

[174] [M.]: PROUDHON: tomo I, p. 90.

A *entidade* moral (*the moral entity*), o ser gramatical (*the grammatical being*) denominado sociedade foi revestido de atribuições que possuem existência real apenas na imaginação daqueles que com uma palavra fazem uma coisa...Eis o que deu lugar a muitas dificuldades e à deploráveis desconsiderações na economia política[175].

Este princípio do excedente do trabalho, *continua o Sr. Proudhon*, é verdadeiro para os indivíduos somente porque emana da sociedade, que assim lhes confere os benefícios de suas próprias leis.

O Sr. Proudhon quererá dizer com tudo isto simplesmente que a produção do indivíduo social ultrapassa a do indivíduo isolado? Será deste excedente da produção dos indivíduos associados com relação aos indivíduos não associados, que o Sr. Proudhon pretende falar[176]?

---

[175] [M.]: Th. COOPER: *Lectures on the Elements of Political Economy*, Columbia, 1826.

[176] [N.T.]: Proudhon não apenas quer dizer que a produção dos indivíduos associados é *maior*, que a somatória das produções dos indivíduos isolados, mas quer dizer também que tal produção é *qualitativamente distinta* que esta mera somatória, pois esta associação permite a realização de trabalhos impensáveis quando se considera as possibilidades de um único trabalhador ou de uns poucos trabalhadores associados; Proudhon diz também que é exatamente a apropriação particular deste *valor agregado* pelo trabalho coletivo que constitui a base da expropriação do capitalista e que é por este motivo, exatamente, *que a propriedade constitui-se em um roubo*. Este ponto, que agora Marx contesta ou "não compreende", pouco tempo antes, por ocasião da redação da "Sagrada Família" era por ele considerado como de importância fundamental no elogio que neste último texto ele desenvolve ao texto de Proudhon intitulado "O que é a Propriedade" e que constitui a primeira de uma série de três memórias que o tipógrafo francês dedica ao assunto, publicada, com grande escândalo e repercussão, em 1840. Marx considera então que este texto terá para o Quarto Estado (isto é, para o proletariado) a mesma importância que o texto de Seyés teve para o Terceiro (referindo-se aqui ao panfleto "O que é o Terceiro Estado", considerado como uma das fontes inspiradoras da Revolução Francesa). Proudhon já desenvolve nesta sua primeira memória sobre a propriedade muitas das teses que posteriormente retomará ou ampliará no Sistema das Contradições Econômicas. No que nos concerne aqui, existe uma passagem bastante coerente e explícita, que citaremos "in extenso", por ser quase desconhecida do público brasileiro, para que o leitor avalie a honestidade e a justiça da atual crítica de Marx. A passagem que citaremos e cuja tradução é de nossa responsabilidade encontra-se nos §§ 4 e 5 do Capítulo III (Do Trabalho como Causa Eficiente do Domínio da Propriedade) do livro "O que é a Propriedade", publicado por Proudhon em 1840:

"*§ 4° - Do Trabalho. De que o Trabalho, por si mesmo, não tem sobre as coisas da natureza poder algum de apropriação.*

Iremos agora demonstrar, pelos próprios aforismos da economia política e do direito, isto é por tudo aquilo que a propriedade pode objetar de mais especioso:

1º. Que o trabalho por si mesmo não tem sobre as coisas poder algum de apropriação;

2º. Que entretanto, reconhecendo-se tal poder ao trabalho, se é conduzido à igualdade das propriedades, quaisquer que sejam aliás, a espécie de trabalho, a raridade do produto e a desigualdade das faculdades produtivas;

3º. Que na ordem da justiça, o trabalho **destrói** a propriedade.

Para exemplo de nossos adversários e para que não deixemos sobre nossa passagem nem sarças e nem espinhos remontemos a questão ao mais alto ponto possível.

Diz o Sr. Charles Comte no Traité de la Proprieté:

"A França, considerada como nação, tem um território que lhe é próprio".

A França como um único homem possui um território que ela explora, mas ela não é sua proprietária. Ocorre com as nações o mesmo que ocorre com os indivíduos entre si: elas são usufrutuárias e trabalhadoras; é por meio de um abuso de linguagem que lhes é atribuído o domínio do solo. O direto de usar e de abusar não pertence ao povo mais que ao homem; tempo virá quando a guerra empreendida para reprimir o abuso do solo em uma nação será uma guerra sagrada.

Assim, o Sr. Charles Comte, que empreendeu explicar como a propriedade se forma, começa por supor que uma nação é proprietária e recai no sofisma denominado petição de princípio; a partir deste momento, toda a sua argumentação está arruinada.

Se o leitor achar que isto é levar a lógica muito longe, contestando que uma nação seja proprietária de seu território, eu me limitarei a relembrar que do direito fictício da propriedade nacional saíram, em todas as épocas, as pretensões de suserania, os tributos, as regalias, as corvéias, contingentes de homens e de dinheiro, requisições de mercadorias etc. e por conseqüência a recusa aos impostos, as insurreições, as guerras e as perdas de população.

"Existem, no meio deste território, espaços de terra bastante extensos que não foram convertidos em propriedades individuais. Estas terras, que geralmente consistem em florestas, pertencem à massa da população e o governo que percebe as rendas delas as emprega ou deve empregá-las no interesse comum."

Deve empregá-las, muito bem dito; isto o impede de mentir.

"Suponha-se que elas sejam postas à venda..."

Por que postas à venda? Quem tem o direito de vendê-las? Mesmo que a nação fosse a sua proprietária, poderia a geração de hoje despossuir a geração de amanhã? O povo possui a título de usufruto; o governo rege, vigia, protege e faz os atos de justiça distributiva; se ele também faz concessões de terreno, não pode fazer mais que conceder o uso; ele não tem o direito de vender nem de alienar seja o que for. Não possuindo a qualidade de proprietário, como poderia transmitir a propriedade?

"Suponha-se que um homem industrioso compre uma parte delas, um vasto pântano por exemplo: não poderia existir aqui expropriação porque o público receberia o valor exato destas terras pela mão de seu governo e portanto estará tão rico quanto antes."

Isto é derrisório. O quê! Pelo fato de um ministro pródigo, imprudente ou inábil **vender** os bens do Estado sem que eu, pupilo do Estado, sem que eu, que não tenho voto consultivo ou deliberativo no Conselho de Estado, possa fazer oposição a tal venda, esta venda seria boa e legal? Os tutores do povo dissipam o seu patrimônio e não há mais recurso?! Recebi, é o que dizeis, pelas mãos do governo a minha parte do preço da venda: mas, em primeiro lugar, eu não quis vender e mesmo que quisesse, eu não poderia, não teria o direito de fazer isso. Ademais, não percebo aonde tal venda me tenha sido proveitosa. Meus tutores vestiram alguns soldados, repararam alguma velha cidadela ou construíram, para seu orgulho, algum custoso e mirrado monumento; talvez tenham até mesmo queimado alguns fogos de artifício e erguido algum mastro comemorativo: o que é tudo isso quando comparado ao que eu perdi?

O comprador planta os seus limites, encerra-se e diz: "Isto é meu; cada um por si e Deus por todos". Eis portanto uma espécie de território sobre o qual doravante ninguém mais terá o direito de pisar, a não ser o proprietário e os amigos do proprietário; um território que não trará proveito a mais ninguém, que não ao proprietário e seus servidores. Se tais vendas se multiplicam, logo o povo, que não pode e nem quis vender, que não tocou no preço da venda, não terá mais onde repousar, ou abrigar-se e onde colher: irá morrer de fome à porta do proprietário, na orla desta propriedade que já foi sua herança; o proprietário, vendo-o expirar dirá: "assim perecem os preguiçosos e os frouxos!".

Para tornar aceitável esta usurpação do proprietário, o Sr. Charles Comte finge rebaixar o valor das terras no momento da venda.

"É preciso ter o cuidado de não exagerar a importância destas usurpações: devemos apreciá-las pelo número de homens que elas fazem viver destas terras ocupadas e pelos meios que estas lhes fornecem; é evidente, por exemplo, que se a extensão de terra que hoje vale mil francos não valia mais que cinco cêntimos quando foi usurpada, houve realmente apenas cinco cêntimos de seqüestro. Uma légua quadrada de terra mal basta para fazer viver um selvagem em seu infortúnio: ela hoje assegura meios de existência para milhares de pessoas. Há novecentos e noventa e nove partes dela que são propriedade legítima de seu possuidor: houve usurpação apenas para um milésimo de seu valor."

Um camponês acusava-se, em confissão, de ter destruído um documento através do qual reconhecia-se devedor de uma quantia de cem escudos. O confessor dizia: "É preciso devolver estes cem escudos". "Não, dizia-lhe o camponês, restituirei dez tostões pela folha de papel."

O raciocínio do Sr. Charles Comte assemelha-se à boa-fé deste camponês. O solo não possui apenas o seu valor integrante e atual, ele possui também um valor potencial e futuro que depende de nossa capacidade em valorizá-lo e de colocá-lo em produção. Destruamos uma letra de câmbio, um título ao portador ou um contrato de constituição de rendas; como papel, destruiremos um valor quase nulo; mas com este papel, destruiremos igualmente o título, despojamo-nos de nossos bens. Destruamos a terra ou, o que é o mesmo para nós, vendamo-la: não apenas alienaremos uma, duas ou várias colheitas, mas igualmente destruiremos todos os produtos que poderíamos dela tirar, nós, nossos filhos e os filhos de nossos filhos.

Quando o Sr. Charles Comte, o apóstolo da propriedade e o panegirista do trabalho, supõe uma alienação de território por parte do governo, não devemos acreditar que ele faça esta suposição sem motivo e por super-rogação; ele tinha necessidade disto. Como repelia o sistema de ocupação e como também sabia, aliás, que o trabalho não faz o direito sem a permissão prévia de ocupar, ele se viu forçado a relacionar esta permissão à autoridade do governo, o que significa que a propriedade tem por princípio a soberania do povo ou, em outros termos, o consenso universal. Iremos discutir este preconceito.

Dizer que a propriedade é filha do trabalho e depois dar ao trabalho uma concessão para o seu exercício é claramente, se não me engano, um círculo vicioso. As contradições irão seguir-se.

"Um espaço de terra determinado pode apenas produzir alimentos para o consumo de um homem durante uma jornada: se o seu possuidor, através de seu trabalho, encontra um meio de fazer esta terra produzir para dois dias, ele terá duplicado o seu valor. Este novo valor é sua obra, sua criação; ele não foi raptado de ninguém: é sua propriedade."

Eu sustento que o possuidor já é pago por seu esforço pela colheita em dobro, mas que ele não adquire com isto direito algum sobre o fundo. Eu concordo que o trabalhador faça seus os frutos; mas não compreendo como a propriedade dos produtos carregue consigo a propriedade da matéria. O pescador que, sobre a mesma costa, sabe apanhar mais peixe que seus confrades torna-se, por esta habilidade, proprietário das paragens onde pesca? A perícia do caçador poderia ser arrogada como título de propriedade sobre toda a caça de um cantão? A paridade é perfeita: o cultivador diligente encontra em uma colheita abundante e de melhor qualidade a recompensa de sua indústria; se ele efetuou melhorias no solo, ele tem direito à uma preferência como possessor; mas nunca, de maneira alguma, pode ser admitido que ele apresente a sua habilidade de cultivador como um título de propriedade sobre o solo que cultiva.

Para transformar a posse em propriedade, é preciso outra coisa que não o trabalho, sem o que o homem deixaria de ser proprietário desde que cessasse de ser trabalhador; ora, o que faz a propriedade, segundo a lei, é a posse imemorial e inconteste, ou seja, em uma palavra, a prescrição; o trabalho nada mais é que o sinal sensível, o ato material pelo qual a ocupação se manifesta. Se portanto o cultivador permanece proprietário depois que deixou de trabalhar e de produzir; se sua posse, inicialmente concedida e depois tolerada, torna-se por fim inalienável, é pelo benefício da lei civil e em virtude do princípio de ocupação. Isto é de tal forma verdadeiro que não há sequer um contrato de venda, de arrendamento ou de aluguel que não o suponha. Citarei apenas um exemplo.

Como se avalia um imóvel? por seu produto. Se uma terra traz 1.000 francos de renda ao ano, diz-se que, a um juro de 5%, ela vale 20.000 francos, a um juro de 4%, 25.000 francos, etc.; isto significa, em outros termos, que depois de 20 ou de 25 anos o preço da terra terá sido reembolsado ao comprador. Se portanto, depois deste lapso de tempo o preço do imóvel foi integralmente pago, porque o comprador continua sendo o seu proprietário? Por causa do direito de ocupação, sem o qual toda a venda seria um resgate.

O sistema de apropriação pelo trabalho está portanto em contradição com o Código Civil e quando os partidários deste sistema pretendem dele servir-se para explicar as leis, estão em contradição consigo mesmos.

"Se os homens conseguem fertilizar uma terra que nada produzia ou até mesmo que era funesta como certos pântanos, eles criam, com este próprio fato, a propriedade inteira."

De que serve engrossar a expressão e jogar com os equívocos, como se quiséssemos modificar os fatos? **Eles criam a propriedade inteira**; quereis dizer que eles criam uma capacidade produtiva que anteriormente não existia? Mas esta capacidade não pode ser criada salvo sob a condição de existir uma matéria que seja o seu suporte. A substância do solo continua a mesma; apenas as suas qualidades e modos mudaram. O homem criou tudo, tudo exceto a própria matéria. Ora, é desta matéria, eu sustento, que pode haver apenas posse e uso, sob a condição permanente do trabalho, abandonando-se ao homem, momentaneamente, a propriedade das coisas que ele produziu.

Eis pois resolvido um primeiro ponto: a propriedade do produto, mesmo quando tiver sido concedida, não acarreta a propriedade do instrumento; este ponto não me parece necessitar de mais ampla demonstração. Há identidade entre o soldado possessor de suas armas, o pedreiro possessor dos materiais que lhe são confiados, o pescador possessor de suas águas, o caçador possessor de seus campos e florestas e o cultivador, possessor de suas terras: todos serão, se assim o quisermos, possuidores de seus produtos, mas nenhum é proprietário de seus instrumentos. O direito ao produto é exclusivo, **jus in re**, o direito ao instrumento é comum, **jus ad rem**.

"§ 5° – De que o trabalho conduz à igualdade das propriedades.
Concordemos, não obstante, que o trabalho confira um direito de propriedade sobre a matéria: por que tal princípio não é universal? Por que o benefício desta pretensa lei restringe-se à minoria e é negado à multidão dos trabalhadores? Um filósofo que pretendia que todos os animais nasceram outrora da terra aquecida pelos raios do Sol, mais ou menos como os cogumelos, e a quem se perguntou por que a terra não produzia mais nada de análogo a isto respondeu: "porque ela está velha e perdeu a sua fecundidade". Teria o trabalho, outrora tão fecundo, se tornado semelhante estéril? Por que o meeiro não mais adquire, pelo trabalho, a terra cujo acesso outrora o mesmo trabalho possibilitou ao proprietário?

É que, dir-se-á, ela já se encontra apropriada. Mas isto não é resposta. Um certo domínio está arrendado por cinqüenta alqueires de grão por hectare; o talento e o trabalho de um meeiro elevam este produto ao dobro: este acréscimo é criação do meeiro. Suponhamos que o amo, com rara moderação, não chegue a acaparar este produto aumentando o valor da renda e que ele deixe o cultivador gozar de suas obras: nem por isso a justiça estará satisfeita. O meeiro,

93

melhorando o fundo, criou um novo valor na propriedade e tem portanto direito a uma porção da propriedade. Se o domínio valia antigamente 100.000 francos e, através dos trabalhos do meeiro, agora vale 150.000, o meeiro, produtor desta mais-valia, é legítimo proprietário de um terço do domínio. O Sr. Charles Comte não poderá alegar falsidade desta teoria porque é ele mesmo quem diz:

"Os homens que tornam a terra mais fértil não são menos úteis aos seus semelhantes do que aqueles que criam uma nova extensão dela".

Por que pois esta regra não é aplicável a aquele que melhora, tanto quanto a aquele que desbrava? Pelo trabalho do primeiro a terra vale 1, pelo do segundo vale 2; tanto da parte de um quanto de outro, há criação igual de valor: porque não se concede a ambos igualdade na propriedade? A menos que se invoque de novo o direito do primeiro ocupante, desafio que seja oposto a tal argumentação algo de sólido.

Mas, dir-se-á, quando se conceder aquilo que pedis, chegar-se-á a uma fragmentação muito maior das propriedades. As terras não aumentam indefinidamente de valor: depois de duas ou três culturas elas atingem rapidamente a sua fecundidade máxima. Aquilo que a arte agronômica acrescenta a isto, provêm mais do progresso das ciências e da difusão das luzes do que da habilidade dos lavradores. Desta forma, alguns trabalhadores a mais a serem reunidos à massa dos proprietários não seria argumento contra a propriedade.

Seria, com efeito, recolher de tal debate um fruto muito magro, se estes nossos esforços conduzissem apenas a estender o privilégio do solo e o monopólio da indústria, libertando apenas algumas centenas de trabalhadores dentre os milhões de proletários; mas isto seria também compreender muito mal o nosso próprio pensamento e dar provas de pouca inteligência e pouca lógica.

Se o trabalhador, que acrescenta valor à coisa, possui direito à propriedade, aquele que mantém este valor adquire o mesmo direito. Pois o que é manter? É acrescentar sem cessar, é criar de uma maneira contínua. O que é cultivar? É dar valor ao solo a cada ano; é, através de uma criação renovada todos os anos, impedir que o valor de uma determinada terra diminua ou se destrua. Admitindo pois a propriedade como racional e legítima, admitindo o arrendamento como eqüitativo e justo, eu digo que aquele que cultiva adquire propriedade ao mesmo título que aquele que desbravou, que aquele que melhora; digo que cada vez que um meeiro paga a sua renda, ele obtém, sobre o campo confiado aos seus cuidados, uma fração da propriedade cujo denominador é igual à quota-parte desta renda. Saiamos disto e recairemos no arbítrio e na tirania, reconheceremos os privilégios das castas, sancionaremos a servidão.

Todo aquele que trabalha torna-se proprietário: isto não pode ser negado nos princípios atuais da economia política e do direito. E quando eu digo proprietário, não entendo por isso somente, como o fazem os economistas hipócritas, propriedade de vencimentos, do salário, de seus penhores; eu quero dizer proprietário do valor que se cria e do qual apenas o amo extrai o lucro.

Como tudo isto diz respeito à teoria dos salários e da distribuição dos produtos e como esta matéria ainda não foi suficientemente esclarecida, eu peço permissão para insistir: esta discussão não será inútil para a causa. Muita gente fala em admitir os operários na participação nos produtos e nos lucros, mas esta participação que é assim pedida para eles é simples beneficência; nunca ninguém demonstrou, nunca ninguém talvez suspeitou, que tal participação fosse um direito natural, necessário, inerente ao trabalho, inseparável da qualidade de produtor, até mesmo para o último dos braçais.

Eis a minha proposição: o trabalhador conserva, mesmo depois de ter recebido o seu salário, um direito natural de propriedade sobre a coisa que produziu.

Continuo a citar o Sr. Comte:

"operários são empregados para dessecar um pântano, para arrancar árvores e carrascais, para limpar o solo; em uma única palavra: eles aumentam com isso o valor deste solo, fazem

dele uma propriedade mais considerável; o valor que neste solo eles acrescentam lhes é pago pelos alimentos que lhes são dados e pelo preço de suas jornadas: assim torna-se propriedade do capitalista".

Este preço não basta: o trabalho dos operários criou um valor; ora este valor é propriedade deles. Mas eles não a venderam nem trocaram e vós, ó capitalista, vós tampouco a comprastes. Que tendes um direito parcial sobre o todo, pelos fornecimentos que fizestes e pelas subsistências que adiantastes, não há nada mais justo: contribuístes para a produção e devereis ter parte no usufruto. Mas o vosso direito não aniquila o direito dos operários que, quer queirais ou não, foram vossos colegas na obra de produzir. Por que falais de salários? O dinheiro com o qual pagais as jornadas dos trabalhadores mal saldaria alguns anos da posse perpétua que eles vos abandonam. O salário é o custo que exigem a manutenção e a reparação diárias do trabalhador; errais ao ver nisto o preço de uma venda. O operário não vendeu nada: ele não conhece o seu direito, nem a extensão da cessão que vos fez, nem o sentido do contrato que pretendeis terdes pactuado com ele. De sua parte ignorância completa, de vosso erro e surpresa, se é que não se deva dizer dolo e fraude.

Tornemos, através de um exemplo, tudo isto mais claro e de uma verdade mais chocante.

Ninguém ignora as dificuldades encontradas para a conversão de uma terra inculta e terra arável e produtiva: estas dificuldades são tais que no mais das vezes um homem isolado pereceria antes de ter podido colocar o solo em estado de lhe fornecer a menor subsistência. Para tanto são precisos os esforços reunidos e combinados da sociedade e todos os recursos da indústria. O Sr. Charles Comte cita a tal respeito fatos numerosos e autênticos sem suspeitar por um momento sequer que com isto reúne testemunhos contrários ao seu próprio sistema.

Suponhamos que uma colônia de vinte ou de trinta famílias estabeleça-se em um cantão selvagem, coberto de carrascais e florestas e do qual, por hipótese, os indígenas consentiram em retirar-se. Cada uma destas famílias possui um capital medíocre mas suficiente, tal como um colono pode escolher: animais, sementes, ferramentas, um pouco de dinheiro e víveres. Uma vez dividido o território, cada um se aloja da melhor maneira possível e põe-se a desbravar o lote que lhe coube. Mas depois de algumas semanas de fadigas inauditas, de penas incríveis, de trabalhos ruinosos e quase sem resultado, a nossa gente começa a queixar-se de seu ofício: sua condição lhes parece dura e eles amaldiçoam a sua triste existência.

Subitamente um dos mais avisados mata um porco, salga uma parte dele e, resolvido a sacrificar o resto de suas provisões, vai encontrar os seus companheiros de miséria. Amigos, lhes diz ele com um tom cheio de benevolência, que esforço enorme fazeis para tão pouca tarefa e para viver tão mal! Quinze dias de trabalho vos colocaram no limite da fadiga!... Façamos um negócio que será proveitoso para todos; eu vos ofereço comida e vinho, ganhareis tanto por dia e trabalharemos juntos; se Deus quiser meus amigos, estaremos alegres e contentes!

Será que estômagos arruinados resistiriam a tal arenga? Os mais esfaimados seguem o pérfido propositor. Mãos à obra: o encanto da sociedade, a emulação, a alegria, a assistência mútua duplicam as forças; o trabalho avança a olhos vistos; doma-se a natureza em meio a cantos e risos; em pouco tempo o solo metamorfoseia-se; a terra movida apenas espera a semente. Feito isto o proprietário paga os seus operários, que se retiram agradecidos, tendo já saudades dos dias tranqüilos que passaram com ele.

Outros seguem este exemplo sempre com o mesmo sucesso; depois, uma vez alguns instalados, o resto se dispersa: cada um retorna à sua roça. Mas enquanto se roça é preciso viver; enquanto se desbravava para o vizinho, não se desbravava para si: um ano já está perdido para a semeadura e para a colheita. Calculou-se que vendendo a própria mão-de-obra, tinha-se apenas à ganhar, posto que se pouparia as próprias provisões, se viveria melhor e se teria dinheiro. Falso cálculo! Criou-se um instrumento de produção para um outro e nada se criou para si; as dificuldades do desbravamento continuaram as mesmas, as roupas se gastam, as provisões esgotam-se e logo a bolsa também se esvazia em proveito do particular para quem se trabalhou, que é o único a poder fornecer os gêneros que fazem falta porque é o único em condições de cultivá-los. Depois, quando o pobre desbravador está no limite de seus recursos, e tal qual o ogro da fábula que de longe fareja a sua vítima, o homem da comida reapresenta-se, oferece-se novamente para comprar jornadas e também para comprar, mediante um bom preço, um pedaço deste mau terreno com o qual não se faz nada e que jamais produzirá nada; ou seja ele faz agora explorar o campo de um pelo trabalho do outro e tão bem que dentro de vinte anos, dos trinta particulares primitivamente iguais em fortuna, cinco ou seis terão se tornado proprietários de todo o cantão e os outros terão sido todos filantropicamente despojados.

Neste século de moralidade burguesa no qual tivemos a felicidade de nascer, o senso moral encontra-se de tal forma enfraquecido que eu não me espantaria de ver-me perguntado por muitos proprietários honestos porque eu acho tudo isto injusto e ilegítimo. Ó alma de lama! Cadáver galvanizado! Como esperar convencer-te se o próprio roubo em ação não te parece manifesto? Um homem, por doces e insinuantes palavras, encontra o segredo de fazer os outros contribuírem para o seu próprio estabelecimento; depois, já enriquecido pelo esforço comum, ele se recusa, nas mesmas condições que ele próprio ditou, de prover o bem-estar daqueles que fizeram a sua fortuna: e ainda perguntais o que tal conduta tem de fraudulento? Sob o pretexto de que, porque pagou aos seus operários, não lhes deve mais nada, de que ele não pode colocar-se a serviço de outrem uma vez que as suas próprias ocupações o reclamam, este homem recusa-se, eu digo, a ajudar os outros no seu estabelecimento, como estes o ajudaram no seu; e quando, na impotência de seu isolamento, estes trabalhadores abandonados caem na necessidade de fazer dinheiro com sua herança, ele, este proprietário ingrato, este falso rematado, encontra-se pronto a consumar a espoliação e a ruína dos primeiros. E considerais tudo isto justo! Tomais cuidado, pois leio em vossos olhares a reprovação de uma consciência culpada muito mais que o ingênuo estranhamento de uma ignorância involuntária.

O capitalista – diz-se – pagou as jornadas dos operários; para ser exato seria preciso dizer que ele pagou tantas vezes uma jornada quantos são os operários que empregou a cada dia, o que não é a mesma coisa. Pois esta força imensa que resulta da união e da harmonia dos trabalhadores, da convergência e da simultaneidade de seus esforços, esta força ele não pagou. Duzentos granadeiros ergueram, em algumas horas de trabalho, o obelisco de Luxor sobre a sua base; será que um único homem, ao cabo de duzentos dias teria conseguido desempenhar tal tarefa? Do ponto de vista do capitalista entretanto, a soma dos salários teria sido a mesma. Pois bem: um deserto a cultivar, uma casa a construir, uma manufatura a explorar, são o mesmo que este obelisco a erguer ou aquela montanha a mover. A menor fortuna, o mais magro estabelecimento, a operação da mais mirrada indústria, exigem trabalhos e talentos tão diversos que um único homem jamais bastaria para tanto. É estranho que os economistas não tenham observado este ponto. Façamos pois o balanço daquilo que o capitalista recebeu e daquilo que pagou.

É preciso, para o trabalhador, um salário do qual viva enquanto trabalha, porque ele apenas pode produzir consumindo. Qualquer um que ocupe um homem lhe deve alimento e manutenção ou um salário equivalente. Isto é a primeira coisa a fazer em toda produção. Concedo, pelo momento, que deste encargo o capitalista se tenha devidamente quitado.

É preciso também que o trabalhador, além de sua subsistência atual, encontre em sua produção uma garantia de sua subsistência futura, sob pena de ver a fonte do produto secar e sua capacidade produtiva tornar-se nula; em outros termos é preciso que o trabalho a executar renasça perpetuamente do trabalho realizado: tal é a lei universal da reprodução. É desta forma que o cultivador-proprietário encontra: 1º em suas colheitas não somente o meio de viverem, ele e sua família, mas também meios de manter e de melhorar o seu capital, de criar animais, ou, em uma palavra, de trabalhar mais e sempre reproduzir; 2º na propriedade de um instrumento produtivo, a segurança permanente de um fundo de exploração e de trabalho.

Qual é o fundo de exploração daquele que vende os seus serviços? A necessidade presumida que o proprietário tem de tais serviços e a vontade, que se supõe gratuitamente, deste último em empregá-lo. Como outrora o plebeu detinha sua terra da munificência e do bel-prazer de seu senhor, da mesma forma hoje em dia o operário detém seu trabalho do bel-prazer e das necessidades do mestre e do proprietário: É isto o que se denomina possuir em título precário. Mas esta condição precária é uma injustiça porque implica desigualdade no negócio. O salário do trabalhador mal ultrapassa o seu consumo corrente e não lhe assegura o salário de amanhã, ao passo que o capitalista encontra no instrumento produzido pelo trabalhador um penhor de independência e de segurança para o futuro.

Ora, este fermento reprodutor, este germe eterno de vida, esta preparação de um fundo e de instrumentos de produção, é aquilo que o capitalista deve ao produtor, mas que nunca lhe paga: é esta sonegação fraudulenta que faz a indigência do trabalhador, o luxo do ocioso e a desigualdade das condições. É nisto sobretudo que consiste aquilo que foi tão bem denominado de exploração do homem pelo homem.

Das três coisas, uma: ou o trabalhador terá parte na coisa que produziu com um chefe, descontando-se todos os salários, ou o chefe entregará ao trabalhador um equivalente em serviços produtivos ou por fim ele se obrigará a dar-lhe trabalho para sempre. Partilha do produto, reciprocidade dos serviços ou garantia de trabalho perpétuo: o capitalista não poderá escapar destas alternativas. Mas é evidente que ele não pode satisfazer à segunda e à terceira destas condições: ele não se pode pôr a serviço destes milhares de operários que, direta ou indiretamente, propiciaram o seu estabelecimento; nem pode ocupá-los a todos e para sempre. Resta pois a partilha da propriedade. Mas se a propriedade for partilhada, todas as condições serão iguais; não mais haverá nem grandes capitalistas nem grandes proprietários.

Quando pois o Sr. Charles Comte, perseguindo a sua hipótese, nos mostra seu capitalista adquirindo sucessivamente a propriedade de todas as coisas que paga, ele se afunda cada vez mais em seu deplorável paralogismo; e como a sua argumentação não muda, nossa resposta sempre volta a ser a mesma.

"Outros operários são empregados em construir edificações: uns extraem pedras da pedreira, outros as transportam, outros as talham e outros finalmente as instalam. Cada um acrescenta à matéria que lhe passa pelas mãos um certo valor e este valor, produto de seu trabalho, é sua propriedade. Este valor, ele o vende na medida em que o forma, ao proprietário do fundo, que lhe paga o preço em alimentos e salários."

Divide et Impera: *divide e reinarás; divide e tornar-te-ás rico; divide e enganarás os homens, e iludirás a sua razão e zombarás da justiça. Separai os trabalhadores um do outro e pode ocorrer que a jornada paga a um deles ultrapasse o valor de seu produto individual: mas não é disto que se trata. Uma força de mil homens agindo durante vinte dias foi paga como se a força de um único fosse paga durante cinqüenta e cinco anos; mas esta força de mil fez em vinte dias aquilo que a força de um, repetindo o seu esforço durante um milhão de séculos, não conseguiria fazer: o negócio é eqüitativo? Mais uma vez não: mesmo quando tiveres pago todas as forças individuais, não tereis pago a força coletiva; conseqüentemente, sempre resta um direito de propriedade coletiva que vós não adquiristes e do qual gozais injustamente.*

Quero crer que o salário destes vinte dias baste à esta multidão para alimentar-se, alojar-se e vestir-se durante estes mesmos vinte dias; mas o trabalho cessou depois de expirado este prazo e o que ocorrerá com esta multidão se, na medida em que as cria, ela abandona as suas obras nas mãos dos proprietários que logo a abandonarão? Enquanto que o proprietário, solidamente estabelecido graças ao concurso de todos os trabalhadores, vive em segurança e não teme que lhe faltem o pão e o trabalho, o operário deposita a sua única esperança na benevolência deste mesmo proprietário, a quem vendeu e enfeudou a sua liberdade. Se pois o proprietário, entrincheirando-se na sua suficiência e no seu direito, recusa-se a ocupar o operário, como o operário poderá viver? Ele poderá ter preparado um excelente terreno, mas não o semeará; ele construiu uma casa cômoda e esplêndida, mas não morará nela; ele terá produzido tudo, mas não gozará de nada.

Pelo trabalho, caminhamos para a igualdade; cada passo que damos neste sentido mais nos aproxima dela; e se a força, a diligência e a indústria dos trabalhadores fossem iguais, é evidente

Se for assim, nós lhe poderíamos citar cem economistas que exprimiram esta simples verdade sem todo o misticismo com o qual o Sr. Proudhon envolve-se. Eis, por exemplo, o que nos diz o Sr. Sadler:

> O trabalho combinado dá resultados que o trabalho individual não poderia jamais produzir. Portanto, na medida em que a humanidade aumentar em número, os produtos da indústria reunida excederão em muito o total de uma simples adição calculada sobre este aumento... Nas artes mecânicas, bem como nos trabalhos da ciência, um homem pode atualmente fazer mais em um dia que um indivíduo isolado durante toda sua vida. O axioma dos matemáticos de que o todo é igual à soma das partes, não é mais verdadeiro se aplicado ao nosso tema. Quanto ao trabalho, este grande pilar da existência humana (*the great pillar of human existence*), pode-se dizer que o produto dos esforços acumulados excede em muito tudo aquilo que os esforços individuais e separados poderão produzir[177].

Voltemos ao Sr. Proudhon. O excedente do trabalho, diz ele, explica-se pela sociedade-pessoa. A vida desta pessoa, segue leis opostas às leis que fazem o homem agir como indivíduo, o que ele quer provar com "fatos".

> A descoberta de um procedimento econômico novo nunca pode valer ao seu inventor um lucro igual ao que dá à sociedade... Foi observado que as empresas ferroviárias são uma

---

que as fortunas, de igual forma o seriam. Com efeito se, como se pretende e como já concordamos, o trabalhador é proprietário do valor que ele cria, segue-se daí:

1º Que o trabalhador adquire às expensas do proprietário ocioso;

2º Que como toda a produção é necessariamente coletiva, o operário tem direito, na proporção de seu trabalho, à participação nos produtos e nos lucros;

3º Que como todo capital acumulado é uma propriedade social, ninguém pode ter a sua propriedade exclusiva.

Estas conseqüências são irrefutáveis; elas apenas bastariam para subverter toda a nossa economia e para mudar as nossas instituições e as nossas leis. Por que são mesmo aqueles que estabeleceram tal princípio os que agora recusam-se a seguir suas conseqüências? Por que os Say, os Comte, os Hannequin e outros, depois de terem dito que a propriedade provém do trabalho, buscam em seguida imobilizá-la pela ocupação e pela prescrição?

Mas abandonemos tais sofistas às suas contradições e à sua cegueira; o bom senso popular logo fará justiça de seus equívocos. Apressemo-nos em esclarecê-lo e em mostrar-lhe o caminho. A igualdade aproxima-se; estamos dela separados por um curto intervalo; amanhã este intervalo será vencido.

[177] [M.]: T. SADLER: *The Law of Population*, Londres, 1830.

fonte menor de riqueza para os seus empresários do que para o Estado... O preço médio do transporte de mercadoria por meios tradicionais é de dezoito cêntimos por tonelada e por quilômetro, preço com a mercadoria tomada e posta. Calculou-se que com este preço, uma empresa ferroviária comum mal chegaria a obter 10% de lucro líquido, resultado quase igual ao de uma empresa de transporte tradicional. Admitamos que a velocidade do transporte ferroviário, com todas as compensações feitas, esteja para a velocidade do transporte por terra, na razão de 4:1; como na sociedade o tempo é o próprio valor, sob igualdade de preços, a estrada de ferro apresentará sobre o transporte tradicional uma vantagem de 400%. Entretanto, esta vantagem enorme, muito real para a sociedade, está bem longe de realizar-se na mesma proporção para o transportador, que enquanto faz com que a sociedade usufrua de uma mais-valia de 400%, retira para si 10%. Suponhamos com efeito que a ferrovia eleve a sua tarifa a 25 cêntimos, enquanto a do transporte artesanal permanece à 18; ela perderia instantaneamente todas as suas encomendas: expedidores destinatários, todos retornariam às diligências ou ao carroção se fosse preciso. A locomotiva seria abandonada; uma vantagem social de 400% seria sacrificada para uma perda privada de 35%. A razão disto é fácil de perceber: a vantagem que resulta da rapidez da ferrovia é antes de mais nada social, e cada indivíduo nela participa apenas em uma proporção mínima (não nos esqueçamos de que se trata neste momento apenas do transporte de mercadorias), enquanto que a perda onera direta e pessoalmente o consumidor. Um benefício social igual a 400 representa para o indivíduo, se a sociedade for composta apenas por um milhão de homens, 4 décimos milésimos ao passo que uma perda de 33% para o consumidor suporia um déficit social de 33 milhões[178].

Toleremos que o Sr. Proudhon exprima uma velocidade quadruplicada como 400% da velocidade primitiva[179]. Mas quando ele

---

[178] [M.]: PROUDHON: t. I, p. 92.

[179] [N.T.]: Marx tem razão neste ponto. Se uma grandeza qualquer é quadruplicada, seu valor passa de x para $4x$, implicando um *aumento percentual* de: $\alpha = [(4x-x)/x].100 = [3x/x].100 = 300\%$ e não 400% como diz Proudhon.

correlaciona a porcentagem de velocidade com a porcentagem de lucro e quando forma uma proporção entre duas razões que, apesar de serem separadamente medidas por porcentagens, são entretanto incomensuráveis entre si, isto significa estabelecer uma relação entre as porcentagens e deixar de lado as denominações.

Porcentagens são sempre porcentagens, 10% e 400% são comensuráveis, estão uma para a outra como 10 está para 400. Portanto, conclui o Sr. Proudhon, um lucro de 10% vale quarenta vezes menos que uma velocidade quadruplicada. Para salvar as aparências, ele diz que, para a sociedade, o tempo é o valor (*time is money*). Este erro provém do fato de que ele se relembra confusamente de que existe uma relação entre o valor e o tempo de trabalho, e ele não tem nada de mais rápido a fazer, que não assimilar o tempo de trabalho ao tempo de transporte, isto quer dizer que ele identifica alguns poucos foguistas, guardas de comboio e consortes, cujo tempo de trabalho nada mais é que o tempo de transporte, com a sociedade inteira. Subitamente eis a velocidade transformada em capital e, neste caso, ele tem toda a razão em dizer que: "Um lucro de 400% será sacrificado a uma perda de 35%". Depois de ter estabelecido esta estranha proposição como matemático, ele nos dá a sua explicação enquanto economista.

> Um lucro social igual a 400 representa para o indivíduo, se a sociedade for composta apenas por um milhão de homens, apenas quatro décimos milésimos...

De acordo, mas não se trata de 400, trata-se de 400%, e um lucro de 400% representa para o indivíduo 400%, nem mais, nem menos. Seja qual for o capital, os dividendos se farão sempre na razão de 400%[180]. O que faz o Sr. Proudhon? Ele toma as porcentagens como capital e, como se acreditasse que sua confusão fosse muito manifesta, muito "sensível", ele continua:

---

[180] [N.T.]: Já expressamos, em nossas notas à tradução do texto de Proudhon, nossa opinião de que a sua argumentação neste ponto é confusa; expressamos igualmente algumas reservas quanto às suas conclusões, mas de modo algum podemos concordar com as críticas que Marx aqui desenvolve. Proudhon tenta com este exemplo correlacionar os benefícios econômicos de uma inovação tecnológica, para a sociedade e para o indivíduo, sempre sob a hipótese da *realidade do ser social*.

A crítica de Marx revela-se inconsistente e tendenciosa neste ponto. O que ele pretende? Negar a realidade do ser social e do caráter social do trabalho? Alinhar-se aos ricardianos de esquerda ou aos adeptos da incomensurabilidade dos valores, os bisavós de nossos monetaristas "neo-liberais"? Querelar? Polemizar a qualquer custo visando mostrar uma aparente "ignorância" do autor criticado? Examinemos mais de perto o que é dito nos dois parágrafos acima.

Em primeiro lugar seria legítimo comparar porcentagens de velocidade com porcentagens de lucro? "porcentagens são porcentagens", diz Marx: concordamos. Mas *porcentagens são igualmente, e antes de mais nada a expressão de variações relativas de uma certa grandeza*. Ou seja, a porcentagem é geralmente expressa tomando-se a *variação de valor* de uma grandeza (calculada por diferença) e dividindo-se este resultado por um *determinado valor de referência da mesma grandeza* e multiplicando-se este último resultado por 100, ou seja: $p = \left(\dfrac{x_2 - x_1}{x_R} \right).100$.

O valor de referência pode ser tomado, segundo o caso, como sendo um dos valores extremos, um valor intermediário ou mesmo um dado valor de referência estabelecido previamente. Assim quando se diz que o aço inox custa 40% do que custa o cobre, queremos dizer que ao dividir o preço de uma unidade de massa de aço inox pelo preço da mesma unidade de massa de cobre obtemos um fator 0,40. Ao dizer que o custo de vida variou em 0,15% ao mês em uma certa cidade, se quer dizer que a média dos preços de uma determinada cesta de mercadorias nesta cidade depois de um mês é 1,0015 vezes maior, ou seja, investigou-se os preços dos produtos que compõem a cesta em vários pontos de venda na cidade em questão em datas distanciadas de um mês, ponderou-se, através de critérios estatísticos determinados, os preços de cada um dos produtos nos pontos de venda considerados, efetuou-se, para cada uma destas ponderações a subtração do valor da ponderação observada há 30 dias atrás do valor hoje observado, dividiu-se o resultado desta subtração pelo valor da ponderação observado a 30 dias atrás e finalmente realizou-se sobre os números assim obtidos para cada um dos itens que compõe a cesta uma média ponderada de seus valores.

Vejamos agora outros exemplos: se um homem pesa 75 kg e a sua irmã, esposa ou namorada pesa 53, eu posso dizer, com muito maior facilidade que, a massa corporal deste homem é 41,5% maior que a da mulher em questão, porque (75-53)/53 =0,41509. Comparemos da mesma forma os diâmetros médios da Terra (aprox. 12.756 km), de Vênus (aprox. 12.300 km), de Júpiter (142.000 km) e de Saturno (120.000 km.); neste caso o conceito de diâmetro de uma esfera nos é dado claramente pela geometria elementar e, embora os astrônomos nos mostrem que a figura dos planetas seja melhor descrita por elipsóides do que por esferas, o achatamento destes é tão pequeno que poderemos assumi-los como tendo, em primeira aproximação, a forma esférica; comparando estes números planetários vemos que o diâmetro da Terra é ((12.756-12300)/12.300).100= 3,7% maior que o de Vênus e que o diâmetro de Júpiter é, da mesma forma, 18,3% maior que o diâmetro de Saturno. Agora, o diâmetro de Júpiter é ((142.000-12756)/12756).100= 1013 % maior que o diâmetro da Terra e baseados nestes números poderemos dizer que o diâmetro de Saturno, da mesma forma, é da ordem de 1000% maior que o diâmetro de Vênus. Assim, embora a Terra seja maior que Vênus e Júpiter seja maior que Saturno, tanto Júpiter quanto Saturno são *muito maiores* que a Terra ou Vênus. O estudo destas diferenças entre as características geométricas e físicas dos planetas, permitiu aos astrônomos, mesmo muito antes da era das viagens espaciais, deduzir que planetas como Júpiter, Saturno Urano e Netuno seriam estruturalmente muito diferentes de planetas como a Terra, Vênus ou Marte, e denominaram estes últimos *planetas terrestres* e o primeiros *planetas jovianos*, chegando até mesmo a demonstrar que estas diferenças deviam-se ao fato de que os materiais mais densos, durante a formação do Sistema Solar aglomeravam-se em torno do Sol, ao passo que os mais leves situavam-se nas camadas mais externas da nebulosa protoplanetária e muitos outros detalhes cosmogônicos interessantes.

Voltemos agora à diferença de massa corpórea constatada entre o homem e a mulher acima descritos; se tomarmos ao acaso um homem e uma mulher na mesma cidade será possível dizer *a priori* que este outro homem é mais pesado que a outra mulher? Obviamente **não**: poderemos estar tratando com uma mulher obesa de 82 kg e um homem subnutrido e doente de 45 kg, ou comparando uma mulher adulta e um menino. Mas agora, se pesarmos uma parcela significativa da população da cidade e se calcularmos o peso médio desta população com os dados assim obtidos, e se depois, separando a amostra por sexo, calcularmos o peso médio dos homens e das mulheres, observaremos que o peso médio dos homens será cerca de 12% maior que o peso médio da população e que o peso médio das mulheres será mais ou menos 9% *menor*. Esta relação ficará bastante mais clara, se separarmos nossos dados *por faixa etária,* além de separarmos **por sexo**. Veremos então que, *de zero até doze anos de idade,* a diferença percentual de massa corpórea média entre meninos e meninas é muito pequena, quando comparada à massa média da respectiva faixa etária, mas que, a partir do início da puberdade, a massa corpórea média dos rapazes passa a **aumentar** quando comparada à massa corpórea média das moças, até que seja atingida, por volta dos 19 anos para as moças e dos 23 para os rapazes, o diferencial percentual de massa que acima citamos, **que então se mantém mais ou menos constante até a velhice** e que constitui um dos aspectos daquilo que os fisiólogos denominam *dimorfismo sexual*: os machos adultos são maiores e mais massivos que as fêmeas (é bom notar aos mais apressados que este tipo de dimorfismo, comum aos antropóides e a muitos outros mamíferos e aves, não é regra geral no mundo animal. Existem espécies nas quais este dimorfismo expressa-se apenas na forma e na cor, mas não pelas diferenças de porte, bem como existem outras nas quais as fêmeas são maiores que os machos).

Os dados da OMS relativos aos anos 1998-2001 nos mostram que no Haiti o índice de mortalidade infantil é de 7,4%, ao passo que na Finlândia este índice é menor que 0,1%. Como são obtidos tais números? Computa-se, em base anual, o número de nascimentos no país e o número de mortes registradas de bebês com idade menor ou igual a um ano, exclui-se do número de nascimentos os natimortos e divide-se o número de óbitos pelo número de nascidos vivos, este número, depois de sofrer alguns ajustes estatísticos baseados em cálculos demográficos para se levar em conta o número de nascimentos e óbitos não registrados, é a famosa *taxa de mortalidade infantil*, utilizada como indicador de desenvolvimento social, juntamente com o índice de analfabetismo, a esperança média de vida ao nascer, o coeficiente de Gini etc. O índice de mortalidade infantil do Haiti é pois (7,4/0,1)= 74 vezes maior que o índice de mortalidade infantil da Finlândia, ao passo que a diferença percentual de diâmetros entre Júpiter e Saturno é cinco vezes maior que a diferença de diâmetros entre a Terra e Vênus (18,3/3,7). Comparando estes dois últimos números vemos que um é 15 vezes o outro (75/5): fato aritmético incontestável. Estarão por isto correlacionados? É muito duvidoso. O fato de não podermos correlacionar as diferenças percentuais de diâmetros Júpiter/Saturno e Terra/Vênus, com a relação entre o índice de mortalidade infantil para o Haiti e a Finlândia implica que qualquer comparação deste tipo, ou seja, qualquer comparação entre relações de porcentagens com títulos diferentes, como diz Marx, seja impossível? **Também não!** Se correlacionarmos os índices de mortalidade infantil com as variações de renda *per capita*, p. ex., obteremos uma relação bastante válida: quanto maior for a renda *per capita* do país, menor é a taxa de mortalidade infantil observada.

A dureza Brinell é uma grandeza muito utilizada na técnica e na engenharia para se comparar de maneira rápida a resistência dos diferentes materiais aos esforços mecânicos. Sua determinação consiste em se aplicar, sob condições bem determinadas, uma certa pressão a uma esfera de material muito duro em contato com uma amostra cuja dureza se quer determinar e, depois de certo tempo de aplicação do esforço, em se determinar o diâmetro da deformação deixada pela esfera sobre a superfície do material. A partir do valor deste diâmetro gera-se um número que exprime a dureza do material. De maneira geral, quanto menor for a deformação observada, maior será a dureza do material. Assim, por exemplo, o tungstênio é mais duro que os aços-ferramenta, que são muito mais duros que os aços comuns e estes últimos são muito mais duros que o cobre ou o latão, que por sua vez são mais duros que o estanho ou o chumbo. Além disto, esta grandeza varia com a temperatura da amostra: de maneira geral, quanto mais elevada é a temperatura do material menor é a sua dureza e mais facilmente ele se deforma, isto porque qualquer material sólido que se conhece, **funde-se** a uma determinada temperatura, ou seja sua estrutura cristalina desaparece a uma certa temperatura, por efeito da agitação térmica das moléculas que compõem o material. Observa-se portanto na prática que a variação percentual de dureza de um certo material, decresce na medida em que a variação percentual da temperatura média de operação da amostra aumenta. Para todos os materiais que se conhece, a dureza cai com a temperatura; há materiais para os quais a queda de dureza para um aumento proporcional de temperaturas é aproximadamente a mesma. Por exemplo, para o aço 310 a dureza à temperatura de três vezes a temperatura de Debye do material é de 42% da sua dureza à temperatura de Debye, ou seja a dureza deste material na temperatura de três Debye é 0,42 vezes a sua dureza na temperatura de Debye. O alumel, que é uma liga de alumínio e de níquel, que possui praticamente o mesmo valor da razão de dureza/temperatura que o aço: 40% contra 42%. Isto quer dizer que as respectivas durezas nas diferentes temperaturas sejam as mesmas? Não, em primeiro lugar porque as temperaturas de Debye são diferentes para os diferentes materiais e em segundo lugar porque as próprias durezas são diferentes. Digamos por exemplo que para o material A as durezas na temperatura Debye e na temperatura de 3 Debye sejam respectivamente 3,6 e 6,0 e que para outro material B estas grandezas sejam 2,7 e 4,5. Teremos obviamente: (3,6/6,0)=(2,7/4,5)= 60%. Mas agora, ao contrário da relação entre razões de mortalidade infantil e razões de diâmetros de planetas, esta nova relação é *significativa*: pode-se demonstrar, na física do estado sólido, que o índice de produção e de migração de vacâncias, discordância e de outros defeitos cristalinos é a mesma para ambos materiais, e portanto quando submetidos a tensões semelhantes em alta temperatura, deverão apresentar índices de falha semelhantes.

Isto ocorre, neste caso ou em outros semelhantes, porque algumas grandezas são *funções* de outras e quando isto ocorre as suas variações estão correlacionadas: [se $y = f(x)$ então ,

$$\left(\frac{(y_2 - y_1)}{y_R}\right) = \left(\frac{(f(x_2) - f(x_1))}{f(x_R)}\right) = F\left(\frac{(x_2 - x_1)}{x_R}\right)$$

como se pode facilmente verificar desenvolvendo o 2º membro desta equação em série de Taylor]. O estabelecimento destas relações funcionais pode derivar da teoria já estabelecida que se conhece dos fenômenos estudados, ou ainda de estudos experimentais e estatísticos, sendo que neste último caso, ferramentas como a teoria das correlações ou a Análise da Regressão nos mostram a validade destas relações estabelecidas sobre dados empíricos e desta forma, epistemologicamente, a crítica de Marx não procede porque razões entre grandezas diferentes podem ou não estar relacionadas entre si. A demonstração desta correlação pode resultar tanto do corpo teórico já aceito da ciência quanto de testes estatísticos empíricos que evidenciem tal correlação, *mesmo que momentaneamente o nosso corpo teórico seja incapaz de explicá-la*. Isto aliás é o ABC do método científico. E a prática quotidiana, tanto nos centros de pesquisa quanto nas indústrias, nos dá inúmeros exemplos disto. Há casos inclusive nos quais é a obtenção de muitas correlações empíricas com alto grau de verossimilhança estatística que nos conduzem à formulação de modelos fenomenológicos que serão depois interpretados dentro do quadro teórico existente ou dentro de desenvolvimentos da teoria que se mostram necessários para apreender estes aspectos até então pouco explorados da realidade.

Desta forma, embora a razão das massas corpóreas entre homens e mulheres não esteja correlacionada com as razões de diâmetros Terra/Júpiter ou Terra/Vênus, por exemplo, estão fortemente correlacionadas com índices tais como mortalidade infantil, coeficiente e Gini, renda média *per capita*, ou seja observa-se que quanto mais pobres, mais magras são as pessoas, embora sob dimorfismo sexual, e mais de seus filhos morrem prematuramente. As estatísticas sociais mostram isto claramente e este fato independe da teoria econômica aceita pelo pesquisador: cabe à teoria explicar tais fatos.

Passemos agora à análise da crítica "econômica" de Marx à proposição de Proudhon sobre a razão custo/benefício das ferrovias sobre o transporte tradicional para o empresário e do ponto de vista social. Para aqueles familiarizados um pouco com a Economia dos Transportes, salta à vista a incongruência da análise de Marx. Para não tornar a discussão excessivamente técnica, daremos aqui a palavra a um obscuro economista italiano do século XIX, Antônio CICCONE, funcionário público de carreira, professor na Universidade de Nápoles, Ministro da Agricultura, Indústria e Comércio da Itália e responsável, entre os anos 1870 e 1890, pelo recrutamento dos primeiros gestores de economia pública italiana. O nosso personagem não é obviamente um socialista, mas está muito preocupado com o desenvolvimento capitalista de seu país: um economista "prático" como ele mesmo se intitula, alheio à ortodoxia das escolas, que não teme tirar dos vários autores os argumentos de um ecletismo que ele necessita para enfrentar os problemas que se lhe apresentam. Eis o que ele nos diz no art. 4º (pg. 134 e ss.) do Cap. V (As Indústrias), no 1º Volume dos seus *Principj di Economia Política* (3ª ed. Napoli 1882, Nicola Jovane Libraio-Editore). Citamos este autor por estar mais próximo do que nós da polêmica, por viver "na carne" o problema do desenvolvimento ferroviário, por utilizar na sua exposição os argumentos de muitos economistas e analistas estudados tanto por Proudhon quanto por Marx e por ser completamente alheio à polêmica entre ambos:

Art. 4º

Indústria de Transporte

1. É Distinta da Comercial: A quantidade de produto que se consome no local de produção é muito pequena; a maior parte se consome em outros lugares e é preciso portanto que a produção seja para lá transportada. Entre o local da produção e o local do consumo existe pois uma distância que é um obstáculo: este obstáculo necessita ser superado e exige um esforço, um trabalho e o trabalho exige a sua retribuição. A indústria do transporte, que pode ser denominada indústria locomotiva, foi até hoje considerada como parte da indústria comercial, mas deve ser pensada à parte, seja porque se exerce separadamente da indústria comercial, seja porque vem apresentando nos últimos tempos um desenvolvimento maravilhoso, seja porque, ainda que sirva ao comércio, nada tem de comum com ele.

2. Vias de Comunicação: Sendo o transporte um trabalho que se faz pelo produto, sua remuneração deve ser encontrada no preço do produto e deve figurar nos custos de produção: os custos de transporte portanto aumentam o preço do produto e este aumento deve natural-mente corresponder ao trabalho necessário para superar o obstáculo oposto, que é a distância que existe entre o local da produção e o local de consumo.

As vias de comunicação e os meios de transporte estão destinados a superar o obstáculo das distâncias e na indústria locomotiva desempenham o mesmo ofício que a máquina na manufatura: assim como a perfeição das máquinas alivia o trabalho do homem, aumenta a produção e abaixa os preços, da mesma forma a perfeição das vias de comunicação e dos meios de transporte produz os mesmos efeitos sobre a obra do transporte, diminui o emprego da força material do homem, pode transportar com maior facilidade um número maior de produtos e o custo do transporte para a mesma quantidade de matéria através da mesma distância reduz-se mais ou menos (o destaque é nosso).

As vias de comunicação e os meios de transporte, no que diz respeito à sua construção, pertencem à indústria manufatureira: a construção de portos e de canais, de pontes e de caminhos, de carroças e de carruagens, de barcas e vasos marinhos, é obra que pertence às artes e à indústria manufatureira. O uso e o exercício destes instrumentos ou máquinas constitui a indústria locomotiva.

3. Necessidades de Segurança, Rapidez, Comodidade e Economia: Nada mais sendo a sociedade que um estado de comunicação dos homens entre si, compreende-se bem como os meios de comunicação devam ser, para toda a sociedade, de importância capital; porque sem estes qualquer progresso econômico, intelectual ou moral seria impossível [N.A: Diz MACAULAY (História da Inglaterra V.1 Cap. V): "Qualquer melhoria nos meios de comunicação traz proveito ao gênero humano moral e intelectualmente, tanto quanto materialmente e não apenas facilita as trocas de todas as produções da natureza e da arte, como também tende a remover as antipatias nacionais e provinciais e a vincular mais estreitamente todos os ramos da grande família humana". "Pode-se julgar, *diz Vogel,* as anomalias resultantes das dificuldades de transporte por este único fato de que se achou mais econômico e menos incômodo, quando se quis calçar Podo-Mogolski que é a avenida principal de Bukarest, fazer vir as pedras por mar desde a Escócia do que ir extraí-las nas pedreiras dos Cárpatos". *(Revue des Deux Mondes 15/03/1875.) O fato que é bastante claro e evidente por si mesmo, que torna toda a demonstração prática supérflua e que é notório para todos é a <u>relação entre as vias de comunicação e o grau de civilização tanto nas velhas como nas novas sociedades</u> (grifo nosso). Os meios de comunicação são o instrumento mais poderoso de riqueza e de civilização, porque, de toda a riqueza produzida, apenas uma parte ínfima se consome no local de produção e porque o <u>amplo pensamento da humanidade possui uma força infinitamente superior que o pensamento isolado de um único homem</u> (grifo nosso).*

O valor de um meio de comunicação pode ser medido por seu grau de segurança, de rapidez, de comodidade e de economia, com relação às coisas às pessoas e ao pensamento (grifo nosso). *Não farei comparações muito distantes; bastará confrontar as condições das vias de comunicação neste século e no século passado* (N.T.: isto é, os finais dos séculos XIX e XVIII, pois estas linhas foram escritas em 1882).

"No feudalismo, *nos diz Gioia,* multiplicaram-se os senhores que adquiriam, pelo simples dever de vassalagem, o direito de tiranizar nos limites de seu poder; cada castelo, situado ordinariamente no topo de um monte, tornava-se um posto no qual o perigo de ser espoliado era proporcional ao poder daqueles que o habitavam: desta forma os mercadores de toda a Europa iam de uma feira para outra em caravanas, como ainda hoje viajam no Oriente." *E nem a vida estava mais assegurada que as coisas; os assassinatos não eram menos comuns que os furtos e as viagens se faziam apenas por muita necessidade e os viajantes, antes de se porem a caminho, geralmente faziam o seu testamento. As vias marítimas não eram mais seguras que as terrestres: todos os mares eram sulcados por navios piratas e muitos Estados europeus pagaram por muito tempo, até meados do século XVIII, um vergonhoso tributo aos Estados barbarescos* (N.T.: isto é aos "beys" de Túnis, da Argélia e ao rei do Marrocos. Uma descrição bastante pitoresca deste estado de coisas pode ser encontrado no 1º volume das "Viagens à Etiópia" de Bruce), *que tinham feito da pirataria uma verdadeira profissão. Ainda hoje, no Oriente, se viaja em caravanas e nem mesmo as mais numerosas e fortes estão a salvo dos assaltos destes ferozes ladrões, que se crêem autorizados pelo direito consuetudinário a espoliar e assassinar os viajantes, tanto que a administração turca do Líbano pagava, até poucos anos atrás, às tribos árabes do deserto um tributo de 117 liras por cada peregrino que era recebido pelos monges dos mosteiros do Cairo. Os mares da China e do grande arquipélago oriental ainda hoje estão infestados de piratas e lá existe até mesmo uma ilha denominada "Ilha dos Ladrões". Hoje em dia nas nações civis, salvo certas condições acidentais e passageiras* (N.T.: o autor sem dúvida aqui se refere ao banditismo endêmico na Sicília e na Calábria de seu tempo, onde igualmente o salteador de estradas era uma profissão), *as vias terrestres são seguras e as marítimas seguríssimas. E não apenas a segurança pessoal contra as opressões humanas foi melhor garantida: o viajante hoje prossegue tranqüilo a sua viagem também porque existe um conhecimento mais preciso dos lugares, uma melhor construção dos caminhos e melhor definição das rotas, uma maior solidez nos meios de transporte e tudo isto o garante contra os perigos de acidentes que outrora eram comuníssimos [N.A: A segurança por terra e mar parece ser menor quando se calcula o número de naufrágios e de acidentes nas ferrovias: não possuímos estatísticas precisas destes últimos, mas são sem dúvida numerosos; quanto aos primeiros sabe-se que variam de 2000 a 3000 por ano. Mas é necessário considerar que faz pouco tempo que se começou a recolher mais sistematicamente dados estatísticos sobre estes sinistros e que portanto não são possíveis comparações exatas de longo prazo; quanto aos naufrágios, o seu número bruto parece ter crescido com relação a um século atrás mas isto se deve à infinita multiplicação das naves de todos os tipos que hoje singram os mares de modo que, se este número cresceu em termos absolutos, em termos relativos, diminuiu muito. Com relação às ferrovias o número aparentemente grande de acidentes é devido a duas razões: o número incomparavelmente maior de viagens ferroviárias, se comparadas às marítimas e ao silêncio que existe sobre o número total de acidentes que ocorrem nas estradas e ruas comuns.].*

Os ingleses dizem que tempo é dinheiro e os norte-americanos que o tempo é o material do qual se compõe a vida: quem consegue fazer em um dia aquilo que antes demorava dois para fazer, duplica o seu dinheiro e a duração de sua vida. Sob este aspecto não há comparação possível, tamanha a diferença que existe entre o modo antigo e o moderno de viajar! O primeiro modo de se transportar mercadorias foi o ombro do homem, o primeiro modo de viajar foi com os próprios pés: este modo de transporte e de viagem é ainda hoje utilizado nas regiões montanhosas e inacessíveis da Ásia. Depois substituiu-se o ombro do homem pelo dorso dos animais de carga e este foi um grande passo; mais tarde as bestas de cargas foram substituídas por carros e carroças e, no mar, as velas tomaram o lugar dos remos: ganhou-se muito tempo no transporte de mercadorias e de passageiros. Mas quando a força onerosa dos cavalos e a gratuita dos ventos foi substituída pela força do vapor, quando foram construídos os piroscafos (N.T.: isto é, os barcos à vapor, do grego pyr, pyros = fogo, skaphós = barco), quando foram lançadas grandes pontes sobre os rios e vencidos os vales e perfuradas as montanhas e fixados os trilhos de ferro sobre a terra, conseguiu-se navegar contra o vento e correr sem cavalos e se passou da América para a Europa em 15 dias e em menos de um dia se vai de Londres a Paris. "Se medirmos, diz *Chevalier*, as distâncias pelo tempo necessário para percorrê-las, Viena, Berlim, Paris, Londres, Edimburgo, Madri, Lisboa, Milão, Nápoles e Veneza estão hoje na mesma distância entre si do que estavam, há 2.000 anos atrás Atenas, Esparta, Argos, Tebas e Corinto. Hoje se vai de Paris a Washington no mesmo tempo que, há um século atrás, era necessário para ir de Paris a Marselha. As Grandes Índias, das quais se falava nos tempos de Francisco I (N.T.: isto é, meados do séc. XVI) como de uma terra misteriosa e inacessível, hoje estão a apenas algumas semanas de Londres. Os antípodas, este termo extremo das distâncias sobre a Terra, estão, por assim dizer, às nossas portas e poderemos atingi-los em um mês. O europeu poderá ter hoje uma fazenda na Nova Zelândia ou na Austrália, tão naturalmente como, há 200 anos atrás, um senhor da Corte de França possuía terras na Provença ou um barão inglês, um castelo na Escócia. Dois amigos, separando-se hoje em Paris, poderão marcar um encontro em Calcutá ou no México sem que isto pareça extraordinário: por razões de saúde, pode-se hoje fazer uma estação de águas indiferentemente em Toeplitz ou em Saratoga." (*Dicionário de Economia Política*, art. *Ferrovias*.)

A rapidez no transporte das coisas e das pessoas entretanto é nada quando comparada à rapidez na comunicação do pensamento. Já encontramos uma espécie de correio na Roma republicana, serviço este que foi muito melhorado sob Augusto; no México os espanhóis encontraram um correio servido por homens habituados à corrida e o primeiro regulamento postal da França data do século XIV. Nenhum serviço de correios pode ser mais perfeito do que aquele hoje estabelecido na França e na Inglaterra, mas para se fazer chegar uma carta postada em Calcutá até Londres, apesar de toda a rapidez dos barcos a vapor e das ferrovias, são necessárias semanas; o telégrafo elétrico entretanto, em poucas horas, troca uma correspondência exatíssima entre Londres e Calcutá.

A questão da comodidade diz mais respeito às pessoas que às coisas e é mais uma questão social do que econômica: qualquer um sabe que hoje em dia um simples camponês viaja com mais comodidade do que um príncipe viajava a 100 anos atrás. Isto é devido principalmente aos aperfeiçoamentos introduzidos na construção de estradas e de meios de transporte; no que tange às viagens marítimas basta apenas ter em mente que o escorbuto, que antes atingia nas viagens de longo curso ao menos um terço das equipagens, hoje praticamente desapareceu dos navios.

Mas a questão essencialmente econômica diz respeito ao transporte das mercadorias. As primeiras formas, o transporte nas costas dos homens e depois o transporte nos dorsos dos animais, não merecem ser citadas, salvo para se demonstrar o progresso econômico realizado, passando-se sucessivamente pelas carroças, pelos canais e pelas ferrovias. Os canais e as ferrovias superaram sem dúvida as carroças do transporte artesanal, mas apesar disto as carroças se multiplicam porque as ferrovias e os canais não podem chegar a todos os lugares e o acrescido comércio realizado pelos canais e ferrovias multiplicou a quantidade de matérias a ser transportadas: assim as carroças, expulsas das vias principais, encontraram um grande alimento nas vias secundárias aonde se multiplicaram. É necessária igualmente uma comparação entre o *transporte aquático por canais e o transporte terrestre por ferrovias. Os canais detêm sobre as ferrovias uma dupla vantagem: exigem um capital muito inferior para a sua construção e outro ainda mais tênue para as despesas de manutenção. Mas apresentam igualmente inconvenientes bem graves: nos países frios, por causa do gelo, tornam-se impraticáveis durante alguns meses do ano e nos países quentes estão submetidos aos mesmos inconvenientes por insuficiência de águas durante a estação seca; além disto exigem mais tempo ocioso para a sua purga e <u>são sempre mais lentos que as ferrovias</u> (grifo nosso). As ferrovias, apesar dos capitais enormes que exige a sua fundação e dos capitais não menos vultuosos necessários à sua manutenção, souberam sustentar a concorrência com os canais e os superaram. Para as mercadorias que necessitam chegar logo ao mercado consumidor somente as ferrovias podem servir, mas também por outros motivos as ferrovias subtraíram aos canais uma grande parte do transporte de mercadorias, assim como subtraíram das diligências o transporte de passageiros, como está bem demonstrado pelos balanços das ferrovias inglesas, francesas, alemãs e norte-americanas.*

4.Os Custos das Ferrovias: Em menos de 50 anos foram construídos, segundo os cálculos de Neumann-Spallart, 154.200 km de ferrovias na Europa, dos quais 27.500 para a Grã-Bretanha e Irlanda, 24.800 para a Áustria-Hungria, 23.400 para a França, 30.000 para a Alemanha, 18.000 para a Rússia, 8.000 para a Itália, etc. Na América foram construídos 143.000 quilômetros, dos quais 128.000 nos Estados Unidos apenas. Na Ásia contam-se 11.000 km, quase todos concentrados nas Índias Britânicas; na África existem 2.000 km e na Austrália 4.000. Em todo o mundo existem 315.000 km de ferrovias, salvo alguma quilometragem extra construída nos últimos anos.

Não se pode calcular com precisão os custos correntes para tais construções, pois o custo de construção de um quilômetro de ferrovia é extremamente variável: altíssimo na Inglaterra, alto na França, baixo na Alemanha e baixíssimo na América [N.A: Na Inglaterra a ferrovia entre Londres e Bristol custou 3.400.000 liras; a de Londres a Greenwich 4.100.000, de Londres a Blackwall 5.000.000 ; o custo médio é de 550.000 liras por quilômetro. O custo médio na França é de 402.000, na Itália é de 304.000, na Alemanha de 200.000 e na América 111.000. A diferença de custos depende do valor do solo ocupado, dos trilhos serem simples ou duplos, do volume utilizado de ferro e de madeira, da escassez ou da abundância de capitais, etc.

O produto quilométrico é variabilíssimo: a linha de Liverpool a Manchester chega a dar 116.000 liras de produto bruto quilométrico anual, ao passo que as nossas ferrovias na Sardenha, não dão mais que 4.390; na França se considera magnífico um produto bruto de 50.000; a média geral das ferrovias italianas é de 19.568 [N.T.: com estes números é possível calcular que, em finais do século XIX, o produto quilométrico bruto anual médio representava respectivamente: 21%, 12,4% e 6,4% do custo quilométrico médio, ou seja do investimento inicial, na Inglaterra, França e Itália. As taxas de retorno eram portanto bastante baixas, mas apesar disto o volume transportado foi suficiente para transformar as ferrovias em um grande negócio e para deslocar ou outros meios de transporte do mercado – talvez pela maior "vantagem social" deste tipo de transporte. Como não enxergar aí uma parcela do raciocínio de Proudhon?]. *Uma boa parte deste produto bruto tem que ser investida em custos operacionais, que são proporcionalmente maiores lá onde o produto bruto é menor. <u>O lucro do capital empregado é extremamente baixo: na Inglaterra atinge 3% ao ano, nos EUA 6% e, apesar deste lucro mesquinho, a febre ferroviária continua</u> (grifo nosso), febre esta que foi ocasião, na França e mais ainda na Inglaterra, de crises graves. Isto é tão verdade que existiam na Europa 75.000 km de ferrovias em 1865, 103.000 em 1870 e 143.000 em 1875. Em todo o mundo o total da rede ferroviária era de 30.000 km em 1850 e este total cresceu para 106.000 km em 1860, atingindo 212.000 km em 1870 e 294.000 km em 1875. De onde se segue que, entre 1850 e 1860 foram construídas ferrovias na razão de 7.600 km ao ano e que entre 1860 e 1875 esta taxa subiu para 16.400 km ao ano. O custo por quilômetro vai também crescendo com esta expansão, para todos os países: como se lê no Arquivo Estatístico da Áustria-Hungria, o custo quilométrico médio de construção de ferrovias neste país salta de 166.000 liras em 1850 para 314.000 em 1875; na Bélgica, similarmente, este custo salta de 267.000 liras em 1865 para 284.000 em 1870; na França a variação é de 402.000 em 1865* *para 461.000 em 1875 e finalmente para a Grã-Bretanha e para a Irlanda este custo salta de 554.000 para 588.000 liras. Compreendendo-se nestes custos o material rodante, que Spallart estima em cerca de 62.000 locomotivas, 112.000 vagões de passageiros e 4.500.000 vagões de carga, um custo médio quilométrico anual de 300.000 liras não está muito longe da verdade; neste caso se teria investido até hoje em ferrovias, no mundo inteiro, cerca de 94 bilhões de liras.*

"O trabalho produtivo, *diz Stuart-Mill*, pode tornar uma nação mais pobre se da riqueza produzida, que consiste no acréscimo de capital em coisas úteis e agradáveis, não se tiver necessidade imediata, como ocorre quando uma mercadoria fica ociosa em um armazém por ter sido produzida em quantidade superior à necessária, ou quando os especuladores constroem empórios e armazéns, antes que surja o tráfico ao qual devam servir. Os Estados Unidos da América do Norte cometeram esta espécie de desperdício com as suas estradas de ferro prematuras e com os seus canais: este problema deve ser igualmente resolvido pela Inglaterra, que seguiu este exemplo de desenvolvimento desmedido de suas estradas de ferro (*Princípios de Economia Política Livro I Cap. III*)". *Se este é um problema difícil de resolver para a Inglaterra, para nós, por ser um problema complexo e complicado, parecerá dificílimo.*

A Itália logo terá quase 2 bilhões e meio de liras investidos em ferrovias. Esta grande extensão da rede ferroviária não era exigida pelas necessidades econômicas do país: temos disto uma prova irrefutável pelo fato destas vias não produzirem um fruto correspondente ao capital nelas investido, daí decorre que, se as companhias não agrediram os seus interesses, os acionistas obtiveram juros muito discretos por seus capitais ou que o Estado se encontre carregado de obrigações. Se um agricultor que possui um arado no qual pode atrelar dois cavalos, quisesse nele atrelar quatro, se uma companhia de navegação entre Nápoles e Ischia quisesse usar, em lugar dos pequenos vapores que utiliza, os grandes transatlânticos que atravessam oceanos, o agricultor e a companhia logo se arrependeriam, porque o excesso de seus custos de produção, elevaria o preço de suas mercadorias e serviços muito acima do preço de comércio e eles teriam que mudar o seu sistema, abandonar o empreendimento ou então falir. Com a construção das ferrovias se realizou uma obra muito superior às necessidades de circulação; daí resulta um lucro desproporcionalmente inferior ao curso corrente das taxas de lucro: portanto, do ponto de vista estritamente econômico, este é um empreendimento perdido (grifo nosso). *Se este dinheiro fosse investido parte em ferrovias, parte no desenvolvimento da indústria agrária e manufatureira e parte na construção de estradas vicinais, talvez se tivesse estabelecido a justa proporção entre as novas vias de comunicação e a extensão da circulação e neste caso, correspondendo as novas vias às necessidades de circulação, teriam trazido o fruto que hoje não trazem.*

Esta é a solução do problema segundo os princípios gerais: mas nas aplicações práticas encontram-se muitas vezes condições tais que, com a mudança dos fatos, somos obrigados a mudar as conseqüências(grifo nosso). *A solução seria que o governo tivesse investido dinheiro de seu caixa, se pudesse dele dispor livremente: mas o governo deve solicitar e pagar os grandes capitalistas, para que estes invistam o seu dinheiro nas empresas do reino. Mas os capitalistas sempre recusaram investir seu dinheiro em obras que não trouxessem grandes lucros e que não permitissem uma fácil e rápida reconstituição do capital: convidados a investir em empreendimentos agrários sempre se fizeram de surdos; convidados para a construção de ferrovias, de portos, de arsenais, etc. acorreram sem se fazerem rogar* (grifo nosso). *Assim, dado este excesso de ferrovias com relação às necessidades de circulação, devemos notar dois efeitos deste excedente: a grande demanda de trabalhadores, que elevou o preço do trabalho* [N.T: aumentando pois o poder de compra do mercado interno e valorizando ativos] *e o sucessivo aumento da produção, provocado pela maior facilidade de circulação e acesso a novos espaços* (grifo nosso). *A isto devemos acrescentar que a maior parte dos capitais investidos em ferrovias vieram de fora: é bem verdade que por tais capitais se paga um juro que não é leve, mas é igualmente verdadeiro que quando são empregados em uma indústria qualquer estes capitais proporcionam de 8 a 10% ao capitalista, mas que também produzem 100% para o país, porque chamam ao trabalho muitos braços que de outra maneira permaneceriam ociosos* (grifo nosso).

5.Efeitos Econômicos, Morais e Políticos: A economia de tempo e de custos que os sistema das ferrovias trouxe aos meios de comunicação, tem por efeito imediato multiplicar o homem e o capital (grifo nosso). *As ferrovias percorrem ao menos o quíntuplo do espaço percorrido pelas outras viaturas no mesmo tempo* [N.T.: Constituindo portanto um acréscimo de 400% como quer Proudhon, na *velocidade média generalizada* da sociedade]: *portanto, no mesmo tempo o homem, com este novo meio de comunicação, poderia fazer cinco negócios ao invés de um só. E se a duração da vida for medida não pelo número de dias vividos, mas sim pelo número de obras realizadas, se pode dizer, com Chevallier, que as ferrovias, para os homens que souberem utilizá-las, farão com que eles atinjam os anos de Matusalém. Mas se a vida alonga-se por metáfora, o capital se multiplica em realidade, porque realmente no mesmo espaço de tempo, se pode fazer dele um número maior de aplicações. Suponhamos um capital de 100.000 liras investido em produtos coloniais: estes antes demoravam três meses para fazer a sua viagem até os mercados consumidores, e hoje basta um único mês: o mesmo capital hoje pode pois ser empregado três vezes ao invés de uma só* (grifo nosso).

As ferrovias tendem a igualar as grandes diferenças de valor, que dependem das assim chamadas vantagens de posição. As terras vizinhas aos grandes centros de população possuem um valor muito superior das terras mais distantes porque os produtos destas últimas agravados pelos custos de transporte, não podem sustentar a concorrência com os produtos daquelas; além disto muitos produtos não podem resistir a uma longa viagem. As ferrovias, tornando mais fácil, mais rápido e mais econômico o transporte, se não eliminam, com certeza diminuem tal diferença. O mesmo pode ser dito sobre os produtos da indústria manufatureira (grifo nosso).

O vapor possui uma índole democrática: prepotente como é, impõe-se a todos igualmente – tanto ao rico quanto ao pobre, ao nobre assim como ao plebeu. "Todos, diz *Chevallier*, viajam hoje de ferrovia, no mesmo comboio, em carros ligados à mesma máquina: o burguês modesto muitas vezes se senta ao lado de um Duque ou de um Par, lá onde ainda existem Duques e Pares. Ninguém se sobrepõe ao vizinho: todos obedecem dóceis ao condutor, que não recebe ordens de ninguém. Desta forma o direito comum tomou o lugar do privilégio (*Dicionário de Economia Política*, art. Ferrovias)."

O vapor, tanto na terra quanto no mar, torna mais raras e mais leves as carestias. "A carestia é freqüentíssima lá onde a falta de meios de comunicação forma uma barreira natural às exportações e importações. Na Idade Média, quando o transporte por terra na Europa Setentrional, por causa das péssimas estradas era, segundo o testemunho dos cronistas, extremamente difícil, em cada século ocorria por uma ou duas vezes uma tal carestia que ceifava uma quarta ou até mesmo uma terça parte da população (MAX WIRTH *Fundamentos da Economia Nacional*, V.1 p. 457).

Tanto em terra como no mar, o vapor tornou-se um elemento essencial de estratégia e de tática; não poucas batalhas foram ganhas com o auxílio do vapor, que torna os movimentos mais rápidos e os golpes mais decisivos. Entretanto os piroscafos e as ferrovias estão provavelmente destinados à grande honra de terem tornado a paz mais estável e as guerras mais raras e mais breves, porque, sem se falar dos danos imensos produzidos diretamente pela guerra, existem aqueles que atingem diretamente o comércio: não há guerra que não seja precedida e acompanhada de todo um cortejo de centenas de falências; ora, hoje os interesses comerciais têm voz bastante forte para se fazerem ouvir pelos governantes.

O vapor, tanto em terra como no mar, aproximou de tal forma as nações que hoje em dia são mais numerosos os franceses que já visitaram Londres do que, há um século atrás eram os franceses que conheciam Paris: e isto é tão verdadeiro que já muitos Estados pensam ser necessário abolir os passaportes na circulação internacional. Quanto mais se avança nesta via, mais estreitas e numerosas se tornam as relações entre os povos [N.T.: De fato, quando se estuda, p. ex. a história da formação da Primeira Internacional, salta logo à vista, como elemento estratégico desta formação, a "permeabilidade" das fronteiras e a rapidez e o custo relativamente baixo das viagens possibilitados pela ferrovia: sem isto a tarefa de organização seria muito mais árdua. O leitor pode consultar para tanto a documentação reunida por Jacques FREYMOND (*La Première Internationale*) bem como a obra clássica de James GUILLAUME (*L'Internationale: Souvenirs et Documents*). Um testemunho interessante sobre tal permeabilidade das fronteiras e o papel das ferrovias no desenvolvimento do movimento operário e na consolidação de seu internacionalismo pode ser obtido nas memórias de Victor SERGE (*Memoires d'un Revolutionnaire*)] *e mais abomináveis se tornarão as guerras, que quase poderão ser comparadas às guerras civis.*

"Uma perda de 33% para o consumidor suporia um déficit social de 33 milhões"; 33% de perda para o consumidor continuam sendo 33% de perda para um milhão de consumidores. Como em seguida pode o Sr. Proudhon dizer, pertinentemente, que o déficit social, no caso de uma perda de 33%, eleva-se a 33 milhões quando ele não conhece nem o capital social e nem mesmo o capital de um único dos interessados? Assim não bastou ao Sr. Proudhon ter confundido o *capital* e as *porcentagens*; ele ultrapassa-se ao identificar o *capital* investido em uma empresa e o *numero* dos interessados

"Suponhamos, com efeito, para tornar a coisa mais sensível", um capital determinado. Um lucro social de 400% repartido por um milhão de participantes, interessados cada um por um franco, dá pois 4 francos de lucro por cabeça e não 0,0004 como pretende o Sr. Proudhon. Da mesma forma, uma perda de 33% para cada um dos participantes, representa um déficit social de 330.000 francos e não 33 milhões (100: 33 = 1.000.000:330.000).

O Sr. Proudhon, preocupado com sua teoria da sociedade-pessoa, esquece-se de fazer a divisão por 100 e obtém assim 330.000 francos de perda; mas 4 francos de lucro por cabeça perfazem para a sociedade 4 milhões de francos de lucro. Resta, para a sociedade, um lucro líquido de 3.670.000 francos. Esta contabilidade exata demonstra justamente o contrário daquilo que o Sr. Proudhon quis demonstrar: que os benefícios e perdas da sociedade não estão na razão inversa dos benefícios e perdas dos indivíduos.

Depois de ter retificado estes simples erros de puro cálculo, vejamos um pouco as conseqüências às quais se chegaria se se quisesse admitir para as estradas de ferro, esta relação entre a velocidade e o capital, tal como o Sr. Proudhon a fornece, a menos de erros de cálculo. Suponhamos que um transporte quatro vezes mais rápido custe quatro vezes mais, este transporte não daria menos lucro que o transporte artesanal que é quatro vezes mais lento e que custa um quarto das despesas. Se o transporte tradicional portanto custa 18 cêntimos, o transporte por ferrovia poderia custar 72 cêntimos. Esta seria, segundo o "rigor matemático", a conseqüência das suposições do Sr. Proudhon, a menos de seus erros de cálculo. Mas eis que subitamente ele nos diz que se, ao invés de 72 cêntimos, a ferrovia custasse 25, ela perderia instantaneamente as suas encomendas. Decididamente se retornaria à diligência e até mesmo ao carroção. Nós teríamos apenas um conselho a dar ao Sr. Proudhon, que é o de não esquecer, em seu "*Programa da associação progressiva*" de efetuar a divisão por 100. Mas infelizmente não se deve esperar que o nosso conselho seja escutado porque o Sr. Proudhon está tão maravilhado com seu cálculo "progressivo", correspondente à "associação progressiva", que exclama com muita ênfase:

> Já mostrei no capítulo II, pela solução da antinomia do valor, que a vantagem de qualquer descoberta útil é incomparavelmente menor para o inventor, seja lá o que faça, do que para a sociedade; conduzi a demonstração sobre este ponto *com rigor matemático*[181].

Voltemos à ficção da sociedade-pessoa, ficção que não tem outra finalidade que a de provar a seguinte verdade simples: Uma nova invenção, que faça produzir com a mesma quantidade de trabalho, uma quantidade maior de mercadorias, faz baixar o valor venal do produto. A sociedade portanto obtém um lucro, não obtendo mais valores trocáveis, mas sim obtendo mais mercadorias pelo mesmo valor[182]. Quanto ao inventor, a concorrência faz o seu lucro cair sucessivamente até que atinja o nível geral dos lucros. O Sr. Proudhon demonstrou esta proposição, como queria fazê-lo? Não. Isto não o impede de reprovar aos economistas o ter falhado nesta demonstração. Para provarlhe o contrário citaremos apenas Ricardo e Lauderdale; Ricardo, o chefe da escola que determina o valor pelo tempo de trabalho, Lauderdale um dos defensores mais entusiasmados do valor como determinado pela oferta e pela procura. Todos os dois desenvolveram a mesma tese.

> Aumentando constantemente a facilidade de produção, nós diminuímos constantemente o valor de algumas das coisas anteriormente produzidas, ainda que, através deste mesmo meio, nós não apenas fazemos crescer a riqueza nacional, mas também aumentemos a nossa faculdade de produzir para o futuro... Tão logo que, através das máquinas ou de nossos conhecimentos de física, forçamos os agentes naturais a fazer a obra

---

[181] [N.E.]: PROUDHON, t. I, p. 220-221. [N.T.: O destaque sobre o *rigor matemático* é de Marx.]
[182] [N.T.]: O que é mesmo valor trocável, Dr. Marx?

que o homem antes realizava, o valor trocável desta obra conseqüentemente cai. Se eram necessários dez homens para fazer funcionar um moinho de trigo e se descobre que através do vento ou da água o trabalho destes dez homens pode ser poupado, a farinha, que seria o produto da ação do moinho, perderia neste momento valor na proporção da soma de trabalho poupada e a sociedade estaria enriquecida com todo o valor das coisas que o trabalho destes dez homens poderia produzir, pois os fundos destinados à manutenção dos trabalhadores não teria experimentado a menor diminuição[183].

Lauderdale, por sua vez diz:

> O lucro dos capitais provém sempre do fato de que suprem uma porção de trabalho que o homem deveria fazer com suas próprias mãos, ou de que eles cumprem uma porção de trabalho acima dos esforços pessoais do homem e que este não poderia executar por si só. Os magros lucros que em geral os proprietários de máquinas conseguem, quando comparados ao preço do trabalho que estas fornecem, farão talvez nascer dúvidas sobre a justeza desta opinião. Uma bomba a vapor, por exemplo, extrai em um dia mais água de uma mina de carvão do que a que poderia ser extraída pelo trabalho de trezentos homens, mesmo auxiliados por drenadores e não há dúvidas que ela substitui o trabalho destes homens a menor custo. É este o caso de todas as máquinas. O trabalho que se fazia pela mão do homem e que foi por elas substituído, elas devem fazer a um preço mais baixo...Suponha-se que uma patente seja outorgada ao inventor de uma máquina que faz o trabalho de quatro homens: como o privilégio exclusivo impede toda a concorrência, salvo a que resulta do trabalho dos operários, é claro que o salário destes últimos, durante toda a duração do privilégio, será a medida do preço que o inventor pode colocar em seus produtos; isto é para assegurar a utilização do invento, o inventor deverá exigir por sua máquina um preço um pouco menor que o salário que a máquina poupou. Mas na expiração do privilégio, outras máquinas do mesmo tipo entram no mercado e rivalizam com a sua. Então ele regulará o seu

---

[183] [M.]: RICARDO, obra citada, t. II, pp. 59 e 98.

preço pelo princípio geral, fazendo-o depender da abundância das máquinas. O lucro dos fundos empregados..., ainda que resultante de um trabalho poupado, regula-se por fim não pelo valor deste trabalho mas, como em todos os casos, pela concorrência entre os proprietários dos fundos; e o grau destes lucros está sempre fixado pela proporção entre quantidade dos capitais oferecidos para esta função e a demanda que deles existe[184].

Em última instância pois, enquanto o lucro for maior que nas outras indústrias, haverá capitais que se lançarão na nova indústria[185], até que a taxa de lucros desta última tenha caído aos níveis comuns.

Acabamos de ver que o exemplo das ferrovias não é apropriado para lançar qualquer tipo de luz sobre a ficção da sociedade-pessoa. O Sr. Proudhon entretanto retoma ousadamente o seu discurso:

> Uma vez esclarecidos tais pontos, nada mais fácil do que explicar como o trabalho deve deixar a cada produtor um excedente[186].

Aquilo que agora se segue pertence à antigüidade clássica. É um conto poético feito para descansar o leitor das fadigas que lhe deve ter causado o rigor das demonstrações matemáticas que o precedem. O Sr. Proudhon dá à sua sociedade-pessoa o nome de *Prometeu* cujos altos feitos ele glorifica nos seguintes termos:

> Prometeu saindo do seio da natureza desperta para a vida em uma inércia cheia de encantos, etc.... Prometeu põe-se à obra e desde a sua primeira jornada, primeira jornada da segunda criação, o produto de Prometeu, quer dizer sua riqueza, seu bem-estar, é igual a dez. No segundo dia Prometeu divide o

---

[184] [N.E.]: LAUDERDALE: obra citada, pp. 119,123,124,125,134.

[185] [N.T.]: Já vimos, pela longa citação que acima fizemos de Antonio Ciccone, que nem sempre este fato é verdadeiro: os capitais acorreram às ferrovias durante o século XIX, mesmo sendo a taxa de lucro oferecida por estas últimas *menores* que as taxas de lucro apresentadas em outros setores. Motivo como a segurança do investimento, o estímulo à lucratividade em operação casados, apoio à infra-estrutura produtiva por considerações de estratégia comercial, influenciaram poderosamente as decisões dos empresários.

[186] [N.E.]: Proudhon: t. I, p. 93.

seu trabalho e o seu produto torna-se igual a cem. No terceiro dia, e em cada um dos dias seguintes, Prometeu inventa as máquinas, descobre novas utilidades nos corpos, e novas forças na natureza... a cada passo que dá a sua indústria, a cifra de sua produção eleva-se e denuncia-lhe um acréscimo de felicidade. E como por fim para ele consumir é produzir, fica claro que cada jornada de consumo consumindo apenas o produto da véspera deixa um excedente de produto para a jornada de amanhã[187].

Este Prometeu do Sr. Proudhon é um personagem engraçado, tão fraco em lógica quanto em economia política. Prometeu, quando apenas nos ensina a divisão do trabalho, a aplicação das máquinas, a exploração das forças naturais e do poder científico, multiplicando as forças produtivas dos homens e dando um excedente comparado a aquilo que produz o trabalho isolado, este novo Prometeu tem apenas a infelicidade de ter chegado muito tarde. Mas no momento em que Prometeu se mete a falar de produção e de consumo, ele se torna realmente grotesco. Consumir para ele é produzir; ele consome no dia seguinte aquilo que produziu na véspera e é desta forma que ele possui sempre uma jornada de adiantamento; esta jornada de adiantamento é o seu "excedente de trabalho". Mas se ele consome no dia seguinte aquilo que produziu na véspera, é necessário que no primeiro dia, que não teve véspera, ele tivesse trabalhado por duas jornadas, para que tivesse um excedente[188]. Como Prometeu ganhou no primeiro dia este excedente, quando não existia nem divisão do trabalho, em máquinas, nem mesmo conhecimentos de outras força físicas que não a do fogo? Assim a questão, por ter sido recuada até o primeiro dia da segunda criação". Nem por isso deu sequer um único passo adiante. Esta maneira de explicar as coisas depende ao mesmo tempo do grego e do hebreu e é ao mesmo tempo mística e alegórica e dá perfeitamente ao Sr. Proudhon o direito de dizer:

---

[187] [N.E.]: Idem.

[188] [N.T.]: Neste ponto Marx distorce intencionalmente a metáfora de Proudhon, supondo implicitamente que cada uma das "jornadas" figuradas de Prometeu tenha a mesma produtividade, que é justamente o **contrário** do que Proudhon supõe, como o leitor pode facilmente verificar, consultando a nossa tradução do Filosofia da miséria (V.I pp. 167-168). Em cada uma destas jornadas, é o crescimento demográfico e a "mais-valia" acumulada, seja diretamente, seja através das inovações tecnológicas, que aumentam o excedente. Assim o produto de cada "jornada" é estritamente maior que o produto da jornada que a antecede, possibilitando desta forma a acumulação que Proudhon nos indica.

Demonstrei pela teoria e pelos fatos o princípio de que todo trabalho deve deixar um excedente.

Os fatos são o famoso cálculo progressivo e a teoria é o mito de Prometeu.

Mas, *continua o Sr. Proudhon*, este princípio, tão certo quanto uma proposição de aritmética, está ainda longe de realizar-se para todos. Enquanto que pelo progresso da indústria coletiva, cada jornada de trabalho individual obtém um produto cada vez maior, e, por uma conseqüência necessária, enquanto o trabalhador, com o mesmo salário, deveria tornar-se a cada dia mais rico, existe na sociedade estados que lucram enquanto outros perecem[189].

Em 1770 a população do Reino Unido da Grã-Bretanha era de 15 milhões de habitantes e a população produtiva de 3 milhões. O poder científico da produção igualava a uma população de cerca de 12 milhões de habitantes ou mais; desta forma em suma, havia 15 milhões de forças produtivas. Assim o poder produtivo estava para a população assim como 1 está para 1 e o poder científico estava para o poder manual como 4 está para 1.

Em 1840 a população não ultrapassava 30 milhões e a população produtiva era de 6 milhões, ao passo que o poder científico chegava a 650 milhões, isto é, estava para a população inteira como 21 está para 1 e para o poder manual como 108 está para 1.

Na sociedade inglesa portanto o trabalho adquiriu em setenta anos um excedente de 2700% de produtividade, o que quer dizer que em 1840 ela produziu vinte e sete vezes mais que em 1770. Segundo o Sr. Proudhon seria necessário colocar a seguinte questão porque o operário inglês de 1840 não é vinte e sete vezes mais rico que o de 1770? Colocando-se uma tal questão supor-se-ia, naturalmente, que os ingleses teriam podido produzir estas riquezas sem que as condições históricas nas quais foram produzidas, tais como a acumulação privada dos capitais a divisão moderna do trabalho a oficina automática, a concorrência anárquica, o salariato, enfim tudo aquilo que está baseado sobre o antago-

---

[189] [N.E.]:PROUDHON, t. I, p. 95.

nismo das classes, pudessem ter existido. Ora, no que diz respeito ao desenvolvimento das forças produtivas e ao excedente de trabalho, tais eram precisamente as condições de existência. Portanto foi necessário, para obter este desenvolvimento das forças produtivas e este excedente de trabalho, que existissem classes sociais que explorassem e classes sociais que padecessem.

O que é pois, em última instância este Prometeu ressuscitado pelo Sr. Proudhon? É a sociedade, são as relações sociais baseadas no antagonismo das classes. Tais relações não são relações de indivíduo para indivíduo mas sim de operário para capitalista, de arrendatário para proprietário rural, etc. Apaguemos tais relações e teremos aniquilado a sociedade inteira e nosso Prometeu nada mais será que um fantasma sem braços e nem pernas, isto é, sem oficina automática e sem divisão de trabalho, falto enfim de tudo aquilo que lhe demos primitivamente para fazer com que ele obtivesse este excedente de trabalho.

Se pois na teoria bastasse, como o fez o Sr. Proudhon, interpretar a fórmula do excedente de trabalho no sentido da igualdade sem levar-se em conta as condições efetivas de produção, deveria bastar na prática realizar uma distribuição igual entre todos os operários de todas as riquezas efetivamente adquiridas, sem nada modificar nas atuais condições de produção. Tal partilha não asseguraria um grande grau de conforto a cada um dos participantes.

Mas o Sr. Proudhon não é tão pessimista quanto poderíamos crê-lo. Como a proporcionalidade é tudo para ele, é preciso pois, que ela veja no Prometeu completamente dado, isto é, na sociedade atual, um começo da realização de sua idéia favorita.

> Mas por toda a parte também o progresso da riqueza, quer dizer a proporcionalidade dos valores, é a lei dominante; e quando os economistas opõem às queixas do partido social o acréscimo progressivo da fortuna pública e os abrandamentos trazidos às condições mesmo das classes mais infelizes, eles proclamam sem perceber uma verdade que é a condenação de suas teorias[190].

O que é com efeito a riqueza coletiva, a fortuna pública? É a riqueza da burguesia e não a de cada burguês em particular. Pois bem!

---

[190] [N.E.]: Proudhon: obra citada, p. 95.

Os economistas não fizeram outra coisa se não demonstrar como, nas relações de produção tais como existem, a riqueza da burguesia desenvolveu-se e deve crescer ainda mais. Quanto às classes operárias é ainda uma questão bastante contestada o fato de saber se sua condição melhorou ou não como conseqüência do acréscimo da riqueza pretensamente pública. Se os economistas nos citam para apoiar o seu otimismo, o exemplo dos operários ingleses ocupados pela indústria algodoeira, eles consideram esta sua situação apenas nos raros momentos da prosperidade do comércio. Tais momentos de prosperidade estão para as épocas de crise e de estagnação na "justa proporcionalidade" de 3 para 10. Mas pode ser igualmente, falando-se de melhorias, que os economistas quiseram falar destes milhões de operários que tiveram que perecer nas Índias Orientais, para proporcionar ao milhão e meio de operários ocupados na mesma indústria na Inglaterra, três anos de prosperidade a cada 10[191].

Quanto à participação temporária no acréscimo da riqueza pública, isto é um problema diferente. O fato da participação temporária explica-se pela teoria dos economistas. Ele é a sua confirmação e de modo algum a sua "condenação" como diz o Sr. Proudhon. Se aqui houvesse algo a condenar seria com certeza o sistema do Sr. Proudhon que reduziria como nós já o demonstramos o operário ao mínimo do salário apesar do acréscimo nas riquezas. Pois é apenas reduzindo-o a este mínimo que ele teria feito uma aplicação da justa proporcionalidade dos valores, do "valor constituído" pelo tempo de trabalho. É pelo fato do salário, por causa da concorrência, oscilar acima e abaixo do preço dos víveres necessários ao sustento do operário, que este último pode participar, por pouco que seja, no desenvolvimento da riqueza coletiva, mas ele pode igualmente perecer na miséria. Eis aí toda a teoria dos economistas que não nutrem ilusões.

---

[191] [N.T.]: Marx aqui se refere ao fato histórico da aniquilação da tradicional manufatura artesanal de têxteis na Índia por efeito da política imperial inglesa. Sabemos que esta indústria era ainda suficientemente desenvolvida, a meados do século XVIII, para abastecer não apenas o mercado interno Hindu, como também para permitir uma exportação de tecidos finos de seda e algodão para a Europa e a América. Caso semelhante ocorreu com a indústria metalúrgica Hindu e Chinesa; caldeireiros da Índia chegaram até mesmo a produzir uma réplica da locomotiva quando a notícia desta invenção chegou até eles. Naturalmente foi a "política das canhoneiras" aliada à uma manipulação pornograficamente draconiana das taxas aduaneiras que possibilitou tais "sucessos comerciais" à "Loura Albion": aqui, bem como na África e na América Latina a metrópole subdesenvolveu a colônia, como aliás bem nos explica Proudhon no texto hora criticado, ao analisar a balança de comércio.

Depois de suas longas divagações a respeito das ferrovias, de Prometeu e da nova sociedade a ser reconstituída sobre o "valor constituído", o Sr. Proudhon recolhe-se; a emoção conquista-o e ele exclama em um tom paternal.

> Pois eu desafio os economistas a interrogarem-se por um momento, no silêncio de seus corações, longe dos preconceitos que os perturbam, sem consideração aos cargos que ocupam ou esperam, aos interesses que servem, aos sufrágios que ambicionam, as distinções que embalam a sua vaidade; que eles digam se, até o dia de hoje, o princípio de que todo o trabalho deva deixar um excedente lhes apareceu com esta cadeia de preliminares e de conseqüências que levantamos[192].

---

[192] [N.E]: PROUDHON: obra citada, pp. 95-96.

II

A METAFÍSICA DA ECONOMIA POLÍTICA

1. O MÉTODO

EIS-NOS em plena Alemanha! Teremos que falar de metafísica ainda que falando de economia política. E aqui ainda nada mais fazemos que seguir as "contradições" do Sr. Proudhon. Há pouco ele nos forçava a falar inglês, a tornarmo-nos bem ingleses. Agora a cena modifica-se e o Sr. Proudhon transporta-nos para a nossa cara pátria e força-nos a retomar a nossa qualidade de alemão contra a nossa vontade.

Se o inglês transforma homens em chapéus o alemão transforma o chapéu em idéias. O inglês é Ricardo, rico banqueiro e economista notável; o alemão é Hegel, simples professor de filosofia na Universidade de Berlim.

Luiz XV, último rei absoluto e que representava a decadência da realeza francesa, tinha vinculado à sua pessoa um médico que foi o primeiro economista da França. Este médico, este economista, representava o triunfo iminente e seguro da burguesia francesa. O Dr. Quesnay fez da economia política uma ciência; resumiu no seu famoso *Tableau Économique* esta ciência. Além dos mil e um comentários que apareceram sobre este quadro, possuímos um que é da lavra do próprio doutor. É a "análise do quadro econômico", seguida de "sete *observações importantes*".

O Sr. Proudhon é um outro doutor Quesnay. Ele é o Quesnay da metafísica da economia política.

Ora, a metafísica, a filosofia inteira, resume-se segundo Hegel no método. Será pois necessário que investiguemos para esclarecer o método do Sr. Proudhon que é ao menos tão tenebroso quanto o *Tableau Économique*. É para tanto que daremos sete observações mais ou menos importantes. Se o Dr. Proudhon não ficar contente com nossas observações, muito bem, ele fará como o padre Baudeau e ele mesmo dará a "explicação do método econômico-metafísico[1]".

PRIMEIRA OBSERVAÇÃO

A tal respeito, lembrarei ao leitor que não fazemos aqui uma história segundo a ordem do tempo, mas sim segundo a sucessão das idéias. As fases ou categorias econômicas apresentam-se em sua manifestação tanto contemporâneas quanto invertidas... Mas nem por isso as teorias econômicas deixam de ter a sua sucessão lógica e a sua série no entendimento; é tal ordem que gabamo-nos de ter descoberto[2, 3].

Decididamente o Sr. Proudhon quis dar medo aos franceses lançando-lhes ao rosto frases quase hegelianas. Temos pois que lidar com dois homens, com o Sr. Proudhon em primeiro lugar, e depois com Hegel. Como o Sr. Proudhon se distinguiria dos outros economistas? E Hegel, que papel desempenharia na economia política do Sr. Proudhon?

---

[1] [N.E.]: O padre Nicolas Baudeau tinha publicado em 1770 uma *Explication du Tableau Économique*. Marx inspirar-se-á nesta obra para traçar seus esquemas da reprodução no livro segundo de O *Capital*.

[2] [N.E.]: PROUDHON, t. I, p. 147.

[3] [N.T.]: Eis o teor não truncado desta passagem citada por Marx, segundo nossa tradução: "*Estes preliminares foram indispensáveis para bem apreciar o papel das máquinas e para ressaltar o encadeamento das evoluções econômicas. A tal respeito, lembrarei ao leitor que não fazemos aqui um história segundo a ordem do tempo, mas sim segundo a sucessão das idéias. As fases ou categorias econômicas apresentam-se em sua manifestação tanto contemporâneas quanto invertidas e daí provém a extrema dificuldade que os economistas de todos os tempos experimentaram para sistematizar as suas idéias; daí o caos de suas obras, mesmo as mais recomendáveis sob outros aspectos, como as de Adam Smith, Ricardo e J. B. Say. Mas nem por isso as teorias econômicas deixam de ter a sua sucessão lógica e a sua série no entendimento; é tal ordem que gabamo-nos de ter descoberto e que fará da presente obra ao mesmo tempo uma filosofia e uma história*" (PROUDHON, Filosofia da Miséria, trad. bras. p. 228, Ícone Editora 2003).

Os economistas exprimem as relações da produção burguesa – a divisão do trabalho o crédito, a moeda etc. – como categorias fixas imutáveis e eternas. O Sr. Proudhon que tem diante de si tais categorias completamente formadas, quer explicar-nos o ato de sua formação, a geração destas categorias destes princípios, leis, idéias e pensamentos.

Os economistas nos explicam como se produz nas relações dadas, mas não nos explicam como tais relações se produzem, isto é o movimento histórico que as faz nascer. O Sr. Proudhon, tendo tomado tais relações como princípios, categorias e pensamentos abstratos nada mais tem a fazer senão colocar *ordem* nestes pensamentos que se encontram alfabeticamente arranjados no final de qualquer tratado de economia política. O material dos economistas é a vida ativa e atuante dos homens[4]; o material do Sr. Proudhon são os dogmas dos economistas. Mas do momento em que não se persegue o movimento histórico das relações da produção do qual as categorias nada mais são que a expressão teórica; no momento em que não se quer ver nestas categorias nada mais que idéias que pensamentos espontâneos e independentes das relações reais, se está forçado a designar como origem destes pensamentos o movimento da razão pura[5]. Como a razão pura, eterna e impessoal faz nascer estes pensamentos? Como ela procede para produzi-los?

Se tivéssemos a mesma intrepidez que o Sr. Proudhon em matéria de hegelianismo, diríamos: ela distingue-se em si dela mesma[6]. O que isto quer dizer? Quer dizer que como a razão impessoal não tem fora de si nem terreno sob o qual possa pousar nem objeto contra o qual possa se opor e nem sujeito com o qual possa compor-se, vê-se forçada a dar cambalhotas pondo-se, opondo-se e compondo-se – posição, oposição, composição. Ou, para falar grego teremos a tese a antítese e a síntese. Para aqueles que não conhecem a linguagem hegeliana nós lhes pronunciaremos a fórmula sacramental: afirmação, negação e negação da negação. É isto o que esta linguagem quer dizer. Certamente não é hebreu, para desgosto do Sr. Proudhon, mas é a linguagem desta razão tão pura, separada do indivíduo. No lugar do indivíduo

---

[4] [N.T.]: *c'est la vie active et agissante des hommes.*

[5] [P.]: Somos bem forçados a isto posto que na sociedade, diga-se o que se disser, tudo é contemporâneo; da mesma forma como na natureza todos os átomos são eternos.

[6] [N.T.]: *Elle se distingue en elle-même d'elle même* no original francês. Que o leitor nos desculpe a entorse gramatical que o vocabulário hegeliano nos impõe.

comum, com sua maneira comum de falar e de pensar, não temos outra coisa que não esta maneira ordinária e puríssima, mas sem o indivíduo.

Será que é preciso estranhar o fato de que, em última abstração, pois aqui há abstração e não análise, tudo se apresente no estado de categoria lógica? Será que se deve estranhar que, deixando-se pouco a pouco cair tudo aquilo que constitui o individualismo de uma casa, fazendo-se abstração dos materiais dos quais ela se compõe, da forma que a distingue, não teríamos mais que um corpo? E que fazendo abstração dos limites deste corpo logo nada mais teríamos que o espaço? E que por fim, se fizéssemos abstração das dimensões deste espaço acabaríamos apenas por ter a quantidade pura, a categoria lógica? Desta forma, à força de abstrair de qualquer sujeito todos os seus pretensos acidentes, animados ou inanimados, homens ou coisas, nós teremos razão em dizer que, em última abstração chegamos a ter como substância as categorias lógicas. Desta forma os metafísicos que, fazendo tais abstrações, imaginam fazer análise e que, na medida em que se destacam cada vez mais dos objetos, imaginam aproximar-se deles a ponto de penetrá-los, tais metafísicos têm razão em dizer que as coisas cá embaixo são meros bordados, cujas categorias lógicas formam o desenho do quadro[7]. Eis o que distingue o filósofo do cristão. O cristão possui apenas uma encarnação do *Logos*, a despeito da lógica[8]; o filósofo não acaba mais com estas encarnações. Que tudo aquilo que existe, que tudo aquilo que vive sobre a terra e sob a água possa, à força de abstrações, ser reduzido à uma categoria lógica; que desta maneira o mundo real inteiro afogue-se no mundo das abstrações, quem poderá estranhar?

Tudo o que existe sobre a terra e sob a água existe e vive apenas em decorrência de um movimento qualquer. Assim, o movimento da história produz as relações sociais, o movimento industrial nos dá os produtos industriais, etc., etc.

Da mesma forma como, à força de abstrações, transformamos qualquer coisa em categoria lógica, da mesma forma agora, nada mais temos a fazer senão abstrair todo o caráter distintivo dos diferentes movimentos, para chegar ao movimento do estado abstrato, ao movi-

---

[7] [N.T.]: *canevas* no original francês, que designa propriamente o traçado de um mapa sobre a entretela que lhe é destinada.

[8] [N.T.]: Alusão irônica de Marx ao início do Evangelho Segundo João: "*No princípio era o Verbo* (i. é. o LOGOS) *e o Verbo se fez carne e habitou entre nós*". A ironia estende-se igualmente ao estilo e às contínuas referências que a obra de Proudhon faz à teologia cristã.

mento puramente formal, à fórmula puramente lógica do movimento. Se encontramos nas categorias lógicas a substância de todas as coisas, imaginamos encontrar na fórmula lógica do movimento o *método absoluto*, que não apenas explica a coisa, como também implica no movimento da coisa.

É este o método absoluto do qual Hegel fala nos seguintes termos[9]:

> O método é a força absoluta, única, suprema e infinita, à qual nenhum objeto poderia resistir; é a tendência da razão a reconhecer-se a si mesma em todas as coisas[10].

Como toda a coisa está reduzida a uma categoria lógica e todo o movimento, todo o ato de produção, ao método, segue-se naturalmente que todo o conjunto dos produtos e da produção, de objetos e de movimentos, reduz-se a uma metafísica aplicada. Aquilo que Hegel fez para a religião, para o direito, etc., o Sr. Proudhon busca fazê-lo para a economia política.

Assim, o que é este método absoluto? A abstração do movimento. O que é a abstração do movimento? O movimento em estado abstrato. O que é o movimento em estado abstrato? A fórmula puramente lógica do movimento ou o movimento da razão pura. Em que consiste o movimento da razão pura? Em se pôr, em se opor e em se compor, em ser formulado como tese, antítese e síntese, ou ainda em se afirmar, em se negar e em negar-se a sua negação.

E como faz esta razão para afirmar-se, para se colocar como categoria determinada? Este é um problema da própria razão e de seus apologistas.

Mas uma vez que ela tenha conseguido colocar-se como tese, esta tese, este pensamento, opõe-se a si mesmo, desdobra-se em dois pensamentos contraditórios: o positivo e o negativo, o sim e o não. A luta entre estes dois elementos antagonistas encerrados na antítese, constitui o movimento dialético. O sim torna-se não, o não torna-se sim, o sim torna-se ao mesmo tempo sim e não, o não torna-se ao mesmo tempo não e sim e os contrários balançam-se, neutralizam-se,

---

[9] [P.]: Muito bem! E isto seria assim tão burro?
[10] [M.]: *Lógica*, t. III (1816).

paralisam-se. A fusão destes dois pensamentos contraditórios constitui um pensamento novo, que é a síntese de ambos. Este pensamento novo desenrola-se em dois outros pensamentos contraditórios, que fundem-se por sua vez em uma nova síntese. Deste trabalho de parto nasce um grupo de pensamentos. Este grupo de pensamentos segue o mesmo movimento dialético que uma categoria simples e tem por antítese um grupo contraditório. Destes dois grupos de pensamentos nasce um novo grupo que é a sua síntese.

Da mesma forma, do movimento dialético das categorias simples nasce o grupo, do mesmo movimento dialético dos grupos nasce a série e do movimento dialético das séries nasce o sistema inteiro.

Apliquemos este método à categorias da economia política e teremos a lógica e a metafísica da economia política ou, em outros termos, teremos as categorias econômicas conhecidas de todo o mundo traduzidas em uma linguagem pouco conhecida que lhes dá um ar de recentemente eclodidas em um crânio de razão pura, de tanto que estas categorias parecem engendrar-se umas às outras, encadear-se e emaranhar-se[11] umas às outras apenas pelo trabalho do movimento dialético. Que o leitor não se apavore com esta metafísica e com todo o seu arcabouço de categorias, de grupos, de séries e de sistemas. O Sr. Proudhon, apesar do grande trabalho que teve em escalar as alturas do *sistema das contradições*, nunca se pôde elevar acima dos dois primeiros degraus da tese e da antítese simples, e mesmo assim abrangeu-os apenas duas vezes[12] e destas duas vezes, uma delas ele caiu no contrário.

Nós, até o momento, expusemos apenas a dialética de Hegel. Veremos mais tarde como o Sr. Proudhon conseguiu reduzi-la às mais mesquinhas proporções. Assim, para Hegel tudo aquilo que se passou e o que se passa ainda é justamente aquilo que se passa no seu próprio raciocínio. Assim, a filosofia da história nada mais é que a história da filosofia, de sua filosofia própria. Não há mais "história segundo a ordem do tempo", existe apenas a "sucessão das idéias no entendimento". Ele crê construir o mundo pelo movimento do pensamento, ao passo que nada mais faz que reconstruir sistematicamente e arranjar segundo um método absoluto, os pensamentos que estão na cabeça de todos[13].

---

[11] [N.T.]: *s'enchevreter* no original francês.

[12] [N.T.]: *...et encore ne les a-t-il enjambés que deux fois* no original francês.

[13] [P.]: Eu não pretendo ter feito outra coisa! e acredito que isto já é alguma coisa. Vossa observação nada observa.

SEGUNDA OBSERVAÇÃO

As categorias econômicas nada mais são que as expressões teóricas, as abstrações das relações sociais da produção. O Sr. Proudhon, como verdadeiro filósofo, toma as coisas ao contrário e vê nas relações reais apenas a encarnação destes princípios, destas categorias que dormitavam, nos diz ainda o Sr. Proudhon o filósofo, no seio da "razão impessoal da humanidade".

O Sr. Proudhon economista compreendeu muito bem que são os homens quem fazem os panos, as lãs e os tecidos finos de seda, em relações determinadas de produção. Mas o que não compreendeu é que estas relações sociais determinadas são tão produzidas pelo homem quanto os panos, o linho, etc.[14]. As relações sociais estão intimamente ligadas às forças produtivas. Adquirindo novas forças produtivas, os homens modificam o seu modo de produção e modificando o modo de produção, a maneira de ganhar a sua vida, eles modificam todas as suas relações sociais. O moinho manual nos dará a sociedade com suseranos; o moinho à vapor a sociedade com capitalismo industrial.

Os mesmos homens que estabelecem as relações sociais conforme à sua produtividade material, produzem também os princípios, as idéias e as categorias conforme as suas relações sociais.

Assim estas idéias, estas categorias, são tão pouco eternas quanto as relações que as exprimem[15]. Elas são *produtos históricos e transitórios*.

Existe um movimento contínuo de acréscimo nas forças produtivas, de destruição nas relações sociais, de formação de idéias; apenas é imutável a abstração do movimento – *mors immortalis*.

TERCEIRA OBSERVAÇÃO

As relações de produção de qualquer sociedade formam um todo. O Sr. Proudhon considera as relações econômicas como sendo fases sociais que se engendram uma à outra e resultam uma da outra

---

[14] [P.]:Mentira! é isto precisamente o que eu digo: a sociedade produz as leis e os materiais de sua experiência.

[15] [P.]: Sim, eternas como a humanidade, nem mais , nem menos; e todas contemporâneas. Vossa segunda observação não conduz a nada.

como a antítese da tese, realizando na sua sucessão lógica a razão impessoal da humanidade.

O único inconveniente que existe neste método é que, ao abordar o exame de uma única das tais fases, o Sr. Proudhon nada dela pode explicar sem ter recorrido a todas as outras relações da sociedade que entretanto ele ainda não gerou pelo seu movimento dialético. Quando a seguir o Sr. Proudhon, por intermédio da razão pura, passa à parturição das outras fases, ele as trata como se fossem crianças recémnascidas, mas se esquece que são da mesma idade que a primeira[16].

Assim, para chegar à constituição do valor, que para ele está na base de todas as evoluções da economia, ele não pode passar sem a divisão do trabalho, sem a concorrência, etc. entretanto na *série*, no *entendimento* do Sr. Proudhon, na *sucessão lógica*, estas relações ainda não existiam ainda.

Construindo-se com as categorias[17] da economia política o edifício de um sistema ideológico, desloca-se os membros de todo o sistema social. Transforma-se os diferentes membros da sociedade em tantas outras sociedades à parte, que chegam umas depois das outras. Como, com efeito, apenas a fórmula lógica do movimento, da sucessão, do tempo, poderia explicar o corpo da sociedade, no qual todas as relações coexistem simultaneamente e suportam-se umas às outras?

QUARTA OBSERVAÇÃO

Vejamos agora a quais modificações o Sr. Proudhon submeteu a dialética de Hegel, ao aplicá-la à economia política.

Para ele, o Sr. Proudhon, toda a categoria econômica possui dois lados: um bom e outro mau. Ele considera as categorias como um pequeno burguês considera os grandes homens da história: *Napoleão* é um grande homem; ele fez muito bem, mas fez também muito mal[18].

---

[16] [P.]: Eu digo precisamente tudo isto. Dizei-me vós como vos arranjareis para falar sucessivamente de todos os objetos da Economia Política!

[17] [P.]: Quem vos falou disto? Vossa terceira observação não passa de uma calúnia!

[18] [P.]:Eu mesmo fiz a crítica desta maneira de raciocinar. Para uns, Napoleão é um semideus, para outros um flagelo. Estarão, uns ou outros, mais próximos da verdade que este pequeno burguês?

O *lado bom* e o *lado mau*, a *vantagem* e o *inconveniente*, tomados em conjunto formam para o Sr. Proudhon a *contradição* de cada categoria econômica.

Problema a resolver: Conservar o lado bom eliminando o mau. A *escravidão* é uma categoria econômica como outra qualquer[19]. Ela terá portanto os seus dois lados. Deixemos de lado o lado mau e falemos apenas do belo lado da escravidão. É claro que se trata da escravidão direta, da escravidão dos negros no Suriname, no Brasil, nas regiões meridionais da América do Norte.

A escravidão direta é um eixo da indústria burguesa tanto quanto as máquinas, o crédito, etc. Sem a escravidão não teríamos algodão, sem algodão não teríamos a indústria moderna. É a escravidão quem dá valor às colônias e foram as colônias que criaram o comércio universal e é o comércio universal que é a condição da grande indústria. Assim, a escravidão é uma categoria econômica da mais alta importância.

Sem a escravidão a América do Norte, o país mais progressivo, se transformaria em um país patriarcal. Apaguemos a América do Norte do mapa do mundo e teremos apenas a anarquia, a decadência completa do comércio e da civilização modernos. Façamos desaparecer a escravidão e teremos apagado a América do mapa dos povos[20].

A escravidão também, por ser uma categoria econômica, sempre fez parte das instituições dos povos. Os povos modernos apenas souberam disfarçar a escravidão em seus próprios países, mas a impuseram sem disfarces no Novo Mundo.[21]

Como o Sr. Proudhon se arranjaria para salvar a escravidão? Ele colocaria o problema: Conservar o lado bom desta categoria econômica, eliminando o lado mau.

---

[19] [P.]: Calúnia desavergonhada!

[20] [F.E]: (Nota de Engels para a edição alemã de 1885). Isto era perfeitamente justo em 1847. O comércio mundial dos Estados Unidos limitava-se então principalmente à importação de emigrantes e de produtos industrializados e à exportação de algodão e de tabaco, produtos pois do trabalho dos escravos do Sul. O Norte produzia sobretudo trigo e carne para os estados escravistas. A abolição da escravidão foi possível apenas quando o Norte produziu trigo e carne para exportação e tornou-se além disto uma região industrial e quando o monopólio do algodão norte-americano foi ameaçado pela poderosa concorrência das Índias, do Egito, do Brasil, etc.. A conseqüência de tudo isto foi a ruína econômica do Sul, que não tinha conseguido substituir a escravidão aberta dos negros pela escravidão camuflada dos "coolies" hindus e chineses.

[21] [P]: Isto é apenas pérfido, e não razoável. A escravidão, extremo do proletariado, isto é, extremo da inferioridade relativa, tem sua razão de ser que a fará existir sempre, não como escravidão mas como *aprendizagem* ou como coisa análoga. É sempre como o caso da alfândega.

Hegel não tem problemas a colocar. Ele possui apenas a dialética. O Sr. Proudhon possui, da dialética de Hegel, apenas a linguagem. O movimento dialético pessoal do Sr. Proudhon é a distinção dogmática entre o que é bom e o que é mau[22, 23].

Tomemos por um instante o próprio Sr. Proudhon como categoria. Examinemos o seu lado bom e o seu lado mau, suas vantagens e seus inconvenientes.

Se ele possui sobre Hegel a vantagem de colocar problemas, que ele se guarda de resolver pelo bem maior da humanidade, ele possui o inconveniente de ser golpeado pela esterilidade quando se trata de gerar, pelo trabalho de parto dialético, uma categoria nova. O que constitui o movimento dialético, é a coexistência dos dois lados contraditórios, sua luta e sua fusão em uma categoria nova. Ao se colocar o problema e se eliminar o seu lado mau, corta-se pura e simplesmente o movimento dialético[24]. Não é mais a categoria que se põe e se opõe a si mesma por sua natureza contraditória. É o próprio Sr. Proudhon que se comove, que debate-se que agita-se entre os dois lados da categoria.

Tomado desta forma em um impasse, do qual é difícil sair por meios legais, o Sr. Proudhon dá uma verdadeira pirueta que o transporta, de uma única vez, para uma nova categoria. É então que se desvela diante de seus olhos espantados a *série no entendimento*.

Ele toma a primeira categoria chegada e atribui-lhe arbitrariamente a qualidade de remediar os inconvenientes da categoria que se trata de depurar. Assim os impostos remediam, a se crer no Sr. Proudhon, os inconvenientes do monopólio, a balança de comércio os inconvenientes dos impostos e a propriedade fundiária os inconvenientes do crédito.

Tomando assim sucessivamente as categorias econômicas uma a uma e fazendo desta o *antídoto* para aquela, o Sr. Proudhon chega a fazer com esta mistura de contradições dois volumes de contradições que ele mui justamente denomina: O Sistema das Contradições Econômicas[25].

---

[22] [N.T.]: *son mouvement dialectique, à lui, c'est la distinction dogmatique du bon et du mauvais*. Optamos pela tradução perifrásica por julgar assim obter maior precisão.

[23] [P.]: Absurdo!

[24] [P.]: Quem alguma vez vos falou de eliminação?

[25] [P.]: Vossa quarta observação não passa de uma mentira e de uma (ilegível) calúnia! (N.E.: esta nota não tem destaque grifado: segue-se ao texto do último parágrafo de Marx).

QUINTA OBSERVAÇÃO

Na razão absoluta, todas estas idéias...são igualmente simples e gerais... De fato, chegamos à ciência apenas através de uma *espécie de arcabouço* das nossas idéias. Mas a verdade em si é independente destas figuras dialéticas e liberta das combinações de nosso espírito[26,27].

Eis que subitamente, por uma espécie de cambalhota cujo segredo agora conhecemos, a metafísica da economia política que se torna uma ilusão! Nunca o Sr. Proudhon disse maior verdade. Certamente, a partir do momento no qual o procedimento do movimento dialético se reduz ao simples procedimento de opor o bom ao mau, ao procedimento de se colocar os problemas de modo a tender a eliminar o mau e de dar uma categoria como antídoto da outra, as categorias não têm mais espontaneidade; a idéia "não mais *funciona*"; ela não tem mais vida em si. Ela não mais se põe nem se decompõe em categorias. A sucessão das categorias torna-se então uma espécie de *andaime*[28]. A dialética não mais é o movimento da razão absoluta. Não há mais dialética, há no máximo a moral toda pura.

---

[26] [M.]: PROUDHON: t. II, pp. 130-131.

[27] [N.T.]: Como de hábito Marx *trunca* a passagem citada de Proudhon e insere uma ênfase que não existe no texto original. Citamos abaixo, *in extenso*, a tradução da referida passagem de Proudhon para que o leitor avalie o seu real teor. Note o leitor igualmente que muito da crítica estabelecida por Marx na observação anterior poderia ser facilmente refutada pela leitura destas páginas do parágrafo 3º do Capítulo IX d'As Contradições: "*Elevemo-nos agora a mais altas considerações. Cairíamos em uma ilusão estranha se imaginássemos que as idéias em si mesmas se compusessem e se decompusessem, se generalizassem e se simplificassem como parece que vemos nos procedimentos dialéticos. Na razão absoluta, todas estas idéias que classificamos e diferenciamos ao sabor de nossa faculdade de comparar e para as necessidades de nosso entendimento, são igualmente simples e gerais; elas são iguais, se ouso assim dizer, em dignidade e potência; elas poderiam todas ser tomadas pelo eu supremo (será que o eu supremo raciocina?) como premissas ou conseqüências, como eixos ou raios destes raciocínios.*
De fato, chegamos à ciência apenas através de uma espécie de arcabouço das nossas idéias. Mas a verdade em si é independente destas figuras dialéticas e liberta das combinações de nosso espírito; da mesma forma como as leis do movimento, da atração e da associação dos átomos são independentes do sistema de numeração através do qual nossas teorias as exprimem. Não se segue daí que nossa ciência seja falsa ou duvidosa; apenas poderíamos dizer que a verdade em si é uma infinidade de vezes mais verdadeira que a nossa ciência, posto que ela é verdadeira sob uma infinidade de pontos de vista que nos escapam, como, por exemplo, as proporções atômicas que são válidas em todos os sistemas de numeração possíveis." (P.J. PROUDHON: Sistema das Contradições Econômicas, cap. IX (Da Balança de Comércio), parágrafo 3).

[28] [N.T.]: *échafaudage* no original francês.

Quando o Sr. Proudhon falava da *série no entendimento*, da *sucessão lógica das categorias*, ele declarava positivamente que não queria dar a *história segundo a ordem do tempo*, isto é, <u>segundo o Sr. Proudhon, a sucessão histórica</u>[29] na qual as categorias *se manifestaram*. Tudo se passava então para ele no *éter puro da razão*. Tudo deveria decorrer deste éter através da dialética. Agora, que se trata de colocar em prática esta dialética a razão lhe falta. A dialética do Sr. Proudhon dá um passo em falso com relação à dialética de Hegel e eis que o Sr. Proudhon é levado a dizer que <u>a ordem na qual ele dá as categorias econômicas não é mais a ordem na qual elas se engendram umas às outras</u>[30]. As evoluções econômicas não são mais as evoluções da própria razão.

O que é pois que o Sr. Proudhon nos dá? A história real, isto é, segundo o entendimento do Sr. Proudhon, a sucessão segundo a qual as categorias se *manifestaram* na ordem dos tempos? Não. A história tal como se passa na própria idéia? Bem menos ainda. Assim, não há história profana das categorias e nem sua história sagrada! Qual história ele nos dá por fim? A história de suas próprias contradições. Vejamos como elas caminham e como elas arrastam o Sr. Prodhon atrás de si.

Antes de abordar este exame, que dá lugar à sexta observação importante, temos ainda uma observação menos importante à fazer.

Admitamos, com o Sr. Proudhon, que a história real, a história segundo a ordem dos tempos é a sucessão histórica na qual as idéias, as categorias e os princípios se manifestaram.

Cada princípio teve o seus século para nele se manifestar: o princípio de autoridade, por exemplo, teve o século XI, da mesma forma como o princípio do individualismo teve o século XVIII. <u>De conseqüência em conseqüência, acabou sendo o século quem pertencia ao princípio e não o princípio quem pertencia ao século</u>[31]. Em outros termos seria o princípio quem faria a história e não a história quem faria o princípio.

Quando a seguir, e para salvar tanto os princípios quanto a história, perguntamos porque tal princípio manifestou-se no século XI ou no século XVIII e não em nenhum outro, somos forçados a examinar minuciosamente quais eram os homens do século XI e quais os do

---

[29] [P.]: Isto não existe.

[30] [P.]: Isto é falso. Apreciar a lógica pelo seu justo valor não é a mesma coisa que negar a lógica!

[31] [P.]: Quem vos falou disto, quando eu digo positivamente o contrário?

século XVIII; quais eram as suas necessidades respectivas, suas forças produtivas, seu modo de produção, as matérias-primas de sua produção, enfim quais eram as relações de homem para homem que resultavam de todas estas condições de existência. Aprofundar todas estas questões não seria fazer a história real, profana, dos homens em cada século? Não seria representar estes homens ao mesmo tempo como autores e atores de seu próprio drama? Mas no momento em que representamos os homens como autores e atores de sua própria história[32] teríamos, por um desvio, chegado ao verdadeiro ponto de partida, posto que teríamos abandonado os princípios eternos dos quais antes falávamos.

O Sr. Proudhon nem mesmo chegou a avançar o suficiente no caminho transverso que toma o ideólogo para ganhar a grande estrada da história.

SEXTA OBSERVAÇÃO

Tomemos, juntamente com o Sr. Proudhon, este caminho transverso.

Bem que gostaríamos que as relações econômicas, consideradas como *leis imutáveis*, como *princípios eternos*, como *categorias ideais*, fossem anteriores aos homens ativos e atuantes[33]; bem desejaríamos também que estas leis, estes princípios, estas categorias tivessem, desde a origem dos tempos, dormitado na "razão impessoal da humanidade". Nós já vimos que com todas estas eternidades imutáveis e imóveis não há mais história; há no máximo uma história na idéia, isto é, a história que se reflete no movimento dialético da razão pura. O Sr. Proudhon, ao dizer que no movimento dialético as idéias não mais se *"diferenciam"*, anulou tanto a *sombra* do movimento quanto o *movimento das sombras*, através dos quais teria sido possível ainda criar um simulacro de histó-

---

[32] [P.]: Eis que tenho a infelicidade de pensar como vós! Teria eu porventura alguma vez pretendido que os princípios sejam outra coisa que não a representação intelectual e não a causa geratriz dos fatos? Vossa quinta observação é uma imputação caluniosa. O verdadeiro sentido da obra de Marx é que ele, por toda a parte, lamenta que eu tenha pensado como ele e que o tenha dito antes dele. E ele tenta fazer o leitor acreditar que é ele, Marx, quem, depois de ter-me lido, lamenta-se de pensar como eu penso!...Que homem!

[33] [P.]: Não tenho necessidade de vossa suposição.

ria[34]. Ao invés disto ele imputa à história a sua própria impotência. Ele implica com tudo, até com a língua francesa:

> Não é pois exato dizer, *diz o Sr. Proudhon, o filósofo,* que alguma coisa *advém,* que alguma coisa *se produz:* na civilização, assim como no universo, tudo age desde sempre. *Assim ocorre com toda a economia social* [35,36].

---

[34] [N.T.]: Alusão irônica ao "mito da caverna", tema central da gnoseologia platônica, segundo o qual o conhecimento do homem preso ao corpo material seria apenas o conhecimento das sombras das idéias – o real, único e verdadeiro – projetado pelo demiurgo na parede da caverna da alma. "Cinetizando" o mito, ou melhor negando à construção proudhoniana sequer o estatuto de operador cinético de sombras, Marx tenta esvaziar de qualquer substância a filosofia e a dialética da história de Proudhon. Tanto a Psicanálise quanto a leitura das obras posteriores de Marx, mormente a Contribuição à Crítica da Economia Política e o 1º Volume *d'O Capital,* quando comparadas às Contradições mostrarão facilmente ao leitor as razões deste azedume...

[35] [M.]: PROUDHON: t. II, p. 154.

[36] [N.T.]: Mais uma vez um certo "recorte habilidoso" permite colocar na boca de outrem as palavras convenientes. Aqui segue a passagem citada em seu contexto, conforme nossa tradução: "*Assim a ciência no homem é a contemplação interior do verdadeiro. O verdadeiro capta a nossa inteligência apenas com o auxílio de um mecanismo que sabe estendê-lo, agenciá-lo, moldá-lo e dar-lhe um corpo e um rosto, mais ou menos como se vê a "moral da história" figurada e dramatizada em uma fábula. Ousaria mesmo dizer que entre a verdade disfarçada pela fábula e a mesma verdade vestida pela lógica, não há diferença essencial. No fundo, a poesia e a ciência são de mesmo temperamento, a religião e a filosofia não diferem e todos os sistemas são como estes bordados de palhetas, todas de tamanho, cor, figura e matéria semelhantes e suscetíveis de se prestar a todas as fantasias do artista.*

Porque pois me entregaria ao orgulho de um saber que, depois de tudo, testemunha unicamente a minha fraqueza e porque eu ficaria, voluntariamente, como o tolo de uma imaginação cujo único mérito é o de falsear o meu julgamento, crescendo até o tamanho de sóis os pontos brilhantes esparsos no fundo obscuro de minha inteligência? Aquilo que denomino em mim ciência nada mais é que uma coleção de brinquedos, um sortimento de infantilidades sérias, que passam e repassam sem cessar em meu espírito. Estas grandes leis da sociedade e da natureza, que me parecem alavancas sobre as quais a mão de Deus se apóia para impelir o universo, são fatos tão simples quanto uma infinidade de outros sobre os quais não me detenho, fatos perdidos no oceano das realidades, nem mais e nem menos dignos de minha atenção que os átomos. Esta sucessão de fenômenos cujo brilho e rapidez me esmagam, esta tragicomédia da humanidade que sucessivamente arrebata-me e espanta-me, nada é fora de meu pensamento que é o único que tem o poder de complicar o drama e alongar o tempo.

Mas se é próprio da razão humana construir, sobre o fundamento da observação, estas maravilhosas obras pelas quais ela se representa a sociedade e a natureza, ela não cria a verdade, ela nada mais faz que escolher, entre a infinidade das formas do ser, aquela que mais lhe agrada. Segue-se daí que para que o trabalho da razão humana torne-se possível, para que haja de sua parte um começo de comparação e de análise, é preciso que a verdade, a fatalidade inteira, seja dada. Não é pois exato dizer que alguma coisa advém, que alguma coisa se produz: na civilização, assim como no universo, tudo age desde sempre.

Assim a lei do equilíbrio se manifesta desde o momento em que se estabelecem relações entre os proprietários de dois campos vizinhos; não é erro dela se, através de nossas fantasias de restrições, de proibições e de prodigalidades, nós não tenhamos sabido descobri-la.

Tal é a força produtora das contradições[37] que *funcionam* e que fazem funcionar o Sr. Proudhon, que querendo explicar a sua história é forçado a negá-la, que querendo explicar a sucessiva chegada das diferentes relações sociais, nega que alguma coisa possa *advir*, que querendo explicar a produção com todas as suas fases, contesta *que alguma coisa possa produzir-se*[38].

Assim para o Sr. Proudhon não há mais história, não há mais sucessão de idéias e seu livro, não obstante, sempre subsiste; este livro é, segundo a própria expressão do Sr. Proudhon, a *história segundo a sucessão das idéias*. Como encontrar então uma fórmula, posto que o Sr. Proudhon é o homem das fórmulas, que o auxilie a poder saltar *em um único lance* para além de todas as suas contradições?

Para isto ele inventou uma nova razão[39], que não é nem a razão absoluta, pura e virgem, nem a razão comum dos homens ativos e

---

Assim ocorre com toda a economia social. Por toda a parte, a idéia sintética funciona ao mesmo tempo que seus elementos antagonistas e enquanto nos figuramos o progresso humano como uma perpétua metamorfose, este progresso nada mais é, na realidade, que a predominância gradual de uma idéia sobre a outra, predominância e gradação que nos aparecem como se os véus que nos furtam de nós mesmos se retirassem insensivelmente.

Destas considerações é preciso concluir, e isto será ao mesmo tempo o resumo deste parágrafo e o anúncio de uma solução mais elevada:

Que a fórmula de organização da sociedade pelo trabalho deve ser tão simples, tão primitiva, de uma inteligência e de uma aplicação tão fáceis, que esta lei do equilíbrio que, descoberta pelo egoísmo, sustentada pelo ódio, caluniada por uma falsa filosofia, equalize entre os povos as condições de trabalho e de bem-estar;

Que esta fórmula suprema, que abraça ao mesmo tempo o passado e o futuro da ciência, deve satisfazer igualmente aos interesses sociais e à liberdade individual; que deve conciliar a concorrência e a solidariedade, o trabalho e o monopólio, ou em uma palavra, todas as contradições econômicas;

Que esta fórmula existe na razão impessoal da humanidade, que ela atua e funciona hoje e desde a origem das sociedades, assim como as idéias negativas que a constituem; que é ela quem faz viver a civilização, quem determina a liberdade, governa o progresso e, entre tantas oscilações e catástrofes, nos leva por um esforço certeiro para a igualdade e a ordem.

Em vão trabalhadores e capitalistas se esgotam em uma luta brutal; em vão a divisão parcelar, as máquinas, a concorrência e o monopólio dizimam o proletariado; em vão a iniqüidade dos governos e a mentira do imposto, a conspiração dos privilégios, a decepção do crédito a tirania proprietária e as ilusões do comunismo multiplicam sobre os povos a servidão, a corrupção e o desespero: o carro da humanidade rola, sem deter-se e sem recuar jamais sobre a sua rota fatal e as coalizões, as fomes e as bancarrotas parecem ser menos sob suas rodas imensas que os picos dos Alpes ou das Cordilheiras sobre a face unida do globo. O Deus, com a balança na mão, avança com majestade serena e a areia do caminho imprime ao duplo prato desta apenas um fremido invisível. (P. J. PROUDHON: Sistema das Contradições Econômicas, cap. IX (Da Balança de Comércio), parágrafo 3).

[37] [P.]: Aparecer e existir são duas coisas diferentes das quais a primeira é verdadeira para nós apenas.

[38] [P.]: Sim, produção é aparição!

[39] [P.]: Sempre gracejais de avanço, meu caro senhor; que tal começardes por ter razão?

atuantes nos diferentes séculos, mas que é, sim, uma razão totalmente à parte, a razão da sociedade-pessoa, do sujeito *humanidade*, que sob a pena do Sr. Proudhon às vezes também começa como *gênio social* ou *razão geral* e em último lugar termina como *razão humana*...Esta razão, enfarpelada com tantos nomes, se faz entretanto reconhecer a cada instante como a razão individual do Sr. Proudhon, com o seu lado bom e seu lado mau, seus antídotos e seus problemas.

"A razão humana não cria a verdade" oculta nas profundidades da razão absoluta e eterna. Ela pode apenas desvelá-la. Mas as verdades que ela desvelou até o presente são incompletas, insuficientes e portanto contraditórias. As categorias econômicas portanto, sendo elas mesmas verdades descobertas e reveladas pela razão humana, pelo gênio social, são igualmente incompletas e encerram o germe da contradição. Antes do Sr. Proudhon o gênio social viu apenas os *elementos antagonistas* e não a *fórmula sintética*, ocultos ambos na *razão absoluta*. As relações econômicas, ao nada mais fazer senão realizar sobre a terra estas verdades insuficientes, estas categorias incompletas, estas noções contraditórias, são pois contraditórias em si mesmas, apresentando os dois lados, um deles sendo bom e o outro mau.

Encontrar a verdade completa, a noção em toda a sua plenitude, a fórmula sintética que aniquile a economia, eis o problema do gênio social. Eis também porque, na ilusão do Sr. Proudhon, o próprio gênio social foi impelido de uma categoria para a outra, sem ter ainda conseguido chegar, com toda a bateria de suas categorias, a arrancar de Deus, da razão absoluta, uma fórmula sintética.

De início, a sociedade (o gênio social) coloca um primeiro fato, emite uma *hipótese*...verdadeira antinomia cujos resultados antagônicos desenvolvem-se na economia social, da mesma maneira como as conseqüências poderiam ter-se deduzido no espírito, de modo que o movimento industrial, seguindo em tudo a dedução das idéias, divide-se em uma dupla corrente, uma a dos efeitos úteis e a outra a dos resultados subversivos... Para constituir harmonicamente tal princípio de dupla face e resolver esta antinomia, a sociedade faz surgir uma *segunda*, que logo será seguida por uma terceira e tal será a *marcha do gênio social* até que este, tendo esgotado todas as suas contradições – e isto eu suponho, mas não está provado que a contradição na humanidade tenha um fim – ele retorne de um único salto sobre todas as suas posições anteriores e, em uma única fórmula, resolva todos os seus problemas[40,41].

Assim como anteriormente, a *antítese* transformou-se em *antídoto*, da mesma forma como a *tese* transformou-se em *hipótese*. Esta mudança de termos nada mais tem que possa estranhar-nos, da parte do Sr. Proudhon. A razão humana, que é nada menos que pura, que possui apenas visões incompletas, encontra a cada passo novos problemas a resolver. Cada nova tese que ela descobre na razão absoluta, e que é a negação da tese primeira, torna-se para ela uma síntese, que ela aceita muito ingenuamente como solução do problema em questão. É desta forma que esta razão debate-se entre contradições sempre novas até que, chegando ao final das contradições, ela se aperceba que todas as suas teses e sínteses nada mais são que hipóteses contraditórias. Em sua perplexidade

a razão humana, o gênio social, retorne de um único salto sobre todas as suas posições anteriores e, em uma única fórmula, resolva todos os seus problemas[42].

Esta fórmula única, digamos de passagem, constitui a verdadeira descoberta do Sr. Proudhon. É o *valor constituído*.

Ora, fazemos hipóteses tendo em vista uma meta qualquer. A meta que em primeiro lugar se propunha o gênio social que fala pela boca do Sr. Proudhon, era a de eliminar o que há de mau em cada categoria econômica, para deixar apenas o que é bom. Para ele o bom, o bem supremo, a verdadeira meta prática, é a *igualdade*. E por que o gênio social se proporia a igualdade e não a desigualdade, a fraternidade, o catolicismo ou qualquer outro princípio? Porque

a humanidade realizou sucessivamente tantas hipóteses particulares apenas porque tinha em vista uma hipótese superior,

---

[40] [M.]: PROUDHON, t. I, p. 137.

[41] [N.T.]: Mais uma vez Marx aqui *altera e recorta* a citação de Proudhon, embora desta vez sem muito alterar o seu pensamento. A passagem integral que Marx aqui cita pode ser encontrada em nossa tradução do Tomo I das Contradições no 3º parágrafo da página 217 (Ícone Editora 2003).

[42] [N.T.]: Ver o comentário da nota anterior.

que é precisamente a igualdade. Em outras palavras: porque a igualdade é o ideal do Sr. Proudhon[43]. Ele imagina que a divisão do trabalho, o crédito, a oficina, que todas as relações econômicas foram inventadas apenas para benefício da igualdade, mas que acabaram por se voltar contra ela. Daí deriva o fato de que a história e a ficção do Sr. Proudhon contradigam-se a cada passo e de que este último conclua que nelas haja contradição. Se contradição existe, ela reside apenas entre a sua idéia fixa e o movimento real.

Doravante o bom lado de uma relação econômica é aquele que afirma a igualdade e o mau lado é aquele que a nega e que afirma a desigualdade. Toda nova categoria é uma hipótese do gênio social para eliminar a desigualdade engendrada pela hipótese precedente. Em resumo, a igualdade é a *intenção primitiva*, a *tendência mística*, a *meta providencial* que o gênio social constantemente tem sob os olhos ao revirar no círculo das contradições econômicas. Desta forma também *Providência* é a locomotiva que melhor faz marchar toda a bagagem econômica do Sr. Proudhon, assim como a sua razão pura e evaporada. Ele consagrou à Providência todo um capítulo que segue o capítulo sobre os impostos.

Providência, meta providencial, eis a grande palavra da qual a gente se serve hoje em dia para explicar a marcha da história. De fato, tal palavra não explica nada. É no máximo uma forma declamatória, uma maneira como outra qualquer de parafrasear os fatos[44, 45].

É um fato que na Escócia as propriedades rurais obtiveram um novo valor pelo desenvolvimento da indústria inglesa. Esta indústria abriu novos mercados para a lã. Para produzir lã em grande escala era preciso transformar os campos aráveis em pastagens. Para efetuar estas transformações era preciso concentrar as propriedades. Para concentrar as propriedades, era preciso abolir as pequenas posses e expulsar milhares de posseiros de sua terra natal e colocar em seu lugar alguns pastores

---

[43] [P.]: Conversa mole!

[44] [P.]: Pronto! Eis-me também culpado de adoração à Providência!

[45] [N.E.]: Se o título do capítulo VIII: "Da responsabilidade do Homem e de Deus sob a Lei da Contradição, ou Solução do Problema da Providência" parece à primeira vista dar razão a Marx, o seu conteúdo não deixa dúvidas sobre o pensamento de Proudhon, que rejeita "a jurisdição do Ser Supremo sobre o homem" e que considera que os atributos da Providência nada mais são que "uma caricatura da humanidade, inconciliável com a autonomia da civilização e desmentida aliás pela história de suas aberrações e de suas catástrofes" (PROUDHON t. I, p. 42). "O dogma da providência está pois demonstrado falso, de fato e de direito" (Idem p. 51).

vigiando milhões de carneiros. Assim, através de transformações sucessivas, a propriedade rural na Escócia teve por resultado fazer com que os homens fossem expulsos pelos carneiros e teremos, desta forma, feito história providencial[46].

Certamente a tendência à igualdade pertence ao nosso século. Dizer agora que todos os séculos anteriores, com necessidades, meios de produção etc. completamente diferentes, trabalharam providencialmente para a realização da igualdade é, antes de mais nada, substituir os homens e os meios dos séculos anteriores pelos meios e pelos homens de nosso século e menoscabar o movimento histórico através do qual as sucessivas gerações transformaram[47] os resultados adquiridos pelas gerações que as precederam. Os economistas sabem muito bem que a mesma coisa que para alguns seria a matéria acabada, para outros seria matéria-prima de uma nova produção.

Suponhamos, como faz o Sr. Proudhon, que o gênio social produziu, ou melhor improvisou, os senhores feudais, com o fim providencial de transformar os *colonos* em *trabalhadores responsáveis* e *igualitários*, teríamos feito uma substituição de metas e de pessoas muito digna desta Providência que, na Escócia, instituía a propriedade rural para se dar o perverso prazer de fazer com que os homens fossem dela expulsos pelos carneiros.

Mas como o Sr. Proudhon se toma de um interesse tão terno pela Providência[48], nós o remetemos à *Histoire de l'Économie Politique* do Sr. de Villeneuve-Bargemont que também corre atrás de um fim providencial. Mas nele esta meta não é mais a igualdade, é o catolicismo.

SÉTIMA E ÚLTIMA OBSERVAÇÃO

Os economistas possuem uma singular maneira de proceder. Para eles existem apenas dois tipos de instituições: as da arte e as da

---

[46] [P.]: Pasquinada!

[47] [P.]: Que chicana é esta? As gerações transformam! – Eu digo que um mesmo princípio une, governa, todas estas manifestações. – Não sei o que seja esta transformação. A França de 1789 transformou seu monarca absoluto em monarca constitucional. Seja. Eis vosso estilo. Eu, por meu lado, digo que o Estado, em 89, regularizou a divisão de poderes políticos que já existia antes de 89. O leitor julgará. Esta sexta observação incide sobre Hegel e nada extraiu de novo.

[48] [P.]: Quanta besteira escrita sobre aquilo que escrevi! Na verdade, Marx está com ciúmes.

natureza. As instituições do feudalismo são instituições artificiais, as da burguesia são instituições naturais. Eles assemelham-se neste ponto aos teólogos que igualmente estabelecem dois tipos de religião. Toda a religião que não seja a sua é uma invenção dos homens, ao passo que a sua própria religião é uma emanação de Deus. Dizendo que as relações atuais – as relações de produção burguesas – são naturais, os economistas dão a entender que cá estão relações nas quais se cria a riqueza e se desenvolvem as forças produtivas, conforme as leis da natureza. Portanto tais relações são em si mesmas leis naturais independentes da influência do tempo. São leis eternas que devem reger a sociedade para sempre. Assim, já houve história, mas doravante não mais haverá. Houve história, porque existiram as instituições feudais e porque nas instituições feudais encontram-se relações de produção completamente diferentes das relações da sociedade burguesa, que os economistas querem fazer passar por naturais e portanto por eternas.

O feudalismo também possuía o seu proletariado – a servidão – que encerrava todos os germes da burguesia. A produção feudal também possuía dois elementos antagonistas, que são habitualmente designados sob o nome de *belo lado* e de *lado ruim* do feudalismo, sem nunca se considerar que é sempre o lado mau quem acaba por levar a melhor sobre o lado bom. Foi o lado mau quem produziu o movimento da história, constituindo a luta. Se, na época do reinado do feudalismo os economistas, entusiasmados pelas virtudes cavalheirescas, pela bela harmonia entre os direitos e os deveres, pela vida patriarcal das cidades, pelo estado de prosperidade da indústria doméstica nos campos, pelo desenvolvimento da indústria organizada pelas corporações, jurandas e mestrados, entusiasmados enfim por tudo aquilo que constitui o belo lado do feudalismo, se tivessem proposto o problema de eliminar tudo aquilo que lançasse sombras sobre este quadro – servidão, privilégios, anarquia – o que teria acontecido? Teriam sido aniquilados todos os elementos que constituem a luta e teria sido afogado em seu germe o desenvolvimento da burguesia. Ter-se-ia colocado o absurdo problema de eliminar a história.

Quando a burguesia venceu, não mais se tratava nem do lado bom nem do mau do feudalismo. As forças produtivas que tinham sido desenvolvidas por ela sob o feudalismo, foram definitivamente adquiridas. Todas as antigas formas econômicas, as relações civis que lhe correspondiam, o estado político que era a expressão oficial da antiga sociedade civil, foram rompidos.

Assim, para bem julgar a produção feudal[49] é preciso considerá-la como um modo de produção fundado sobre o antagonismo. É preciso mostrar como a riqueza se produzia no interior deste antagonismo, como as forças produtivas se desenvolviam ao mesmo tempo que o antagonismo das classes, como uma das classes, o lado mau, o inconveniente da sociedade, estava sempre crescendo, até que as condições materiais de sua emancipação chegassem a um ponto de maturidade. Deveríamos então dizer que o modo de produção, as relações nas quais as forças produtivas se desenvolvem, são apenas leis eternas, ou teríamos que dizer que elas correspondem a um desenvolvimento determinado dos homens e de suas forças produtivas e que uma mudança ocorrida nas forças produtivas dos homens conduz necessariamente a uma mudança em suas relações de produção? Como o que importa, antes de mais nada, é não se ficar privado dos frutos da civilização, das forças produtivas adquiridas, é preciso romper as formas tradicionais nas quais elas foram produzidas. A partir deste momento a classe revolucionária torna-se conservadora[50].

A burguesia começa com um proletariado que, em si mesmo, é um resto do proletariado dos tempos feudais. No curso de seu desenvolvimento histórico, a burguesia desenvolve necessariamente seu caráter antagonista, que no começo está mais ou menos disfarçado, que existe apenas em estado latente. Na medida em que a burguesia se desenvolve, desenvolve-se em seu seio um novo proletariado, um proletariado moderno: desenvolve-se também uma luta entre a classe proletária e a classe burguesa, luta esta que, antes de ser sentida pelos dois lados, antes de ser percebida, apreciada, compreendida, confessada e altamente proclamada, manifesta-se previamente apenas por conflitos parciais e momentâneos, por fatos subversivos. Por outro lado, se todos os membros da burguesia moderna possuem o mesmo interesse, enquanto formam uma classe com relação a outra classe, eles possuem interesses opostos e antagônicos quando se acham uns frente a frente com os outros. Esta oposição de interesses decorre das condições econômicas de sua vida burguesa. A cada dia que passa torna-se mais claro que as relações de produção nas quais a burguesia se move não possuem

---

[49] [P.]: Será que Marx tem a pretensão de dar tudo isto como sendo seu, em oposição a algo em contrário que eu tenha dito?

[50] [N.E.]: Seria preciso subentender em Marx: "exceto a classe operária".

um caráter uno, um caráter simples, mas sim um caráter de duplicidade; fica claro que nas mesmas relações nas quais se produz a riqueza, a miséria também se produz; que nas mesmas relações nas quais existe desenvolvimento das forças produtivas, há também um força produtora de repressão; que estas relações produzem a *riqueza burguesa*, quer dizer a riqueza da classe burguesa, apenas aniquilando continuamente a riqueza dos membros integrantes desta classe e daí produzindo um proletariado sempre crescente[51].

Quanto mais o caráter antagonista se ilumina, mais os economistas, os representantes científicos da produção burguesa, brigam com sua própria teoria e diferentes escolas se formam.

Nós temos os economistas *fatalistas*, que em sua teoria são tão indiferentes a aquilo que denominam os inconvenientes da produção burguesa quanto os próprios burgueses o são na prática aos sofrimentos dos proletários que os ajudam a adquirir as suas riquezas. Nesta escola fatalista existem os clássicos e os românticos. Os clássicos, como Adam Smith e Ricardo, representam uma burguesia que, ainda lutando contra os restos da sociedade feudal, trabalha apenas para depurar as relações econômicas das manchas feudais, para aumentar as forças produtivas e para dar à indústria e ao comércio um novo impulso. O proletariado que participa desta luta absorvido[52] pelo trabalho febril, terá apenas sofrimentos passageiros, acidentais e ele mesmo considera as coisas como sendo assim. Os economistas como Adam Smith e Ricardo, que são os historiadores desta época, não têm outra missão se não a de demonstrar como a riqueza se adquire nas relações de produção burguesa, se não formular tais relações em categorias e em leis e demonstrar o quanto estas leis e estas categorias são, para a produção de riquezas, superiores às leis e categorias da sociedade feudal. A miséria, aos seus olhos, é apenas a dor que acompanha qualquer parto, tanto na natureza quanto na indústria.

Os românticos pertencem à nossa época na qual a burguesia está em oposição direta ao proletariado; na qual a miséria se engendra em abundância tão grande quanto a riqueza. Estes economistas então posam de fatalistas desgostosos que, do alto de sua posição, lançam um

---

[51] [P.]: Mas tudo isso é meu!

[52] [P.]: Eu já disse tudo isso! Marx faz como Vidal. [N.E.: Em seus *Carnets* Proudhon acusará muitas vezes Vidal de pilhá-lo]

supremo olhar de desdém sobre os homens-locomotiva que fabricam as riquezas. Eles copiam todos os desenvolvimentos realizados por seus predecessores e a indiferença que naqueles era ingenuidade, nestes se transforma em coquetaria.

Vem a seguir a escola *humanitária*, que toma a peito o lado mau das relações de produção atuais. Ela busca, através da consciência, remediar por pouco que seja os contrastes reais; ela deplora sinceramente o infortúnio do proletariado e a concorrência desenfreada dos burgueses entre si; ela aconselha os operários a serem sóbrios, a trabalharem bem e a fazerem poucos filhos; ela recomenda aos burgueses colocarem na produção um ardor meditado. Toda a teoria desta escola repousa sobre intermináveis distinções entre a teoria e a prática, entre os princípios e os resultados, entre a idéia e a aplicação, entre o conteúdo e a forma, entre a essência e a realidade, entre o direito e o fato, entre o lado bom e o lado mau.

A escola *filantrópica* é a escola humanitária aperfeiçoada. Ela nega a necessidade do antagonismo; ela quer fazer de todos os homens burgueses; ela quer realizar a teoria, na medida em que a distingue da prática e que não contenha antagonismo. Não é necessário dizer que, na teoria, é fácil fazer abstração das contradições que se encontram a cada passo na realidade. Esta teoria então se tornaria a realidade idealizada. Os filantropos querem pois conservar as categorias que exprimem as relações burguesas sem ter o antagonismo que as constitui e que é inseparável delas. Eles imaginam combater seriamente a prática burguesa e são mais burgueses que os outros.

Da mesma forma como os economistas são os representantes científicos da classe burguesa, da mesma forma os *socialistas* e os *comunistas* são os teóricos da classe proletária. Enquanto o proletariado ainda não se desenvolveu o suficiente para se constituir em classe e enquanto, conseqüentemente, a própria luta do proletariado contra a burguesia, não tomou ainda um caráter político e enquanto as forças produtivas não estão ainda suficientemente desenvolvidas no próprio seio da burguesia, de modo a deixar entrever as condições materiais necessárias à libertação[53] do proletariado e à formação de uma sociedade nova, estes teóricos são apenas utópicos que, para obviar as necessidades das classes oprimidas, improvisam sistemas[54] e correm atrás

---

[53] [N.T.]: *affranchissement* no original francês.
[54] [P.]: Isto é um plágio de meu capítulo I.

141

de uma ciência regeneradora. Mas na medida em que a história caminha e com ela a luta do proletariado se desenha mais nitidamente, eles não têm mais necessidade de buscar ciência[55] em seu espírito; basta que eles se dêem conta do que se passa diante de seus olhos e que se tornem órgão deste movimento. Enquanto eles buscam a ciência e apenas fazem sistemas, enquanto estão no começo da luta, eles vêem na miséria apenas a miséria, sem ver nela o seu lado revolucionário e subversivo, que derrubará a antiga sociedade. A partir deste momento, a ciência produzida pelo movimento histórico, associando-se com plena consciência de causa a este movimento, deixou de ser doutrinária e tornou-se revolucionária.

Voltemos ao Sr. Proudhon[56].

Cada relação econômica possui um lado bom e um lado mau: este é o único ponto no qual o Sr. Proudhon não se desmente. O lado bom ele o vê exposto pelos economistas; o lado mau ele o vê denunciado pelos socialistas. Ele empresta aos economistas a necessidade de relações eternas; ele empresta dos socialistas a ilusão de ver na miséria apenas a miséria. Está de acordo com uns e com outros ao querer se referir à autoridade da ciência. A ciência para ele reduz-se às mínimas proporções de uma fórmula científica; ele é o homem em busca das fórmulas. É desta forma que o Sr. Proudhon gaba-se de ter feito a crítica da economia política e do comunismo: ele está abaixo de um e de outro. Abaixo dos economistas porque, como filósofo que tem à mão uma fórmula mágica, ele acreditou poder se dispensar de entrar em detalhes puramente econômicos; abaixo dos socialistas porque ele não tem nem coragem suficiente, nem luzes o bastante para se elevar, mesmo que seja especulativamente, acima do horizonte burguês.

Ele quer ser uma síntese mas não passa de um erro composto.

Ele quer pairar, enquanto homem de ciência, acima dos burgueses e dos proletários, mas não passa de um pequeno burguês arrastado constantemente entre o Capital e o Trabalho, entre a economia política e o comunismo[57].

---

[55] [N.E.]: Proudhon, de fato condena n'As Contradições todos os socialistas, seja porque a sua crítica social os conduz à utopia e portanto à impotência ou ao totalitarismo.

[56] [P.]: Como *voltemos!* As páginas precedentes são uma pura cópia do que eu disse.

[57] [N.E.]: A palavra "pequeno-burguês" é covarde. Marx despreza aqui toda a parte metodológica das *Contradições Econômicas*, como por exemplo os itens II e III do Capítulo XI. Esta dialética proudhoniana à qual ele antes não poupava elogios e que agora ele despreza. É verdade que no entretempo ele não tinha conseguido convencer Proudhon a colaborar na propaganda comunista.

2. A DIVISÃO DO TRABALHO E AS MÁQUINAS

A divisão do trabalho abre, segundo o Sr. Proudhon, a série das *evoluções econômicas*.

Lado bom da divisão do trabalho

"Considerada em sua essência, a divisão do trabalho é o modo segundo o qual se realiza a *igualdade* das condições e das inteligências." (T.I p.93)

Problema a resolver

Encontrar a "recomposição que apague os inconvenientes da divisão, mas que conserve seus efeitos úteis". (T.I p.97)

Lado ruim da divisão do trabalho

"A divisão do trabalho tornou-se para nós um instrumento de miséria." (T.I p.94)

VARIANTE

"O trabalho, dividindo-se segundo a lei que lhe é própria e que é a condição primeira de sua fecundidade, termina na negação de seus fins e destrói-se a si mesmo." (T.I p.94)

A divisão do trabalho é, segundo o Sr. Proudhon, uma lei eterna, uma categoria simples e abstrata. É preciso pois que a abstração, a idéia, a palavra lhe bastem para explicar a divisão do trabalho nas distintas épocas da história. As castas, as corporações, o regime manufatureiro e a grande indústria devem explicar-se apenas pela palavra *dividir*. Estudemos previamente muito bem o sentido da palavra dividir e não teremos necessidade de estudar as numerosas influências que dão à divisão do trabalho um caráter determinado em cada época. Certamente seria tornar as coisas excessivamente simples, o reduzi-las às categorias do Sr. Proudhon[58]. A História não procede tão categoricamente. Foram precisos três séculos inteiros, na Alemanha,

---

[58] [P.]: E o que isto prova? Que a humanidade progride lentamente.

para se estabelecer a primeira divisão de trabalho em ponto grande, que é a separação das cidades dos campos. Na medida em que se modificava apenas esta única relação da cidade para o campo, a sociedade se modificava inteiramente. Considerando-se apenas a única face da divisão do trabalho, teremos apenas as Repúblicas antigas ou o feudalismo cristão, a antiga Inglaterra com seus barões ou a Inglaterra moderna com seus senhores do algodão (os *cotton-lords*). Nos séculos XIV e XV, quando não havia ainda colônias, quando a América ainda não existia para a Europa, quando a Ásia existia para ela apenas através de Constantinopla, quando o Mediterrâneo era o centro da atividade comercial, a divisão do trabalho possuía uma forma totalmente diferente, um aspecto totalmente diverso do que no século XVII, quando os espanhóis, os portugueses, os ingleses e os franceses tinham colônias estabelecidas em todas as partes do mundo. A extensão do mercado e sua fisionomia dão à divisão do trabalho nas diferentes épocas uma fisionomia, um caráter que seria difícil de deduzir da única palavra *dividir*, da idéia, da categoria.

Todos os economistas, diz o Sr. Proudhon, desde Adam Smith assinalaram as *vantagens* e os *inconvenientes* da lei de divisão, mas sempre insistindo muito mais sobre as primeiras que sobre os segundos, porque isto serviria melhor ao seu otimismo, e sem que nenhum deles jamais tenha se perguntado quais poderiam ser os *inconvenientes de uma lei*... Como o mesmo princípio perseguido rigorosamente nas suas conseqüências conduz a efeitos diametralmente opostos? Nenhum economista, nem antes nem depois de Smith percebeu que aí reside um problema a esclarecer. Say vai até o ponto de reconhecer na divisão do trabalho a mesma causa que produz o bem e gera o mal[59, 60].

---

[59] [N.E.]: Proudhon T.I pp. 107 e 108.

[60] [N.T.]: Mais uma vez a citação está truncada e termina antes de um sinal de ponto e vírgula. Eis o trecho citado, *in extenso*, segundo nossa tradução:

"I) Efeitos antagonistas do princípio de divisão

Todos os homens são iguais na comunidade primitiva, iguais por sua nudez e ignorância, iguais pelo poder indefinido de suas faculdades. Os economistas consideram habitualmente apenas o primeiro destes aspectos e negligenciam totalmente o segundo. Entretanto, segundo os filósofos mais profundos dos tempos modernos, La Rochefoucauld, Helvetius, Kant, Fichte,

Hegel, Jacotot, a inteligência difere nos indivíduos apenas pela determinação *qualitativa* que constitui a especialidade ou a aptidão própria de cada um, enquanto que naquilo que ela tem de essencial, à saber o julgamento, ela é em todos *quantitativamente* igual. Daí resulta que, mais cedo ou mais tarde, na medida em que as circunstâncias forem favoráveis, o progresso geral deve conduzir todos os homens da igualdade original e negativa, para a equivalência positiva de talentos e conhecimentos.

Insisto sobre este dado precioso da psicologia, cuja conseqüência necessária é que a *hierar-quia das capacidades* não poderia ser doravante admitida como princípio e lei da organização: apenas a igualdade é nossa regra, como ela também é nosso ideal. Da mesma forma, assim como demonstramos pela teoria do valor que a igualdade da miséria deve se converter progressivamente na igualdade de bem-estar, da mesma forma a igualdade das almas, negativa em seu começo, pois ela representa apenas o vácuo, deve reproduzir-se positivamente no último termo da educação da humanidade. O movimento intelectual se cumpre paralelamente ao movimento econômico: eles são a expressão, a tradução um do outro; a psicologia e a economia social concordam, ou melhor dizendo, nada mais fazem que desenrolar, cada uma de um ponto de vista diferente a mesma história. É isto o que aparece na grande lei de Smith, a *divisão do trabalho*.

Considerada em sua essência a divisão do trabalho é o modo segundo o qual se realiza a igualdade das condições e das inteligências. É ela que, pela diversidade de funções, dá lugar à proporcionalidade dos produtos e ao equilíbrio nas trocas e conseqüentemente nos abre o caminho da riqueza, bem como, descobrindo-nos o infinito em toda a parte, seja na arte ou na natureza, ela nos conduz a idealizar todas as nossas operações e torna o espírito um criador, isto é, a própria divindade, *mentem diviniorem*, imanente e sensível em todos os trabalhadores.

A divisão do trabalho é portanto a primeira fase da evolução econômica bem como do progresso intelectual: nosso ponto de partida é vérdadeiro do lado do homem e do lado das coisas, e a marcha de nossa exposição nada tem de arbitrário.

Mas nessa hora solene da divisão do trabalho o vento das tempestades começa a soprar sobre a humanidade. O progresso não se dá para todos de uma maneira igual e uniforme, se bem que no final deva atingir e transfigurar toda a criatura inteligente e trabalhadora. Mas ele começa por apossar-se de um pequeno número de privilegiados, que compõem assim a elite das nações, ao passo que a massa persiste ou mesmo mais se afunda na barbárie. É esta acepção das pessoas por parte do progresso que fez com que por longo tempo se acreditasse na desigualdade natural e providencial das condições, que gerou as castas, e constituiu hierarquicamente todas as sociedades. Não se compreende que toda a desigualdade, nada mais sendo que uma negação, trouxesse em si o sinal de sua ilegitimidade e o anúncio de sua decadência, menos ainda se poderia imaginar que esta mesma desigualdade procedesse acidentalmente de uma causa cujo efeito ulterior deveria fazê-la desaparecer inteiramente.

Assim como a antinomia do valor reproduz-se na lei da divisão, o primeiro e o mais potente instrumento de saber e de riqueza que a Providência colocou em nossas mãos, torna-se para nós um instrumento de miséria e de imbecilidade. Eis a fórmula desta nova lei de antagonismo a qual devemos as duas doenças mais antigas da civilização, a aristocracia e o proletariado: O *Trabalho dividindo-se segundo a lei que lhe é própria e que é a condição primeira de sua fecundidade, atinge a negação de seus fins e destrói-se a si mesmo*; em outros termos: *A divisão fora da qual não há mais progresso, nem riqueza, nem igualdade, subalterniza o operário, torna a inteligência inútil, a riqueza nociva e a igualdade impossível.*

Todos os economistas desde Adam Smith assinalaram as *vantagens* e os *inconvenientes* da lei de divisão, mas sempre insistindo muito mais sobre as primeiras que sobre os segundos, porque isto serviria melhor ao seu otimismo, e sem que nenhum deles jamais tenha se perguntado quais poderiam ser os *inconvenientes de uma lei*. Eis como J. B. Say resumiu a questão:

"Um homem que faz durante toda a sua vida uma mesma operação consegue seguramente executá-la melhor e mais rapidamente que um outro homem; mas ao mesmo tempo torna-se

Adam Smith vai mais longe do que pensa o Sr. Proudhon[61]. Ele percebeu muito bem que:

> na realidade, a diferença dos talentos naturais entre os indivíduos é bem menor do que acreditamos. Estas disposições, tão diferentes, que parecem distinguir os homens das diversas profissões quando atingem a maturidade da idade não são tanto a *causa* mas sim o *efeito* da divisão do trabalho[62].

---

menos capaz de qualquer outra ocupação, seja física, seja moral; suas outras faculdades extinguem-se e daí resulta uma degeneração no homem considerado individualmente. É um triste testemunho a dar reconhecer que aquele que jamais fez outra coisa se não a décima oitava parte de um alfinete possa imaginar ser operário simplesmente porque movimentou durante toda a sua vida uma lima ou um martelo; quem está neste estado degenera a dignidade de sua natureza; e é este ainda o caso do homem, que por seu estado, exerce apenas as faculdades mais desligadas de seu espírito...Em resumo pode-se dizer que a separação dos trabalhos é um hábil emprego das forças do homem, que ela faz crescer prodigiosamente os produtos da sociedade, mas que ela subtrai alguma coisa da capacidade de cada homem tomada individualmente". (*Traité d'Economie Politique*).

Assim qual é, depois do trabalho, a causa primeira da multiplicação de riquezas e da habilidade dos trabalhadores? A divisão.

Qual é a causa primeira da decadência do espírito, e como não nos cansaremos de provar da miséria civilizada? A divisão.

Como o mesmo princípio perseguido rigorosamente nas suas conseqüências conduz a efeitos diametralmente opostos? Nenhum economista, nem antes nem depois de Smith percebeu que aí reside um problema a esclarecer. Say vai até o ponto de reconhecer na divisão do trabalho a mesma causa que produz o bem e gera o mal; depois, após algumas palavras de comiseração para com as vítimas da separação das indústrias e contente por ter feito uma exposição imparcial e fiel, ele nos deixa nesse ponto. "Sabeis – parece que diz – que quanto mais se divide a mão-de-obra mais se aumenta o poder produtivo do trabalho mas ao mesmo tempo quanto mais deste trabalho, reduzindo-se progressivamente a um mecanismo, mais se embrutece a inteligência."

Indignar-nos-emos em vão contra uma teoria que, criando através do próprio trabalho uma aristocracia das capacidades, conduz fatalmente à desigualdade política; em vão protestaremos em nome da democracia e do progresso que não existirão mais no futuro nem nobreza, nem burguesia e nem párias. O economista responde com a impassibilidade do destino: estais condenados a produzir bastante e a produzir barato, sem o que a vossa indústria será sempre raquítica, vosso comércio nulo e arrastar-vos-eis na cauda da civilização, ao invés de tomar o seu comando. O quê! Entre nós homens generosos, haveria os predestinados ao embrutecimento e quanto mais nossa indústria aperfeiçoar-se mais aumentaria o número de nossos irmãos malditos?... Pois é, eis a última palavra do economista.

Não se pode menosprezar na divisão do trabalho como fato geral e como causa todos os caracteres de uma LEI; mas como esta lei rege duas ordens de fenômenos radicalmente inversos e que se entre-destroem, é preciso confessar também que esta lei é como uma espécie de incógnita nas ciências exatas, que ela é, coisa estranha, uma lei contraditória uma *contra-lei*, uma antinomia. Acrescentemos, na forma de um prejulgamento que tal parece ser o traço distintivo de toda a economia das sociedades do ponto de vista da filosofia. (PROUDHON Cap. III § 1º).

[61] [P.]: Certo!

[62] [N.E.]: A. SMITH: *A Riqueza das Nações*, edição Garnier t. I, p. 20.

Em princípio um carregador difere menos de um filósofo do que um mastim de um galgo. Foi a divisão de trabalho quem lançou um abismo entre um e outro. <u>Isto tudo não impede o Sr. Proudhon de dizer, em outro local, que Adam Smith nem sequer percebia os inconvenientes que produz a divisão de trabalho</u>[63]. É isto ainda que o faz dizer que foi J. B. Say o *primeiro* que reconheceu:

> que na divisão do trabalho a mesma causa que produz o bem, engendra o mal.

Mas escutemos Lemontey: *Suum cuique.*

> O Sr. J. B. Say honrou-me ao adotar em seu excelente tratado de economia política o princípio que *eu trouxe à luz* neste fragmento sobre a influência moral da divisão do trabalho. O título um pouco frívolo de meu livro não lhe permitiu, sem dúvida, citar-me. Eu posso apenas atribuir a tal motivo o silêncio de um escritor tão rico de seus próprios fundos para denegar um empréstimo tão módico[64].

Façamo-lhe esta justiça: Lemontey expôs espiritualmente as conseqüências incômodas da divisão do trabalho, tal como está constituída em nossos dias e o Sr. Proudhon nada encontrou para acrescentar. Mas como, pela falta do Sr. Proudhon, estamos agora engajados nesta questão de prioridades, digamos ainda de passagem que, muito tempo antes do Sr. Lemontey e dezessete anos antes de Adam Smith, aluno de Ferguson, este último expôs nitidamente a coisa em um capítulo que trata especialmente da divisão do trabalho.

> <u>Haveria lugar até mesmo para dúvida de se a capacidade geral de uma nação cresce em proporção ao progresso das artes. Muitas artes mecânicas... triunfam perfeitamente quando estão totalmente destituídas do socorro da razão e do sentimento e a ignorância é mãe da indústria tanto quanto a superstição. A</u>

---

[63] [P.]: Muito bem! Mas teria Smith esclarecido o problema? Não.

[64] [M.]: LEMONTEY: *Oeuvres Complétes*, Paris, 1829 t. I, p. 194. "Influência da Divisão do Trabalho."

reflexão e a imaginação estão sujeitas a perder-se, mas o hábito de mover o pé ou a mão não depende nem de uma e nem de outra. Assim se poderia dizer que a perfeição, em matéria de manufaturas, consiste em se poder passar sem o espírito, de modo que, sem o esforço da cabeça, a oficina possa ser considerada como uma máquina cujas partes são homens... Um oficial general pode ser muito hábil na arte da guerra, ao passo que todo o mérito de um soldado se limite a executar alguns movimentos de pés ou de mãos. Um pode ter ganhado aquilo que o outro perdeu...Em um período no qual tudo está separado, a própria arte de pensar pode ela própria formar um ofício à parte[65].

Para terminar este apanhado literário, negamos formalmente que:

todos os economistas tenham insistido muito mais sobre as vantagens que sobre os inconvenientes da divisão do trabalho.

Basta citar Sismondi.
Assim, no que concerne às *vantagens* da divisão do trabalho, o Sr. Proudhon nada mais fez que parafrasear mais ou menos pomposamente as frases gerais que todo o mundo conhece[66].
Vejamos agora como ela faz derivar da divisão do trabalho tomada como lei geral, como categoria, como pensamento, os *inconvenientes* que a ela estão vinculados. Como ocorre que esta categoria, que esta lei implique em uma distribuição desigual do trabalho em detrimento do sistema igualitário do Sr. Proudhon?

Mas nessa hora solene da divisão do trabalho o vento das tempestades começa a soprar sobre a humanidade. O progresso não se dá para todos de uma maneira igual e uniforme;.... ele começa por apossar-se de um pequeno número de privilegiados... É esta acepção das pessoas por parte do progresso que fez com que por longo tempo se acreditasse na desigualdade natural e providencial das condições, que gerou as castas, e constituiu hierarquicamente todas as sociedades[67].

---

[65] [M.]: FERGUSON: *Essai sur l'Histoire de la Societé Civile*, t. II, pp. 108, 109 e 110 (1783).
[66] [P.]: O problema não está esclarecido.
[67] [M.]: PROUDHON t. I, p. 106.

A divisão do trabalho fez as castas. Ora, as castas são os inconvenientes da divisão do trabalho; portanto é a divisão do trabalho quem engendrou os inconvenientes. *Quod erat demonstrandum.* Quer-se ir mais longe e perguntar o que fez assim agir sobre a divisão do trabalho tanto as castas quanto as constituições hierárquicas e os privilégios? O Sr. Proudhon responderá: O progresso. E o que fez o progresso? O limite[68]. O limite, para o Sr. Proudhon é a distinção que o progresso faz das pessoas.

Depois da filosofia vem a história. Não se trata mais da história descritiva, nem da história dialética, é a história comparada. O Sr. Proudhon estabelece um paralelo entre o operário tipógrafo atual e o operário tipógrafo da Idade Média; entre o operário da Creusot e o ferreiro de aldeia; entre o homem de letras de nossos dias e o letrado da Idade Média e faz pender a balança para o lado daqueles que pertencem mais ou menos à divisão de trabalho tal como a Idade Média constituiu ou transmitiu. Ele opõe a divisão de trabalho de uma época histórica à divisão de trabalho de outra época histórica. Residiria aí aquilo que o Sr. Proudhon teria a demonstrar? Não, ele deveria mostrar-nos os inconvenientes da divisão de trabalho em geral, da divisão de trabalho como categoria.

Mas do que nos serviria aliás insistir sobre esta parte da obra do Sr. Proudhon, quando o vemos um pouco mais longe retratar-se, por si mesmo e formalmente, de todos estes pretensos desenvolvimentos?

<u>O primeiro efeito do trabalho parcial, *continua o Sr. Proudhon*, depois *da depravação da alma*, é o prolongamento das jornadas que crescem na razão inversa da soma de inteligência despendida... Mas como a duração das jornadas não pode exceder a dezesseis à dezoito horas por dia, a partir do momento no qual a compensação não puder ser tomada no tempo, ela se tomará sobre o preço e o salário diminuirá... O que é certo e o que importa unicamente para nós notarmos, *é que a consciência universal* não paga na mesma taxa o trabalho de um contra-</u>

---

[68] [N.T.]: *La borne* no original francês, que designa propriamente os marcos de limite de uma região ou de uma propriedade fundiária.

mestre e o esforço de um peão. Há *pois* necessidade de redução do preço da jornada: de maneira que o trabalhador, depois de ter sido afligido em sua alma por uma função degradante, não pode deixar de ser igualmente atingido no corpo pela modicidade da recompensa[69, 70].

---

[69] [N.E.]: PROUDHON t. I, p. 109.

[70] [N.T.]: Mais uma vez a citação de Marx recorta o texto proudhoniano à sua guisa e introduz destaques que não existem no texto original, que segue-se ao que citamos na nota 60. Mais uma vez, reproduzimos aqui o texto "citado" por Marx segundo a nossa tradução (PROUDHON, *Filosofia da Miséria Cap. III, § 1º*, ÍCONE Editora, S. Paulo 2003):

Ora, a menos de uma RECOMPOSIÇÃO do trabalho que apague os inconvenientes da divisão, conservando entretanto seus efeitos úteis, a contradição inerente ao princípio não tem remédio. É preciso, segundo a palavra dos sacerdotes judeus que conspiraram a morte de CRISTO, é preciso que o pobre pereça para assegurar a fortuna do proprietário, *expedit unum hominem pro populo mori*. Irei demonstrar a necessidade desta sentença: depois disso, se restar ao trabalhador parcelar uma centelha de inteligência, ele se consolará pelo pensamento de que morre segundo as regras da economia política.

O trabalho que deveria trazer a consciência ao seu clímax e torná-la cada vez mais digna de felicidade, conduzindo pela divisão parcelar ao desmoronamento do espírito, diminui o homem da mais nobre parte de si, *minorate capitis*, e o rejeita na animalidade. A partir deste momento, o homem decaído trabalha como um bruto e conseqüentemente deve ser tratado como um bruto tal julgamento da natureza e da necessidade, a sociedade o executará.

O primeiro efeito do trabalho parcelar, depois da depravação da alma, é o prolongamento das jornadas que crescem na razão inversa da soma de inteligência despendida. Pois como o produto aprecia-se simultaneamente do ponto de vista da quantidade e da qualidade, se por uma evolução industrial qualquer, o trabalho se inflete em certo sentido, é preciso que haja compensação do outro. Mas como a duração das jornadas não pode exceder a dezesseis à dezoito horas por dia, a partir do momento no qual a compensação não puder ser tomada no tempo, ela se tomará sobre o preço e o salário diminuirá. E tal baixa se dará, não como já se ridiculamente imaginou, porque o valor é essencialmente arbitrário, mas sim porque ele é essencialmente determinável. Pouco importa que a luta entre a oferta e a procura termine pela vantagem do patrão ou em proveito do assalariado; tais oscilações podem variar de amplitude segundo circunstâncias acessórias bem conhecidas e que já foram mil vezes apreciadas. O que é certo e o que importa unicamente para nós notarmos, é que a consciência universal não paga na mesma taxa o trabalho de um contramestre e o esforço de um peão. Há pois necessidade de redução do preço da jornada: de maneira que o trabalhador, depois de ter sido afligido em sua alma por uma função degradante, não pode deixar de ser igualmente atingido no corpo pela modicidade da recompensa. É a aplicação literal do Evangelho *a quem tem pouco, subtrairei o pouco que tem*.

Existe nos acidentes econômicos uma razão impiedosa que se ri da religião e da eqüidade bem como dos aforismos da política e que torna o homem feliz ou infeliz na medida em que ele obedece ou subtrai-se às prescrições do destino. Certamente estamos longe desta caridade cristã onde hoje se inspiram tantos honrados escritores e que, penetrando no coração da burguesia, esforça-se por temperar através de uma multidão de obras piedosas, os rigores da lei. A economia política não conhece senão a justiça, a justiça inflexível e apertada como a bolsa de um avaro; e é pelo fato da economia política ser o efeito da espontaneidade social e a expressão da vontade divina que eu pude dizer: Deus é o contraditor do homem e a Providência é misantropa. Deus nos fez pagar ao peso de sangue e na medida das nossas lágrimas, cada uma de nossas lições; e para o cúmulo do mal, em nossas relações com nossos semelhantes, agimos todos como ele. Onde está pois o amor do pai celeste por suas criaturas? Onde está a fraternidade humana?

Deixemos de lado o valor lógico destes silogismos que Kant denominava de paralogismos colaterais.

Eis a sua substância:

A divisão do trabalho reduz o operário a uma função degradante; à tal função degradante corresponde uma alma depravada; à depravação da alma convém uma redução sempre crescente do salário. E para provar que esta redução dos salários convêm a uma alma depravada, o Sr. Proudhon diz, por desencargo de consciência[71], que é a consciência universal quem assim o quer. Será que a alma do Sr. Proudhon está contada na consciência universal?

As *máquinas* são, diz o Sr. Proudhon a "antítese lógica da divisão do trabalho" e, com o apoio da dialética, ele começa por transformar as máquinas em *oficina*.

Depois de ter suposto a oficina moderna, para fazer decorrer da divisão do trabalho a miséria, o Sr. Proudhon supõe a miséria engendrada pela divisão do trabalho para chegar à oficina e para representá-la como a negação dialética desta miséria. Depois de ter atingido o trabalhador no seu moral por uma *função degradante* e no físico pela modicidade do salário, depois de ter posto o operário na *dependência do contramestre* e de ter rebaixado seu trabalho ao *esforço de um peão*, ele retorna novamente à oficina e às máquinas para *degradar* um trabalhador "dando-lhe um *mestre*" e acaba o seu envilecimento, fazendo-o "decair do posto de artesão ao de um *braçal*". Que bela dialética![72] E se

---

[71] [P.]: Ora vamos, meu caro Marx, estais agindo de má-fé e, ao mesmo tempo, nada sabeis de tudo isto.

[72] [N.T.]: Meu caro Dr. Marx: "Será que a consciência de Proudhon está contida na consciência universal? Será que a vossa o está? E as de Engels, Lenin, Stalin, Hitler, Mao, Franco, Pol-Pot, Bush ou Fidel Castro entre tantos outros, estarão? Creio que segundo o Sr. Proudhon e o senso comum sim. É o próprio Proudhon quem nos diz, no começo das Contradições, que a consciência universal, embora formada pelas consciências individuais, não está dada na consciência individual e que só pode ser descoberta *empiricamente*. Todos nascemos igualmente de mulher, todos somos iguais, ou melhor equivalentes, embora a mentalidade hierárquica e autoritária dos chefes feudais-militares e/ou religiosos, dos pretensos aristocratas de sangue ou dos mais falsos ainda, os meritocratas intelectuais, a mentalidade autoritária dos capitalistas, dos políticos, dos juízes e da polícia, para quem viver sem amos e sem governo é impensável, teime incessantemente em negar esta equivalência ou igualdade. Para esta corja a **hierarquia é fundamental**, mesmo que se prove empiricamente estúpida, confusa, brutal e inepta; mesmo que os seus resultados sociais sejam sempre claramente opostos aos fins que se apregoa garantir ao instilar-se no corpo social. Sim, é difícil para a personalidade autoritária admitir a sua igualdade essencial com o último dos braçais; é muito mais difícil para ela *perceber* que a própria distinção entre o **filósofo** e o **braçal** é muito mais o resultado da

ele ainda se mantivesse por aí, mas não, para ele é preciso uma nova história da divisão do trabalho, não mais para dela fazer derivar as suas contradições, mas sim para reconstruir a oficina à sua maneira. Para chegar a tal fim ele tem necessidade de esquecer tudo aquilo que acabou de dizer sobre a divisão.

O trabalho se organiza, divide-se, segundo os instrumentos dos quais dispõe. O moinho manual supõe uma outra divisão de trabalho que o moinho a vapor. É pois chocar-se de frente com a história querer começar pela divisão do trabalho em geral, para chegar em seguida a um instrumento específico de produção: as máquinas.

As máquinas não são uma categoria econômica, não mais do que seria um boi puxando um arado. <u>As máquinas são apenas uma força produtiva</u>[73]. A oficina moderna, que repousa sobre a aplicação das máquinas, é uma relação social de produção, uma categoria econômica.

Vejamos agora como as coisas se passam na brilhante imaginação do Sr. Proudhon:

---

operação social deste tipo de processo do que um componente essencial da constituição do ser humano. Desta forma quem *transforma* as máquinas em *oficina* ou em *fábrica*, o Sr. Proudhon ou o sistema capitalista, ao permitir a dissolução das jurandas, ao instituir o *crime de coalizão*, ao permitir a *apropriação privada* das terras comunais, forçando assim a expulsão dos camponeses do campo, e formando sobre estes "vagabundos" e uma massa de artesão empobrecidos os fundamentos da moderna classe trabalhadora? Quem transforma o *preço e o controle da jornada de trabalho* do artesão em *salário de um trabalhador*, o Sr. Proudhon, ou a ordem jurídica semeada na Inglaterra e na França à partir de meados do século XVIII? Quem introduz as máquinas como *antítese lógica* da divisão de trabalho: o Sr. Proudhon ou um Arkwright ou um Watt? Quem é que, supondo ou melhor *criando* a oficina moderna, faz decorrer da extrema divisão do trabalho e de seu corolário de subespecialização do trabalho a miséria e faz a miséria ser engendrada pela divisão do trabalho e pela instituição do salariado, o Sr. Proudhon ou os capitães de indústria tão bem retratados nos romances de um Thomas Hardy ou de um Dickens? Quem é que *degradou* o trabalhador espiritualmente, minando a sua cultura e o seu saber, quem o *degradou fisicamente*, forçando-o a morar em enxovias, a comer mal e pouco e a vestir-se de andrajos, a embriagar-se e prostituir-se, justamente através da *modicidade do salário,* o Sr. Proudhon ou este sistema capitalista, gerador de tantos progressos e objeto perpétuo de vossa desvelada admiração, Dr. Marx? Quem *subordinou* e *submeteu* o trabalhador à empáfia arrogante dos gerentes e contramestres, quem o *escravizou e rebaixou-o de posto dando-lhe mestres* (lembre-se caro doutor: polícia para quem precisa de polícia) o Sr. Proudhon ou a ordem jurídico-social que se coloca como eterna e que mais uma vez, tanto admirais considerando-a como a porta de entrada para o socialismo: o capitalismo contemporâneo? Cremos respeitosamente, caro doutor, que o próprio fato de se colocar tais questões praticamente equivale a respondê-las.

[73] [P.]: Foi um filósofo quem disse isso.

Na sociedade a aparição incessante das máquinas é a antítese, a fórmula inversa da divisão do trabalho; é o *protesto do gênio industrial contra o trabalho parcelar e homicida*. O que é com efeito uma máquina? *Uma máquina reúne diversas partículas de trabalho* que a divisão tinha separado. Toda a máquina pode ser definida como um resumo de várias operações, uma simplificação dos impulsos, uma condensação de trabalho uma redução de custos... Portanto, pela máquina haveria a *restauração do trabalhador*... As máquinas, colocando-se na economia política contraditoriamente à divisão do trabalho, representam a síntese que se opõe no espírito humano à análise... A divisão apenas fazia separar as diversas partes do trabalho, deixando a cada um a especialidade que mais lhe agradava: a oficina, agrupa os trabalhadores segundo a relação de cada parte ao todo...ela introduz o princípio da autoridade no trabalho... Mas isto não é tudo. A máquina ou a oficina, depois de ter degradado o trabalhador dando-lhe um mestre, acaba de envilecê-lo fazendo-o decair do posto de artesão para o de braçal...O período que percorremos neste momento, o período das máquinas, distingue-se por um caráter particular que é o *salariato*. O salariato é pois *posterior* à divisão do trabalho e à troca[74,75].

Uma simples observação apenas ao Sr. Proudhon: a separação das diversas partes do trabalho, deixando a cada um a faculdade de se dedicar à especialidade que mais lhe agradar, separação que Proudhon data do começo do mundo, existe apenas na indústria moderna sob o regime de concorrência.

---

[74] [N.E.]: PROUDHON, t. I, pp. 138, 139, 159, 162.

[75] [N.T.]: Marx na verdade cita aqui, muitas vezes retirando-os de seu contexto, uma série de pequenos trechos de um longo argumento de Proudhon, certamente não isento de falhas, mas que está longe de ser a lengalenga idiota que o sábio doutor alemão quer nos fazer engolir por verdade. Os trechos dos quais esta "citação" é extraída estão contidos no Capítulo IV d'As Contradições (Segunda Época: As Máquinas), respectivamente nos parágrafos I (Do Papel das Máquinas e de sua relação com a Liberdade) e II (Contradições das Máquinas - Origem do Capital e do Salariato). Dada a grande extensão dos argumentos (que ocupam cada um uma boa metade de cada parágrafo) não poderemos aqui, ao contrário de nosso hábito, transcrevê-los *in extenso*. Remetemos pois o leitor à nossa tradução do livro de Proudhon, entre as páginas 215 e 248 para acesso completo ao trecho "citado", bem como a alguns comentários críticos pertinentes, tanto a algumas posições de Proudhon quanto às críticas de Marx sobre ele.

O Sr. Proudhon nos faz a seguir uma "genealogia" muitíssimo "interessante" para mostrar como a oficina nasceu da divisão do trabalho e o salariato da oficina.

1º Ele supõe um homem que

observou que dividindo a produção em suas diversas partes e fazendo executar cada uma delas por um determinado operário,

se multiplicaria as forças de produção[76].

2º Este homem,

captando o fio desta idéia, diz que, formando um grupo permanente de trabalhadores escolhidos para o objeto especial ao qual se propõe, ele obterá uma produção mais contínua, etc[77].

3º Este homem faz uma *proposição* aos outros homens para fazê-los perceber bem sua idéia e o caminho de sua argumentação.

4º Este homem, no começo da indústria, trata *de igual para igual* com seus companheiros, que mais tarde se tornarão seus *operários*.

5º
É sensível, de fato, que esta igualdade primitiva deva rapidamente desaparecer, pela posição vantajosa do mestre e pela dependência dos assalariados[78].

---

[76] [N.T.]: Eis mais uma vez o original da frase proudhoniana citada: "*Um homem observou que dividindo a produção em suas diversas partes e fazendo executar cada uma delas por um determinado operário, ele obteria uma multiplicação de força cujo produto seria muito superior à soma de trabalho que fornece a mesma equipe de operários quando o trabalho não está dividido*".

[77] [N.T.]: Eis o original proudhoniano: "*Captando o fio desta idéia, ele se diz que, formando um grupo permanente de trabalhadores escolhidos para o objeto especial ao qual se propõe, obterá uma produção mais contínua, mais abundante e a menor custo. Além disso, não será mais indispensável que os operários estejam todos reunidos em um mesmo local: a existência da oficina não se deve essencialmente a tal contacto. Ela resulta da relação e da proporção dos diferentes trabalhos e do pensamento comum que os dirige. Em uma palavra, a reunião em um mesmo local pode oferecer suas vantagens que não devem ser negligenciadas, mas não é ela que constitui a oficina*".

[78] [N.E.]: PROUDHON, t. I, pp. 160 e 162.

Eis, uma vez mais ainda, uma amostra do *método histórico e descritivo* do Sr. Proudhon.

Examinemos agora, sob o ponto de vista histórico e econômico, se verdadeiramente a oficina ou a máquina introduziram o *princípio da autoridade* na sociedade, posteriormente à divisão do trabalho; se por um lado ela não teria reabilitado o operário, ainda que submetendo-o, por outro, à autoridade[79]; examinemos se a máquina é a recomposição do trabalho dividido, a *síntese* do trabalho, em oposição à sua *análise*.

A sociedade inteira possui isto em comum com o interior de uma fábrica: ela também possui a sua divisão de trabalho. Se tomássemos como modelo a divisão de trabalho em uma oficina moderna para fazer a sua aplicação à sociedade inteira, a sociedade melhor organizada para a produção de riquezas seria incontestavelmente aquela que tivesse apenas um único empresário-chefe, que distribuísse as tarefas segundo uma regra decretada previamente para os diversos membros da comunidade. Mas as coisas não se passam assim. Enquanto que no interior da oficina moderna a divisão de trabalho é minuciosamente regrada pela autoridade do empresário, a sociedade moderna não possui outra regra, outra autoridade para distribuir o trabalho, que não seja a livre concorrência.

Sob o regime patriarcal, sob o regime de castas, sob o regime feudal e corporativo, havia divisão de trabalho pela sociedade inteira segundo regras fixas. Tais regras foram estabelecidas por algum legislador? Não, nascidas primitivamente das condições de produção material, elas erigiram-se em lei apenas muito mais tarde. Foi assim que estas diversas formas de divisão de trabalho tornaram-se outras tantas bases da organização social. Quanto à divisão de trabalho na oficina, ela estava muito pouco desenvolvida em todas estas formas da sociedade.

---

[79] [N.T.]: "É pelo dedo que se conhece o gigante" dizia um provérbio antigo, que se ajusta como uma luva ao caso em pauta. Que pérola gestorial digna de figurar em qualquer página de Taylor ou de Fayol, esta pequena frase de Marx. *A fábrica disciplina*, e é por isso que no socialismo, ainda terá que haver diferenças de posto e de remuneração, tirania da produtividade, taylorismo, ditadura dos contramestres, proibição de greves, etc., etc. É por tal motivo igualmente que, em curtíssimo lapso de tempo, nós sempre vemos os membros do partido, os *apparatchiks*, infiltrarem-se nos meandros da antiga burocracia, modificando-a e adaptando-a para os seus fins. Na verdade, Marx aqui não deseja combater Proudhon mas sim alinhar-se sutilmente com a tirania da fábrica capitalista, que será – em sua opinião – o pré-requisito necessário para o socialismo jacobino de caserna que, neste momento ele está começando a conceber, que gestará durante a década de 1850 e que parirá durante os conflitos da I Internacional. Tal "socialismo" receberá seus retoques finais das mãos dos bolcheviques...

Pode-se até mesmo estabelecer como regra geral que quanto menos autoridade preside à divisão do trabalho no interior da sociedade, mais a divisão do trabalho desenvolve-se no interior da oficina e mais ela está submetida à autoridade de um único. Desta forma, a autoridade na oficina e a autoridade na sociedade, com relação à divisão de trabalho, estão *em razão inversa* uma da outra.

Importa agora ver o que é esta oficina, na qual as ocupações estão tão separadas, onde a tarefa de cada operário encontra-se reduzida à uma operação muito simples e aonde a autoridade, o capital, agrupam e dirigem os trabalhos. Como esta oficina nasceu? Para responder a esta questão teríamos que examinar como a indústria manufatureira propriamente dita desenvolveu-se. Pretendo falar desta indústria que não é ainda a indústria moderna com suas máquinas, mas que não é mais a indústria dos artesãos da Idade Média, nem a indústria doméstica. Não entraremos em grandes detalhes: daremos apenas alguns pontos sumários para fazer ver que com fórmulas não se pode fazer história.

Uma das condições das mais indispensáveis para a formação da indústria manufatureira foi a acumulação de capitais, facilitada pela descoberta da América e pela introdução de seus metais preciosos.

Já está suficientemente provado que o aumento dos meios de troca teve por conseqüência, por um lado, a depreciação dos salários e das rendas imobiliárias e por outro o acréscimo dos lucros industriais. Em outros termos: na medida em que a classe dos proprietários e a classe dos trabalhadores, os senhores feudais e o povo, decaíam, na mesma proporção se elevava a classe dos capitalistas, a burguesia.

Ocorreram ainda outras circunstâncias mais que concorreram simultaneamente para o desenvolvimento da indústria manufatureira: o aumento das mercadorias postas em circulação desde que o comércio penetrou nas Índias Orientais através do Cabo da Boa Esperança; o regime colonial e o desenvolvimento do comércio marítimo.

Um outro ponto que ainda não foi suficientemente apreciado na história da indústria manufatureira foi a dispensa de numerosos séquitos de senhores feudais, cujos membros subalternos tornaram-se vagabundos antes de entrar para a oficina. A criação da oficina é precedida por uma vagabundagem quase universal, nos séculos XV e XVI. A oficina encontrou ainda um poderoso apoio nos numerosos camponeses que, continuamente expulsos dos campos pela transformação das terras de cultivo em pradarias e por trabalhos agrícolas que necessitavam de menos braços para o cultivo das terras, vieram afluir para as cidades durante séculos inteiros.

O crescimento do mercado, a acumulação dos capitais, as modificações ocorridas na posição social das classes, uma multidão de pessoas subitamente privadas de suas fontes de renda, eis algumas condições históricas para a formação da manufatura. Não foram, como diz o Sr. Proudhon, estipulações amigáveis entre iguais que reuniram os homens na oficina. Nem mesmo foi no seio das antigas corporações que a manufatura nasceu. Foi o mercador quem se tornou o chefe da oficina moderna e não o antigo mestre da corporação. Em quase toda a parte houve luta encarniçada entre a manufatura e as corporações de ofício.

A acumulação e a concentração de instrumentos e de trabalhadores precedeu o desenvolvimento da divisão do trabalho no interior da oficina. Uma manufatura consistia muito mais na reunião de muitos trabalhadores e de muitos ofícios em um só local, em uma sala, sob o comando de um capital do que em uma análise dos trabalhos e na adaptação de um operário especial à uma tarefa bem simples.

A utilidade de uma oficina consistia muito menos na divisão de trabalho propriamente dita do que nesta circunstância de que se trabalhava em uma escala maior, que se poupava muito mais despesas inúteis, etc. No final do século XVI e no começo do XVII, a manufatura holandesa mal conhecia a divisão.

O desenvolvimento da divisão do trabalho supõe a reunião dos trabalhadores em uma oficina. Não há sequer um único exemplo, nem no século XVI e nem no XVII, que os diversos ramos de um mesmo ofício tenham sido explorados separadamente a ponto que tivesse bastado reuni-los em um único local para obter a oficina completa. Mas, uma vez reunidos os homens e os instrumentos, a divisão do trabalho tal como existia sob a forma das corporações reproduzia-se, refletia-se necessariamente no interior da oficina.

Para o Sr. Proudhon, que vê as coisas ao contrário[80], se é que porventura as vê, a divisão do trabalho no sentido de Adam Smith precede a oficina, que é uma condição de sua existência.

As *máquinas* propriamente ditas datam do final do século XVIII. Nada de mais absurdo do que ver nas máquinas a *antítese* da divisão do

---

[80] [P.]: Não se trata da divisão no sentido de A. Smith, mas sim da grande divisão natural dos ofícios.

trabalho, ou a *síntese* que restabelece a unidade no trabalho parcelar[81]. A máquina é uma reunião de instrumentos de trabalho e de modo algum uma combinação dos trabalhos para o próprio operário.

Quando, pela divisão do trabalho, cada operação particular foi reduzida ao emprego de um instrumento simples, a reunião de todos estes instrumentos, acionados por um único motor, constitui uma máquina[82, 83].

Ferramentas simples, acumulação de ferramentas, ferramentas compostas, acionamento de uma ferramenta composta através de um único motor manual, através do homem, acionamento destes instrumentos pelas forças naturais, máquina, sistema de máquinas tendo um autômato por motor: eis a marcha do maquinismo[84].

A concentração dos instrumentos de produção e a divisão do trabalho são tão inseparáveis um do outro quanto o são, no regime político, a concentração dos poderes públicos e a divisão dos interesses privados. A Inglaterra, com a concentração das terras, estes instrumentos do trabalho agrícola, possui igualmente a divisão do trabalho agrícola e a mecânica aplicada à exploração das terras. A França, que possui a divisão dos instrumentos e o regime parcelar, não possui em geral nem divisão do trabalho agrícola e nem aplicação das máquinas à terra.

Para o Sr. Proudhon, a concentração dos instrumentos de trabalho é a negação da divisão do trabalho[85]. Na realidade nós ainda encontramos o contrário. Na medida em que a concentração dos instrumentos se desenvolve, a divisão também se desenvolve e *vice-versa*[86]. Eis o que faz com que toda a grande invenção na mecânica seja seguida de uma maior divisão do trabalho e com que cada acréscimo na divisão de trabalho conduza por sua vez a novas invenções mecânicas[87].

---

[81] [P.]: Eu sustento isto!

[82] [M.]: BABBAGE: *Traité sur l'Économie des Machines...*, Paris 1833.

[83] [P.]: Portanto, a oficina que agrupa as partes do trabalho vem também depois da divisão!...

[84] [N.T.]: *...voilà la marche des machines* no original francês. Optamos pela tradução acima, simultaneamente por razões de precisão e de estilística.

[85] [P.]: Sim.

[86] [P.]: Sim também! Tudo isto é verdadeiro ao mesmo tempo.

[87] [P.]: Muito bem: isto se explica perfeitamente na minha teoria, como o desenvolvimento paralelo da riqueza e da miséria.

Não temos a necessidade de aqui relembrar que os grandes progressos na divisão de trabalho começaram na Inglaterra depois da invenção das máquinas. Assim, os tecelões e fiandeiros eram primeiramente camponeses em sua maioria, tais como os encontramos ainda hoje nos países atrasados. A invenção das máquinas acabou de separar a indústria manufatureira da indústria agrícola. O tecelão e o fiandeiro, outrora reunidos em uma única família, foram separados pela máquina. Graças à máquina, o fiandeiro pode morar na Inglaterra enquanto que o tecelão habita as Índias Orientais[88]. Antes da invenção das máquinas, a indústria de um país exercia-se principalmente sobre as matérias-primas que eram produzidas em seu próprio solo: assim ocorria com a lã na Inglaterra, o linho na Alemanha, as sedas e o linho na França, o algodão nas Índias Orientais e no Levante, etc. Graças à aplicação das máquinas e do vapor, a divisão do trabalho pôde tomar dimensões tais que a grande indústria, destacada do solo nacional, dependa unicamente do mercado universal, das trocas internacionais, de uma divisão de trabalho internacional. Por fim, a máquina exerce uma tal influência sobre a divisão do trabalho que se durante a fabricação de uma obra qualquer encontrou-se algum meio de introduzir parcialmente a mecânica, a fabricação logo se divide em duas explorações independentes uma da outra.

Será preciso falar da *meta providencial* e filantrópica que o Sr. Proudhon descobre na invenção e na aplicação primitiva das máquinas?

Quando na Inglaterra o mercado tomou um desenvolvimento tal que o trabalho manual não poderia mais bastar para ele, experimentou-se a necessidade das máquinas. Cogitou-se então em fazer aplicação da ciência mecânica, já totalmente feita no século XVIII.

A oficina automática marcou o seu começo por atos que nada tinham de filantrópicos. As crianças foram mantidas no trabalho a golpes de chicote; fazia-se delas objeto de tráfico e existiam contratos mantidos com os orfanatos. Aboliu-se todas as leis sobre o aprendizado dos operários porque, para servirmo-nos de uma frase do Sr. Proudhon, não se tinha mais necessidade de operários *sintéticos*. Enfim, desde 1825, quase todas as novas invenções foram o resultado de colisões entre o operário e o empresário, que buscava a qualquer custo depreciar a especialidade do operário. Depois de cada nova greve,

---

[88] [N.T.]: E, portanto, Dr. Marx, a "oficina" pode funcionar com os trabalhadores separados geograficamente, como Proudhon o quer.

mesmo que de pouca importância, surgia uma nova máquina[89]. O operário enxergava tão mal na aplicação das máquinas a espécie de

---

[89] [N.T.]: Note o leitor que, ao contrário do que Marx parece enfatizar, este é um ponto sobre o qual Proudhon se detém longamente n'As Contradições e não apenas nos parágrafos II e III do Capítulo IV (Sobre as Máquinas) objeto presente da atenção de Marx nesta seção e na seção V deste capítulo, mas igualmente ao analisar a concorrência (parágrafo II do Capítulo V), o monopólio (Capítulo VI) e a balança de comércio (Capítulo IX), além de outras passagens menos conspícuas. O efeito mencionado por Marx, é amplamente salientado e criticado por Proudhon, que nunca se mostrou tão confiante nos efeitos a longo prazo do maquinismo no tocante à produção da felicidade humana. Citemos integralmente a passagem d'As Contradições (início do parágrafo II do Capítulo IV) onde Proudhon desenvolve primeiramente seus pontos de vista sobre o mesmo problema aqui tratado por Marx:

"Da mesma forma com que as máquinas diminuem o esforço do operário, elas abreviam e diminuem também o trabalho, de maneira que este se torna a cada dia mais ofertado e menos demandado. Pouco a pouco é verdade, a redução dos preços faz o consumo aumentar, a proporção se restabelece e o trabalhador é reconvocado; mas como os aperfeiçoamentos industriais sucedem-se sem cessar e tendem continuamente a substituir o trabalho do homem pela operação mecânica, segue-se que há a tendência constante a diminuir uma parte do serviço e portanto a eliminar os trabalhadores da produção. Ora, ocorre com a ordem econômica o mesmo que acontece com a ordem espiritual: fora da igreja não há salvação; fora do trabalho, não há subsistência. A sociedade e a natureza, igualmente impiedosas, estão de acordo para executar esta nova sentença.

"Quando uma nova máquina ou um procedimento mais expedito qualquer, diz J. B. Say, substitui um trabalho humano já em atividade, uma parte dos braços industriosos cujo serviço é utilmente empregado fica sem trabalho. Uma nova máquina portanto substitui assim o trabalho de uma parcela dos trabalhadores, mas não diminui a quantidade das coisas produzidas, de modo que, se não for adotada ela *desloca a renda*. O efeito ulterior é completamente favorável às máquinas pois, se a abundância do produto e a modicidade do preço de custo baixam o seu valor venal, o consumidor – isto é todo mundo – tirará proveito disto."

O otimismo de Say é uma infidelidade à lógica e aos fatos. Não se trata aqui apenas de um pequeno número de acidentes, ocorridos em um lapso de trinta séculos pela introdução de uma, duas ou três máquinas; trata-se de um fenômeno regular, constante e geral. Como a renda foi *deslocada*, como diz J. B. Say, por uma máquina, ela o será por outra e assim por diante, enquanto restar trabalho por fazer e trocas a efetuar. Eis como o fenômeno deve ser apresentado e considerado, mas convenhamos que então ele muda singularmente de aspecto. O deslocamento da renda, a supressão do trabalho e do salário é um flagelo crônico, permanente e indelével, uma espécie de cólera que às vezes aparece sob a figura de um Gutemberg e outras reveste a forma de um Arkwright, que aqui denomina-se Jacquard e em outra parte James Watt ou marquês de Jouffroy. Depois de ter grassado mais ou menos tempo sob determinada forma, o monstro toma uma outra e os economistas, que acreditavam ter ele partido, exclamam: Não era nada! Tranqüilos e satisfeitos, visto que se apóiam com todo o peso de sua dialética sobre o lado positivo da questão, fechando os olhos para o seu aspecto subversivo salvo quando, ao lhes falarmos sobre a miséria, eles recomeçarem seus sermões sobre a imprevidência e a embriaguez dos trabalhadores.

Devemos a observação seguinte ao Sr. Dunoyer; ela nos dará uma medida de todas as elucubrações desta espécie: "em 1750, a população do condado de Lancaster era de 300.000 almas. Em 1801, graças ao desenvolvimento das máquinas de fiar, esta população era de 672.000 almas; em 1831 atingia 1.336.000 almas. Ao invés dos 40.000 operários ocupados antigamente pela indústria algodoeira, esta ocupa, depois da invenção das máquinas 1.500.000".

O Sr. Dunoyer acrescenta que enquanto o número de operários empregados neste tipo de trabalho atingia esta extensão singular, o preço do trabalho tornava-se uma vez e meia maior. A população portanto apenas seguiu o movimento industrial e o seu crescimento foi um fato normal e irrepreensível; mas o que digo? foi um fato feliz, posto que é citado para honra e glória do desenvolvimento mecânico. Mas de repente o Sr. Dunoyer dá meia volta: tendo logo faltado trabalho a aquela multidão de máquinas fiadoras, o salário decresceu necessariamente; a população que tinha sido atraída pelas máquinas, foi abandonada pelas máquinas e ao Sr. Dunoyer cabe dizer então: Foi o abuso dos casamentos a causa da miséria.

O comércio inglês, solicitado por sua imensa clientela, chama operários de todos os cantos e provoca o casamento; enquanto o trabalho abunda o casamento é algo excelente, cujos efeitos se gosta de citar no interesse das máquinas; mas como a clientela é flutuante, desde que o trabalho e os salários escasseiem, grita-se abuso de casamentos e acusa-se a imprevidência dos operários. A economia política, quer dizer o despotismo proprietário, nunca pode estar errada: é preciso que o erro seja do proletariado.

O exemplo da indústria gráfica foi muitas vezes citado, sempre com um pensamento otimista. O número de pessoas que vivem hoje da fabricação de livros é talvez mil vezes maior do que era o número de copistas e iluminadores do tempo de Gutenberg; conclui-se desta forma, com um ar satisfeito, que a imprensa não fez mal a ninguém. Fatos análogos poderiam ter sido citados ao infinito, sem que um único pudesse ser recusável, mas também sem que a questão avançasse um passo. Mais uma vez, ninguém discorda que as máquinas contribuíram para o bem-estar geral: mas eu afirmo, a respeito deste fato irrefutável, que os economistas faltam com a verdade, quando avançam de uma maneira absoluta que *a simplificação dos processos de produção nunca e em nenhum lugar teve por conseqüência diminuir o número de braços empregados em uma indústria qualquer.*

O que os economistas deveriam dizer é que as máquinas, da mesma forma que a divisão do trabalho, são ao mesmo tempo – no sistema atual da economia social – uma fonte de riquezas e uma causa permanente e fatal de miséria.

"Em 1836, em uma fábrica de Manchester, nove teares, cada um de trezentos e vinte e quatro fusos, eram conduzidos por quatro tecelões. Na seqüência, dobrou-se o comprimento dos carros, de modo que cada tear pudesse suportar seiscentos e vinte e quatro fusos e dois homens apenas bastavam para dirigi-los."

Eis claramente o fato bruto da eliminação do operário pela máquina. Por uma simples combinação, três em cada quatro operários perdem seus postos; pouco importa que, daqui a cinqüenta anos, a população do globo tenha dobrado, a clientela da Inglaterra quadruplicado e novas máquinas tenham sido construídas: os fabricantes ingleses retomarão seus operários? Os economistas pretendem fazer prevalecer, em favor das máquinas, o aumento da população mundial? Então devem renunciar à teoria de Malthus e deixar de esbravejar contra a fecundidade excessiva dos casamentos.

"Não se parará por aí: logo uma nova melhoria mecânica permitirá que um único operário execute a tarefa que antes ocupava quatro." Nova redução de três quartos sobre a mão-de-obra: no total uma redução de quinze dezesseis avos sobre o trabalho do homem.

"Um fabricante de Bolton escreve: o alongamento dos carros de nossos teares permitiu-nos empregar apenas vinte e seis tecelões quando em 1837 empregávamos trinta e cinco." Outra dizimação dos trabalhadores: sobre cada quatro, há uma vítima.

Todos estes fatos foram extraídos da *Revue Economique* de 1842 e não existe ninguém que não possa indicar fatos análogos. Eu assisti pessoalmente a introdução das impressoras mecânicas e posso dizer que vi com meus olhos o mal que elas causaram aos impressores. Há quinze ou vinte anos as impressoras mecânicas estão bem estabelecidas; uma parte dos operários foi transferida para a composição, outros abandonaram seu ofício e muitos morreram de miséria: é assim que se opera a refusão dos trabalhadores na seqüência das inovações industriais. Há vinte anos atrás, oitenta equipagens de cavalos faziam o serviço de navegação de Beaucaire à

Lyon; tudo isso desapareceu diante de vinte barcos à vapor. Seguramente o comércio ganhou com isto; mas a população de marinheiros, o que aconteceu com ela? Foi transportada das barcaças para os vapores? Não: foi para onde vão todas as indústrias desclassificadas: evaporou-se.

De resto os documentos seguintes, que extraio da mesma fonte, dão uma idéia mais positiva da influência dos aperfeiçoamentos industriais sobre a sorte dos operários.

"A média dos salários semanais em Manchester, é de 12,50 F (10 shillings). Sobre 450 operários há apenas 40 que ganham 25 F." O autor do artigo tem o cuidado de observar que o custo de vida inglês é cinco vezes maior que o francês: este salário seria equivalente ao salário de um operário que tivesse que viver na França com 2,50 F por semana.

Revista de Edimburgo (1835): "O novo carro de Sharpe e Robert de Manchester, é devido a uma coalizão de operários (que não queriam deixar diminuir os seus salários) e esta invenção castigou rudemente os imprudentes membros desta coalizão". O castigado merece o castigo. A invenção de Sharpe e de Robert em Manchester deveria resolver a situação: a recusa dos operários em submeter-se à redução que lhes era pedida ofereceu apenas a oportunidade. Não poderíamos dizer, dado o ar de vingança proclamado pela *Revista de Edimburgo*, que as máquinas têm um efeito retrógrado?

De um fabricante inglês: "A insubordinação de nossos operários nos faz pensar em *passar sem eles*. Fizemos e provocamos todos os esforços de inteligência imagináveis, para substituir o serviço dos homens por instrumentos mais dóceis e quase conseguimos. A mecânica libertou o capital da opressão do trabalho. Em todo o posto onde ainda ocupamos um homem é apenas em caráter provisório, esperando que seja inventado para nós um meio de realizar a tarefa sem ele".

Que sistema é este que conduz um negociante a pensar com delícia que a sociedade logo poderá passar sem os homens! *A mecânica libertou o capital da opressão do trabalho!* É a mesma coisa que um ministro querer libertar o orçamento da opressão do contribuinte. Insensato! Se os operários te custam, eles são também teus compradores: o que farás com teus produtos quando, expulsos por ti, eles não mais consumirem? Assim o contragolpe das máquinas, depois de ter esmagado os operários, não tarda a ferir seus amos, pois se a produção exclui o consumo, logo ela mesma terá que parar.

"Durante o quarto trimestre de 1841, quatro grandes falências ocorridas em uma cidade industrial inglesa, colocaram 1.720 pessoas na rua." Estas falências foram ocasionadas pelo excesso de produção, o que significa ausência de mercado ou miséria do povo. Que pena que a mecânica não possa libertar o capital da opressão dos consumidores! Que pena que as máquinas não comprem os tecidos que elas fabricam! Este seria o ideal de sociedade: se o comércio, a agricultura e a indústria pudessem funcionar sem que houvesse um único homem sobre a terra!

"Em uma paróquia do Yorkshire, há nove meses que os operários trabalham apenas dois dias por semana." Máquinas!

"Em Geston, duas fábricas, avaliadas em 60.000 libras esterlinas, foram vendidas por 26.000. Elas produziam mais do que podiam vender" Máquinas!

"Em 1841 o número de crianças *acima* de treze anos, trabalhando nas fábricas diminui porque as crianças *com menos de* treze anos tomaram seu lugar." Máquinas! O operário adulto torna-se novamente um aprendiz, uma criança: tal resultado estava previsto desde a fase da divisão do trabalho, durante a qual nós vimos a qualidade do operário baixar na medida em que a indústria se aperfeiçoa.

Para terminar, o jornalista faz esta reflexão: "desde 1836 a indústria algodoeira retrograda" quer dizer, ela não está mais em razão com as outras indústrias: outro resultado previsto pela teoria da proporcionalidade dos valores". (PROUDHON, *Contradições Econômicas* Cap. IV, parágrafo II - Trad. Bras. Ícone Editora, S. Paulo (2003), pp. 228-234. Notas excluídas).

reabilitação, de _restauração_ como diz o Sr. Proudhon, que, no século XVIII, resistiu durante muito tempo ao império nascente do autômato[90].

Wyatt, _diz o Dr. Ure_, tinha descoberto os dedos fiadores [isto é, a série dos rolos canelados], muito tempo antes de Arkwright... A principal dificuldade não consistia tanto na invenção de um mecanismo automático... A dificuldade consistia sobretudo na disciplina necessária para fazer com que os homens renunciassem aos seus hábitos irregulares no trabalho e para identificá-los com a regularidade invariável de um grande autômato. Mas inventar e colocar em vigor um código de disciplina manufatureira, conveniente para as necessidades e a rapidez do sistema automático: eis aí um empresa digna de Hércules, eis a nobre obra de Arkwright.

Em suma, através da introdução das máquinas a divisão do trabalho na sociedade aumentou, a tarefa do operário no interior da oficina simplificou-se, o capital foi reunido e o homem mais despedaçado.

O Sr. Proudhon quer ser economista e abandonar por um instante "a evolução na série do entendimento" e então ele vai beber[91] sua erudição em Adam Smith, no tempo em que a oficina automática apenas acabava de nascer. Com efeito, que diferença entre a divisão de trabalho tal como existia no tempo de Adam Smith e tal como a vemos na oficina automática[92]. Para bem fazer compreender esta diferença, bastará citar algumas passagens da _Filosofia das Manufaturas_, do Dr. Ure.

Quando Adam Smith escreveu sua obra imortal sobre os elementos da economia política, o sistema automático de indústria era ainda quase desconhecido. A divisão do trabalho pareceu-lhe com razão ser o grande princípio de aperfeiçoa-

---

[90] [P.]: Absurdo, assim como a opinião que crê desonrar a balança de comércio pelos vexames da alfândega.

[91] [N.T.]: _puiser_ no original francês, que significa literalmente extrair água de um poço, ou qualquer outro líquido de um reservatório. O termo é usado figurativamente, mais ou menos como em português dizemos "fulano _bebeu_ suas idéias em tal lugar".

[92] [P.]: A divisão para mim remonta além de Adam Smith; eu a tomo em um sentido mais amplo.

mento em manufatura; ele demonstrou, em uma fábrica de alfinetes, que um operário que se aperfeiçoasse pela prática em um único e mesmo ponto, se tornaria mais expedito e menos custoso. Em cada ramo da manufatura, ele viu que segundo este princípio, algumas operações, tais como o corte de fios de latão em comprimentos iguais, se tornaria de uma execução fácil; que outras, tais como a moldagem e a fixação das cabeças de alfinete, são proporcionalmente mais difíceis: concluiu daí que se pode naturalmente apropriar a cada uma destas operações um operário cujo salário corresponda à sua habilidade. É esta *apropriação* que é a essência da divisão dos trabalhos. Mas aquilo que poderia servir de exemplo útil no tempo do Dr. Smith, seria apropriado, hoje em dia, apenas para induzir o público a erros, com respeito ao princípio real da indústria manufatureira. Com efeito a distribuição, ou melhor a adaptação dos trabalhos às diferentes capacidades individuais, quase não entra nos planos de operação das manufaturas automáticas: ao contrário, por toda a parte onde um processo qualquer exija muita destreza e uma mão firme, retira-se o braço do operário muito hábil e muitas vezes inclinado à irregularidades de vários tipos, para substituí-lo por um mecanismo particular cuja operação automática está tão bem regulada que uma criança bastaria para supervisioná-lo.

O princípio do sistema automático é portanto[93] o de substituir a mão-de-obra pela arte mecânica e trocar a divisão de trabalho entre os operários pela análise de um processo em seus primeiros constituintes. Segundo o sistema de operação manual, a mão-de-obra era normalmente o elemento mais dispendioso de um produto qualquer; mas segundo o sistema automático, os talentos do artesão encontram-se progressivamente supridos por simples vigilantes de mecânica.

A fraqueza da natureza humana é tal que quanto mais hábil é o operário, mais ele se torna voluntarioso e intratável e, conseqüentemente, está menos apropriado para um sistema mecânico a cujo conjunto as suas galhofas caprichosas poderiam causar um dano considerável. O ponto principal do manufatu-

---

[93] [P.]: Um é a conseqüência do outro e tudo o que se diz do primeiro, convém ao segundo.

reiro de hoje é portanto o de, combinando a ciência com seus capitais, reduzir a tarefa de seus operários ao exercício de sua vigilância e de sua destreza, faculdades estas bem aperfeiçoadas em sua juventude *quando são fixadas sobre um único objeto.*

Segundo o sistema das graduações de trabalho, é preciso fazer um aprendizado de muitos anos antes que o olho e a mão se tornem suficientemente hábeis para executar alguns truques mecânicos[94]; mas segundo o sistema que decompõe um procedimento reduzindo-o aos seus princípios constitutivos e que submete todas as suas partes à operação de uma máquina automática, pode-se confiar estas mesmas partes elementares a uma pessoa dotada de capacidade comum, depois de tê-la submetido a uma curta experiência; pode-se até mesmo, em caso de urgência, fazê-la passar de uma máquina para outra, segundo a vontade do diretor do estabelecimento. Tais mutações estão em oposição aberta com a antiga rotina que divide o trabalho[95] e que designa a um operário a tarefa de modelar a cabeça de um alfinete e a outro a de afiar a sua ponta, trabalho cuja uniformidade tediosa os enerva...Mas segundo o princípio da *equalização* ou sistema automático, as faculdades do operário são submetidas apenas a um exercício agradável, etc. Como a sua tarefa é apenas vigiar o trabalho de um mecanismo bem regulado, ele a pode apreender em pouco tempo e quando ele transfere os seus serviços de uma máquina para outra, ele varia a sua tarefa e desenvolve as suas idéias, refletindo sobre as combinações gerais que resultam de seus trabalhos e dos trabalhos de seus companheiros. Desta forma, este constrangimento das faculdades, este estreitamento de idéias, este estado de perturbação do corpo que já foram atribuídos, e não sem razão, à divisão do trabalho não podem, nas condições ordinárias, ter lugar sob o regime de uma *igual distribuição dos trabalhos.*

---

[94] [N.T.]: *tours-de-force en mécanique* no original francês.

[95] [P.]: Pois bem: eu assinalei esta oposição – a degradação do operário está mais avançada naquilo que denominais sistema automático, do que naquilo que Adam Smith denomina divisão. Quanto a mim, denotei estes dois graus pela *Divisão* e pelas *Máquinas* [N.T.: de fato tais são os títulos, ou parcelas significativas deles, dos capítulos III e IV d'As Contradições, respectivamente a primeira e a segunda época destas contradições no dizer de Proudhon]. Eu disse: a Divisão do Trabalho fraciona, mutila e dispersa o homem; as máquinas o sujeitam – é a mesma coisa que diz o Dr. Ure.

A meta constante e a tendência de todo o aperfeiçoamento no mecanismo é com efeito passar-se inteiramente sem o trabalho do homem e diminuir o seu preço, substituindo a indústria dos operários adultos pela das mulheres e das crianças ou o trabalho de hábeis artesãos pelo trabalho de operários grosseiros...Esta tendência de se empregar apenas crianças de olho vivo e dedos ligeiros em lugar de diaristas que possuam longa experiência, demonstra que o dogma escolástico da divisão do trabalho segundo os distintos graus de habilidade foi enfim explorado pelos nossos manufatureiros esclarecidos[96].

O que caracteriza a divisão de trabalho no interior da sociedade moderna é o fato de que ela engendra as especialidades, as espécies e com elas o idiotismo de ofício.

Ficamos surpresos de admiração, *nos diz Lemontey*, vendo entre os antigos o mesmo personagem ser ao mesmo tempo e em grau eminente filósofo, poeta, orador, historiador, sacerdote, administrador e general de exército. Nossas almas se espantam ao mero aspecto de tão vasto domínio. Hoje cada um planta sua sebe e tranca-se em seu recinto. Ignoro se com tal recorte o campo se acresça, mas sei que o homem se apequena[97].

O que caracteriza a divisão do trabalho na oficina automática, é que o trabalho nela perdeu todo o caráter de especialidade. <u>Mas no momento em que todo o desenvolvimento especial cessa, a necessidade de universalidade, a tendência para um desenvolvimento integral do indivíduo começa a se fazer sentir</u>[98]. A oficina automática apaga as espécies e o idiotismo de ofício.

<u>O Sr. Proudhon nem sequer compreendeu este único lado revolucionário da oficina automática, dá um passo atrás e propõe ao operário que faça não apenas a duodécima parte de um alfinete, mas sucessivamente todas as doze partes</u>[99]. O operário desta forma chegaria

---

[96] [M.]: A. URE: *Philosophie des Manufactures*, t. I, Cap. I (1836).

[97] [N.E.]: P.E. LEMONTEY: Op. Cit., t. I, p. 213.

[98] [P.]: Pois bem! E como entendeis este desenvolvimento integral?

[99] [P.]: Sim, enquanto se tratar de resolver a antinomia da divisão; mas eu não disse que tudo reside aí. É preciso que o operário, sempre resumindo a habilidade antiga e moderna, saiba

à ciência e à consciência do alfinete. Eis o que é o trabalho sintético do Sr. Proudhon. Ninguém contestará que fazer um movimento para a frente e um outro para trás é também realizar um movimento sintético.

Em resumo, o Sr. Proudhon não foi além do ideal do pequeno-burguês. E para realizar este ideal, ele não imagina nada de melhor que nos trazer de volta ao companheiro, ou no máximo ao mestre artesão da Idade Média. Basta, diz ele em algum lugar de seu livro, ter feito uma única vez na vida uma obra-prima, para ter-se sentido uma única vez um homem. Não residirá aí, tanto pela forma quanto pelo fundo, a obra-prima exigida pelos corpos de ofício medievais?[100]

3. A CONCORRÊNCIA E O MONOPÓLIO

Lado bom da concorrência	"A concorrência é tão essencial ao trabalho quanto a divisão. Ela é necessária ao *advento da igualdade*."
Lado mau da concorrência	"O princípio é a negação de si mesmo. Seu efeito mais certeiro é o de perder aqueles que ele arrasta."
Reflexão geral	"Os *inconvenientes* que marcham na sua seqüência, da mesma forma como o bem que ela proporciona... decorrem logicamente, uns e outros, do princípio."
Problema a resolver	"Demandar um *princípio de acomodação* que deve derivar de uma lei superior à própria liberdade." VARIANTE "Não seria pois o caso de destruir a concorrência, coisa tão impossível como destruir a liberdade; trata-se de encontrar um equilíbrio, eu diria até mesmo a *polícia*."[101]

---

trabalhar ao mesmo tempo com seus dedos e com as máquinas. Pois é absurdo que ele não possa passar sem a máquina, ele que se fez substituir pela máquina. O sintetismo no seu mais alto grau, exige do operário ao mesmo tempo uma maior capacidade e um desenvolvimento menor da capacidade. [N.E.: De fato, Proudhon sempre foi menos "otimista" do que Marx, sobre os efeitos de longo prazo do maquinismo. Ver a tal respeito o parágrafo III do Capítulo IV (As Máquinas) das Contradições, intitulado significativamente "Preservativos contra a Influência Desastrosa das Máquinas".]

[100] [N.E.]: Proudhon ainda não tinha exposto as suas proposições de organização social. N'O *Capital*, Marx entretanto retomará as descrições prodhonianas dos efeitos desumanos do maquinismo (Ver o t. I d'*As Contradições*, Cap. III, Parágrafo I).

[101] [N.E.]: PROUDHON, t. I, trechos esparsos entre as páginas 177 a 180 e p. 206.

O Sr. Proudhon começa por defender a necessidade eterna de concorrência contra aqueles que querem substituí-la pela *emulação*[102]. Não há "emulação sem meta" e como:

> o objeto de qualquer paixão é necessariamente análogo à própria paixão, paixão de uma mulher para o amante, do poder pelo ambicioso, do ouro para o avaro, uma coroa para o poeta, o objeto da emulação industrial é necessariamente o *lucro*. A emulação nada mais é que a própria concorrência[103].

A concorrência é a emulação com vistas ao lucro. A emulação industrial seria necessariamente a emulação com vistas ao lucro, isto é, a concorrência? O Sr. Proudhon o prova afirmando. Nós já vimos: afirmar para ele é provar, da mesma forma como supor é negar.

Se o *objeto* imediato do amante é a mulher, o objeto imediato da emulação industrial é o produto e não o lucro[104].

A concorrência não é a emulação industrial, é a emulação comercial[105, 106]. Em nossos dias a emulação industrial existe apenas em função do comércio. Há até mesmo fases na vida econômica dos povos modernos nas quais todo o mundo é apanhado por uma espécie de delírio de realizar lucros sem produzir. Esta vertigem de especulação, que retorna periodicamente, desnuda o verdadeiro caráter da concorrência que busca escapar da necessidade da emulação industrial.

Se dissésseis a um artesão do século XIV que se iria revogar todos os privilégios e toda a organização feudal da indústria para colocar em seu lugar a emulação industrial, dita concorrência, ele vos teria respondido que os privilégios das diversas corporações, mestrados e jurandas são a concorrência organizada. O Sr. Proudhon não o diz melhor quando afirma que

---

[102] [N.E.]: Engels introduz neste ponto a seguinte nota: "os fourieristas".

[103] [N.E.]: PROUDHON, t. I, pg. 179. Marx altera ligeiramente aqui o trecho citado. [N.T.: Eis o texto completo da citação em nossa tradução (t. I, p. 266): "*o objeto de qualquer paixão é necessariamente análogo à própria paixão – uma mulher para o amante, o poder para o ambicioso, o ouro para o avaro, uma coroa para o poeta – da mesma forma o objeto da emulação industrial é necessariamente o lucro; não, retorna o comunista, o objeto da emulação do trabalhador deve ser a utilidade geral, a fraternidade e o amor.*"]

[104] [P.]: Trata-se aqui de um sinônimo!

[105] [P.]: Outro sinônimo.

[106] [N.E]: Esta é a última nota marginal de Proudhon, que parece ter-se cansado de uma leitura que ele estimava ser apenas "um tecido de grosserias, de calúnias, de falsificações e de plágios". (Carta a Guillaumin 19 de setembro de 1847).

a emulação nada mais é que a própria concorrência.

Se for ordenado, a partir de 1º de janeiro de 1847, que o trabalho e o salário estão garantidos a todos, logo um imenso relaxamento irá suceder à tensão ardente da indústria[107, 108].

Em lugar de uma suposição, de uma afirmação e de uma negação, nós temos agora uma ordem que o Sr. Proudhon torna totalmente expressa para provar a necessidade da concorrência, sua eternidade enquanto categoria, etc....

Quando se imagina que são necessários apenas decretos[109] para se escapar da concorrência, nunca se sairá dela. E quando se conduz as coisas até o ponto de se abolir a concorrência, conservando entretanto o salário, o que se propõe é um absurdo através de um decreto real. Mas os povos não procedem através de decretos reais. Antes de emitir tais ordens, eles devem ao menos ter mudado dos pés à cabeça as suas condições de existência industrial e política e, conseqüentemente, a sua maneira de ser.

---

[107] [N.E.]: PROUDHON, t. I, p. 180.

[108] [N.T.]: Eis a totalidade do trecho citado no seu contexto, cf. a nossa tradução (t. I, pp. 268-69): "*Seria necessário insistir? A partir do momento em que o comunista muda o nome das coisas,* Vera rerum vocabula, *ele confessa implicitamente a sua impotência e põe-se fora de causa. Por este motivo eu lhe diria como toda a resposta: negando a concorrência abandonais a tese; doravante não mais contais na discussão. Em outra oportunidade investigaremos até que ponto um homem deve sacrificar-se ao interesse de todos: pelo momento trata-se de resolver o problema da concorrência, quer dizer conciliar a mais alta satisfação do egoísmo com as necessidades sociais; poupai-me de vossa moral.*
A concorrência é necessária para a constituição do valor, ou seja, para o próprio princípio da distribuição, e conseqüentemente para o advento da igualdade. Enquanto um produto for dado por um único fabricante o seu valor real permanece um mistério, seja por dissimulação da parte do produtor seja por incúria ou incapacidade de fazer baixar o preço de custo ao seu limite extremo. Desta forma o privilégio de produção é uma perda real para a sociedade e a publicidade da indústria bem como a concorrência dos trabalhadores uma necessidade. Todas as utopias imaginadas e imagináveis não podem subtrair-se dessa lei.
Certamente não nego que o trabalho e o salário possam e devam ser garantidos; tenho até mesmo a esperança de que a época desta garantia não esteja afastada; mas mantenho que a garantia do salário é impossível sem o conhecimento exato do valor, e que este valor pode apenas ser descoberto pela concorrência e não pelas instituições comunistas ou por um decreto do povo. Pois existe algo mais poderoso aqui que a vontade do legislador e dos cidadãos: é a impossibilidade absoluta para o homem de cumprir o seu dever, quando esteja descarregado de toda responsabilidade para consigo; ora, a responsabilidade para consigo em matéria de trabalho implica necessariamente concorrência com os outros. Se for ordenado, à partir de 1º de janeiro de 1847 que o trabalho e o salário estão garantidos a todos, logo um imenso relaxamento vai suceder à tensão ardente da indústria, o valor real cairá rapidamente abaixo do valor nominal, a moeda metálica, apesar de sua efígie e do seu timbre, experimentará a sorte dos assignats, o comerciante pedirá mais para entregar menos e nós nos instalaremos no círculo mais baixo do inferno de miséria do qual a concorrência é apenas a terceira etapa".

[109] [N.T.]: ordenances *no original francês.*

O Sr. Proudhon responderá com sua imperturbável segurança que é a hipótese "de uma transformação de nossa natureza, sem antecedentes históricos", que ele teria direito "de nos *afastar* da discussão", não sabemos por virtude de qual decreto.

O Sr. Proudhon ignora que a história inteira nada mais é que uma transformação contínua da natureza humana.

Mantenhamo-nos nos fatos. A Revolução Francesa fez pela liberdade industrial tanto quanto fez pela liberdade política, mas a França em 1789 não percebeu todas as conseqüências do princípio cuja realização demandava; digamo-lo claramente: ela não se enganou nem em seus votos nem em sua espera. Qualquer um que isto negasse perderia aos meus olhos todo o direito à crítica: não disputo com um adversário que coloque como princípio o erro espontâneo de vinte e cinco milhões de homens...Por que pois, se não fosse a concorrência um *princípio* da economia social, um *decreto do destino*, uma *necessidade da alma humana*, por que, ao invés de *abolir* as corporações os mestrados e as jurandas, não se buscou antes *reparar* tudo isto [110, 111]?

---

[110] [N.E.]: PROUDHON, t. I, pp. 182-83. Marx não indica as supressões que fez ao texto e nem que as ênfases são suas.

[111] [N.T.]: Eis, mais uma vez, a passagem citada, em sua completeza e contexto (PROUDHON, t. I, pp. 270/71- Trad. Bras.): "*Mantenhamo-nos nos fatos, pois apenas os fatos possuem um sentido e podem nos servir. A Revolução Francesa fez pela liberdade industrial tanto quanto fez pela liberdade política, mas a França em 1789 não percebeu todas as conseqüências do princípio cuja realização demandava; digamo-lo claramente: ela não se enganou nem em seus votos nem em sua espera. Qualquer um que isto negasse perderia aos meus olhos todo o direito à crítica: não disputo com um adversário que coloque como princípio o erro espontâneo de vinte e cinco milhões de homens.*

No final do século XVIII a França, cansada dos privilégios, queria a qualquer preço sacudir o torpor de suas corporações e elevar a dignidade do operário, conferindo-lhe a liberdade. Era preciso emancipar o trabalho em toda a parte, estimular o gênio, tornar o industrial responsável, suscitando-lhe mil competidores e fazendo pesar apenas sobre ele as consequências de sua moleza, de sua ignorância e de sua má-fé. Desde antes de 1789 a França estava madura para a transição; foi Turgot quem teve a honra da primeira travessia.

Por que pois, se não fosse a concorrência um princípio da economia social, um decreto do destino, uma necessidade da alma humana, por que, ao invés de abolir as corporações os mestrados e as jurandas, não se buscou antes reparar tudo isto? Por que, ao invés de uma revolução, não bastou uma simples reforma? Por que a negação, se uma simples modificação bastasse, levando-se em conta aliás que este partido medianeiro estava inteiramente de acordo com as idéias conservadoras compartilhadas pela burguesia? Que o comunismo e a democracia quase socialista, que no que tange ao princípio da concorrência representam sem perceber o sistema centrista e a idéia contra-revolucionária, me expliquem se puderem esta unanimidade da nação!

Desta forma, como os franceses do século XVIII aboliram as corporações, mestrados e jurandas ao invés de modificá-las, os franceses do século XIX devem modificar a concorrência ao invés de aboli-la. Posto que a concorrência foi estabelecida na França no século XVIII, em conseqüência de necessidades históricas, tal concorrência não deve ser destruída na França do século XIX, em conseqüência de outras necessidades históricas. O Sr. Proudhon não compreendeu que o estabelecimento da concorrência ligava-se ao desenvolvimento real dos homens do século XVIII e fez da concorrência uma necessidade da *alma humana*, IN PARTIBUS INFIDELIUM. O que teria feito o grande Colbert para o século XVII[112]?

Depois da Revolução vem o estado de coisas atual. O Sr. Proudhon dele extrai fatos para mostrar a eternidade da concorrência, provando que todas as indústrias nas quais esta categoria não está ainda suficientemente desenvolvida, como na agricultura por exemplo, estão em um estado de inferioridade, de caducidade.

Dizer que existem indústrias que não estão ainda à altura da concorrência, que outras estão ainda abaixo do nível da produção burguesa é um disparate que de modo algum prova a eternidade da concorrência.

Acrescentemos que os eventos confirmaram a teoria. A partir do ministério de Turgot, um acréscimo de atividade e de bem-estar começou a manifestar-se na nação. A prova pareceu tão decisiva, que obteve o imediato assentimento de todas as legislaturas; a liberdade de indústria e comércio figura em nossas constituições no mesmo posto que a liberdade política. É a tal liberdade por fim que a França deve, há sessenta anos, os progressos de sua riqueza...

[112] [N.T.]: Alusão a Jean-Baptiste COLBERT (Reims, 1619 - Paris, 1683), que foi recomendado por Mazzarino como ministro das finanças a Luís XIV e que introduziu na França um sistema protecionista de produção baseado fortemente nas doutrinas mercantilistas. Um ponto central do "colbertismo" era o desenvolvimento da indústria e do comércio franceses através do estímulo à imigração de artesãos especializados, da imposição de fortes tarifas à importação de bens manufaturados, do estímulo fiscal e aduaneiro à exportação de artefatos franceses e da formação de grandes empresas manufatureiras de base estatal, mas geridas de maneira capitalista, tais como estaleiros e metalúrgicas. A tapeçaria de Gobellins e a fábrica de porcelana de Sévres são os exemplos mais conhecidos destas iniciativas, embora não sejam os mais importantes do ponto de vista estritamente econômico. A política econômica de Colbert permitiu um rejuvenescimento das velhas guildas de artesãos, cujos regulamentos favoreciam a gestão estatal desse novo sistema econômico. O colbertismo, ao favorecer os grandes empreendimentos estatais ou mistos, retardou de certa forma o surgimento na França de uma burguesia industrial complexa, tal como a Inglaterra desenvolveria à partir do século XVIII fazendo com que, mesmo já bem avançado o século XIX, o Estado fosse na França o grande indutor da indústria capitalista. Marx aqui se refere justamente ao fato do colbertismo ter permitido, por sua lógica econômica, um rejuvenescimento das guildas, ao contrário do que ocorria então com o Reino Unido.

Toda a lógica do Sr. Proudhon resume-se nisto: a concorrência é uma relação social na qual nós desenvolvemos atualmente as nossas forças produtivas. Ele deu à esta idéia não desenvolvimentos lógicos, mas formas muitas vezes muito bem desenvolvidas, dizendo que a concorrência é a emulação industrial, o modo atual de ser livre, a responsabilidade no trabalho, a constituição do valor, uma condição para o advento da igualdade, um princípio da economia social, um decreto do destino, uma necessidade d'alma humana, uma inspiração da justiça eterna, a liberdade na divisão, a divisão na liberdade, uma categoria econômica.

A *concorrência* e a *associação* apóiam-se uma sobre a outra. Longe de se excluírem, elas sequer são *divergentes*. Quem diz concorrência, já supõe uma *meta comum*. A concorrência não é pois o *egoísmo* e o erro mais deplorável do socialismo é tê-la considerado como a derrubada da sociedade[113, 114].

---

[113] [N.E.]: PROUDHON, t. I, p. 206.

[114] [N.T.]: Eis, outra vez, a passagem citada, no seu contexto (PROUDHON, t. I, pp. 296/98- Trad. Bras.). Notemos que este trecho, significativamente, está situado no início do parágrafo II do Capítulo V e que tal parágrafo se intitula "Remédios contra a Concorrência": *"Poderá ser abolida a concorrência no trabalho?*

Isto equivaleria a perguntar se a personalidade, a liberdade e a responsabilidade individual poderiam ser suprimidas.

A concorrência, com efeito, é a expressão da atividade coletiva; da mesma forma que o salário, considerado na sua acepção mais alta, ela é a expressão do mérito e do demérito, ou seja em uma palavra, da responsabilidade do trabalhador. Declamamos e revoltamo-nos em vão contra estas duas formas essenciais da liberdade e da disciplina no trabalho. Sem uma teoria do salário, não há distribuição, não há justiça; sem a organização da concorrência, não há garantia social e portanto não há solidariedade.

Os socialistas confundiram duas coisas essencialmente distintas quando, opondo a união da família no lar à concorrência industrial, perguntaram se a sociedade não poderia ser constituída precisamente como uma grande família, cujos membros seriam ligados pela afeição do sangue e não como uma espécie de coalizão, onde cada um é retido pela lei de seus interesses.

A família não é, se assim ouso dizer, o tipo, a molécula orgânica da sociedade. Na família, como já muito bem o observou o Sr. de Bonald, existe apenas um ser moral, um único espírito, uma única alma, eu diria quase, como na Bíblia, uma única carne. A família é o tipo e o berço da monarquia e do patriciado; nela reside e se conserva a idéia de autoridade e de soberania, que se apaga cada vez mais no Estado. É sobre o modelo da família que todas as sociedades antigas e feudais se organizavam e é precisamente contra esta velha constituição patriarcal que a democracia moderna protesta e se revolta.

A unidade constitutiva da sociedade é a oficina.

Ora a oficina implica necessariamente um interesse de corpos e interesses privados; uma personalidade coletiva e indivíduos. Daí decorre um sistema de relações desconhecidos na família, dentre as quais a oposição da vontade coletiva, representada pelo mestre, e as vontades individuais, representadas pelos assalariados, figura em primeiro posto. Vêm em seguida as

Quem diz concorrência diz meta comum e isto prova, por um lado, que a concorrência é a associação e por outro que a concorrência não é egoísmo. E quem diz *egoísmo* não diz meta comum? Cada egoísmo exerce-se na sociedade e através da sociedade. Ele supõe pois a sociedade, isto é, metas comuns, necessidades comuns, meios de produção comuns, etc., etc....Será que, por acaso e por causa disto, a concorrência e a associação das quais os socialistas falam, não seriam divergentes?

Os socialistas sabem muito bem que a sociedade atual está fundada sobre a concorrência. Como poderiam pois reprochar à concorrência o fato de derrubar a sociedade atual que eles mesmo querem derrubar? E como poderiam reprochar à concorrência o fato de derrubar a sociedade futura, na qual eles vêm, ao contrário, a derrubada da concorrência?

O Sr. Proudhon diz, mais além, que a concorrência é o *oposto do monopólio* e que conseqüentemente ela não poderia ser o *oposto da associação*.

---

relações entre oficina e oficina, de capital para capital, ou seja em outros termos, a concorrência e a associação. Pois concorrência e associação apóiam-se uma sobre a outra; não existiriam uma sem a outra e, bem longe de excluírem-se, elas sequer são divergentes. Quem diz concorrência, supõe já um fim comum; a concorrência não é pois o egoísmo e o erro mais deplorável do socialismo foi tê-la considerado como a derrubada da sociedade.

Não se trata pois de destruir a concorrência, coisa tão impossível quanto destruir a liberdade; trata-se de encontrar o seu equilíbrio, a sua polícia, eu diria. Pois toda a força, toda a espontaneidade, seja individual seja coletiva, deve receber a sua determinação; ocorre a tal respeito com a concorrência o mesmo que acontece com a inteligência e a liberdade. Como portanto a concorrência se determinará harmonicamente na sociedade?

Nós já ouvimos a resposta do Sr. Dunoyer, falando pela economia política: A concorrência deve determinar-se por si mesma. Em outros termos, segundo o Sr. Dunoyer e todos os economistas, o remédio contra os inconvenientes da concorrência é mais concorrência ainda; e como a economia política é a teoria da propriedade, do direito absoluto de usar e de abusar, é claro que a economia política não terá outra coisa a responder. É como se pretendêssemos que a educação da liberdade se faz pela liberdade, a instrução do espírito pelo espírito e a determinação do valor pelo valor; todas estas são proposições evidentemente tautológicas e absurdas.

E com efeito, para nos encerrarmos no assunto que tratamos, salta à vista que a concorrência, praticada por si mesma e sem outro fim senão o de manter uma independência vaga e discordante, não conduzirá a nada e que as oscilações serão eternas. Na concorrência são os capitais, as máquinas, os procedimentos, o talento e a experiência, isto é os capitais no sentido amplo, que estão em luta; a vitória está assegurada aos maiores batalhões. Se pois a concorrência exercer-se apenas em proveito dos interesses privados e se seus efeitos sociais não forem nem determinados pela ciência e nem reservados pelo Estado, haverá na concorrência, como na democracia, uma contínua tendência da guerra civil para a oligarquia, da oligarquia para o despotismo e depois, pela dissolução deste último, de retorno à guerra civil, sem fim e sem repouso. Eis porque a concorrência abandonada a si mesma não pode jamais chegar à sua constituição; da mesma forma que o valor, ela tem necessidade de um princípio superior que a socialize e defina. Tais fatos já estão suficientemente bem estabelecidos para que os possamos considerar como adquiridos pela crítica e nos dispensar de a eles retornar. A economia política, no que diz respeito à polícia da concorrência, não tem e nem pode ter outro meio que a própria concorrência, e assim demonstra-se impotente".

O feudalismo foi, desde a sua origem, o oposto da monarquia patriarcal; da mesma forma não era o oposto da concorrência, que ainda não existia. Segue-se daí que a concorrência não é oposta ao feudalismo?

De fato, *sociedade*, *associação*, são denominações que se pode dar a todas as sociedades, tanto à sociedade feudal quanto à burguesa, que é a associação fundada sobre a concorrência. Como pode haver socialistas que, pela única palavra *associação*, acreditam poder refutar a concorrência? E como o próprio Sr. Proudhon pode querer defender a concorrência contra o socialismo, designando a concorrência com a simples palavra *associação*?

Tudo isto que acabamos de falar faz parte do belo lado da concorrência, tal como a entende o Sr. Proudhon. Passemos agora ao seu lado vil, quer dizer ao lado negativo da concorrência, a aquilo que ela possui de destrutivo, de subversivo, de qualidades malfazejas.

O quadro que o Sr. Proudhon nos dá deste outro lado possui algo de lúgubre.

A concorrência engendra a miséria, ela fomenta a guerra civil, "muda as zonas naturais", confunde as nacionalidades, perturba as famílias, corrompe a consciência pública, "subverte as noções de eqüidade e de justiça", de moral, e, o que é o pior, ela destrói o comércio probo e livre e nem mesmo dá como recompensa o *valor sintético*, o preço fixo e a honestidade. Ela desencanta a todos, até mesmo os economistas. Ela impele os fatos até destruir-se a si mesma.

Depois de tudo o que o Sr. Proudhon diz de mal dela, poderia ele ter, com relação à sociedade burguesa, com relação aos seus princípios e suas ilusões, um elemento mais dissolvente, mais destrutivo do que a concorrência?

Notemos bem o fato de que a concorrência se torna sempre mais destrutiva para as *relações* burguesas, na medida em que ela excita uma criação febril de nocivas forças produtivas, quer dizer as condições materiais de uma sociedade nova. Sob este aspecto ao menos, o lado mau da concorrência teria algo de bom.

A concorrência, como posição ou fase econômica e considerada na sua origem, é o resultado necessário... da teoria da redução dos custos gerais[115, 116].

---

[115] [N.E.]: PROUDHON, t. I, p. 215.

[116] [N.T]: Marx cita aqui, truncadamente, um curto trecho justamente da **conclusão** do Capítulo V d'*As Contradições*, que estuda precisamente a concorrência. Eis mais uma vez a

Para o Sr. Proudhon, a circulação do sangue deve ser uma conseqüência da teoria de Harvey.

Assim, o monopólio é o termo fatal da concorrência, que o engendra por uma negação incessante de si mesma: esta geração do monopólio é já a sua justificação... O monopólio é o oposto natural da concorrência... Mas desde que a concorrência é necessária, ela implica a idéia do monopólio, pois o monopólio é como que a sede da cada individualidade concorrente[117, 118].

---

passagem citada de maneira completa, no seu contexto (PROUDHON, t. I, pp. 306/07- Trad. Bras.): "*Resumamos:*

A concorrência, como posição ou fase econômica e considerada na sua origem, é o resultado necessário da intervenção das máquinas, da constituição da oficina e da teoria da redução geral de custos; considerada na sua significação própria e na sua tendência ela é o modo segundo o qual manifesta-se e exerce-se a atividade coletiva, é a expressão da espontaneidade social, o emblema da democracia e da igualdade, o instrumento mais enérgico da constituição do valor e o suporte da associação. Como impulso das forças individuais, ela é o penhor de sua liberdade, o primeiro momento de sua harmonia, a forma da responsabilidade que as une todas e que as torna solidárias.

Mas a concorrência abandonada a si mesma e privada da direção de um principio superior e eficaz, nada mais é que um movimento vago, uma oscilação sem objeto do poder industrial, eternamente arrastado entre dois extremos igualmente funestos: as corporações e o patronato por um lado, aos quais como vimos a oficina deve a sua origem, e o monopólio, que será tratado no próximo capítulo, por outro.

O socialismo, protestando com razão contra esta concorrência anárquica, nada propôs ainda de satisfatório para a sua regulamentação; e a prova disto é que encontra-se por toda a parte, nas utopias que até o momento viram a luz, a determinação ou a socialização do valor abandonada ao arbítrio e todas as reformas chegarem ou à corporação hierárquica, ou ao monopólio do Estado ou ao despotismo da comunidade".

[117] [N.E.]: PROUDHON, t. I, pp. 217 e 218.

[118] [N.T.]: Marx aqui recorta e inverte os termos de uma passagem de Proudhon situada no começo do Capítulo VI: "O Monopólio". Eis aqui o trecho citado e os nossos grifos indicam as passagens tomadas por Marx para compor a sua "citação" (Cf. pp. 309/310 trad. bras.): "Monopólio: *comércio, exploração ou gozo exclusivo de uma coisa.*

O monopólio é o oposto natural da concorrência. Esta simples observação basta, como já dissemos, para fazer cair as utopias derivadas do pensamento de abolir a concorrência, como se ela fosse o contrário da associação e da fraternidade. A concorrência é a força vital que anima o ser coletivo; destruí-la, se tal suposição pudesse realmente ser feita, seria matar a sociedade.

Mas desde que a concorrência é necessária, ela implica a idéia do monopólio, pois o monopólio é como que a sede de cada individualidade concorrente. Os economistas também demonstraram, e o Sr. Rossi reconheceu formalmente, que o monopólio é a forma da posse social, fora da qual não há trabalho, não há produto, não há troca nem riqueza. Toda posse imobiliária é monopólio; toda utopia industrial tende a constituir-se em monopólio e o mesmo deve ser dito das outras funções não compreendidas nestas duas categorias.

O monopólio por si não carrega a idéia de injustiça; mais ainda, existe nele algo que, sendo da sociedade tanto quanto do homem, o legitima: aí reside o lado positivo do princípio que iremos examinar.

Regozijamo-nos, juntamente com o Sr. Proudhon, do fato que ele possa, ao menos uma vez, aplicar bem a sua fórmula da tese e da antítese. Todo o mundo sabe que o monopólio moderno foi gerado pela própria concorrência.

Quanto ao conteúdo, o Sr. Proudhon se mantém em imagens poéticas. A concorrência faria

de cada subdivisão do trabalho, algo como uma soberania, onde cada indivíduo instalar-se-ia em toda a sua força e independência.

O monopólio é a "sede de cada individualidade concorrente". A soberania vale ao menos a sede.

O Sr. Proudhon nos fala apenas do monopólio moderno, engendrado pela concorrência[119]. Mas nós todos sabemos que a concorrência foi engendrada pelo monopólio feudal. Assim, primitivamente, a concorrência foi o contrário do monopólio e não o monopólio o contrário da concorrência[120]. O monopólio moderno portanto não é uma simples antítese, é ao contrário a verdadeira síntese[121].

Mas o monopólio, da mesma forma que a concorrência, torna-se anti-social e funesto: como acontece isto? Pelo abuso, responderão os economistas. E é então no definir e reprimir dos abusos dos monopólios que os magistrados se aplicam; é na sua denúncia que a nova escola de economistas coloca a sua glória.

Mostraremos que os ditos abusos do monopólio nada mais são que os efeitos do desenvolvimento, em sentido negativo, do monopólio legal; que eles não podem ser separados de seu princípio sem que este princípio seja arruinado, são por conseqüência inacessíveis à lei e toda repressão a tal respeito é arbitrária e injusta. De tal forma que o monopólio, princípio constitutivo da sociedade e condição de riqueza, é ao mesmo tempo e em mesma medida princípio de espoliação e de pauperismo; que quanto mais fazemos ele produzir o bem, mais dele recebemos o mal; que sem ele o progresso se detem e com ele o trabalho se imobiliza e a civilização se esvanece.

I) Necessidade do Monopólio

Assim, o monopólio é o termo fatal da concorrência, que o engendra por uma negação incessante de si mesma: esta geração do monopólio é já a sua justificação. Pois, como a concorrência é inerente à sociedade assim como o movimento o é aos seres vivos, o monopólio, que vem na sua seqüência, que é sua meta e seu fim, e sem o qual a concorrência não é mais aceita, o monopólio é e permanecerá legítimo por tanto tempo quanto a concorrência, por tanto tempo quanto os processos mecânicos e as combinações industriais, por tanto tempo enfim, quanto a divisão do trabalho e a constituição dos valores forem necessidades e leis".

[119] [N.T.]: Isto não é totalmente exato. Proudhon discute igualmente, tanto no Capítulo VI como no Capítulo IX d'*As Contradições* os monopólios das guildas e jurandas medievais, embora se possa argumentar – como o faz implicitamente Kropotkin n'*O Apoio Mútuo* – que sua análise por vezes deixe um pouco à desejar.

[120] [N.T.]: Efeito puramente retórico de Marx: muito embora se possa aceitar, *ad argumentum*, a gênese da concorrência a partir do monopólio, uma vez estabelecida a antinomia, os dois conceitos nela englobados formam um par que não pode ser dissociado: este é o próprio conceito de antinomia.

[121] [N.T.]: É precisamente este ponto, mesmo aceitando-se a dialética de Hegel e não a de Proudhon, que deve ser mostrado e não simplesmente afirmado. O jogo retórico acima busca

Tese: O monopólio feudal anterior à concorrência.

Antítese: A concorrência.

Síntese: O monopólio moderno, que é a negação do monopólio feudal, na medida em que supõe o regime de concorrência e que é a negação da concorrência enquanto monopólio.

Assim o monopólio moderno, o monopólio burguês, é o monopólio sintético, a negação da negação, a unidade dos contrários. Ele é o monopólio em estado puro, normal, racional. O Sr. Proudhon está em contradição com a sua própria filosofia, quando ele faz do monopólio burguês o monopólio em estado cru, *simplista*, contraditório, espasmódico. O Sr. Rossi, que o Sr Proudhon cita muitas vezes a respeito do monopólio, parece ter melhor captado o caráter sintético do monopólio burguês. Em seu *Cours d'Economie Politique*, ele distingue entre monopólios artificiais e monopólios naturais. Os monopólios feudais diz ele, são artificiais, isto é, arbitrários; os monopólios burgueses são naturais, quer dizer racionais.

O monopólio é uma boa coisa, raciocina o Sr. Proudhon, posto que é uma categoria econômica, uma emanação da "razão impessoal da humanidade". A concorrência é ainda uma boa coisa, porque também ela é uma categoria econômica. Mas o que não é bom é a realidade do monopólio e a realidade da concorrência. O que é pior ainda é que a concorrência e o monopólio devoram-se mutuamente. O que fazer? Buscar a síntese destes dois pensamentos eternos, arrancá-la do seio de Deus aonde está depositada desde um tempo imemorial.

Na vida prática, encontramos não apenas a concorrência, o monopólio e seu antagonismo, mas também a sua síntese, que não é uma fórmula mas sim um movimento. O monopólio produz a concorrência e a concorrência produz o monopólio. Os monopolistas fazem concorrência entre si e os concorrentes se tornam monopolistas. Se os monopolistas restringem a concorrência entre si através de associações parciais, a concorrência por outro lado cresce entre os operários; quanto mais a massa dos proletários cresce com relação aos monopolistas de uma nação, mais a concorrência torna-se desenfreada entre os mono-

---

apenas "poupar" esta demonstração, não tão fácil de se realizar. Não se pode considerar como "demonstração" da sua tese, a meia dúzia de linhas que Marx escreve à respeito logo abaixo: estas seriam, quando muito uma formulação exata da proposição dialética que é necessário mostrar.

polistas de diferentes nações[122]. A síntese é tal que o monopólio não pode manter-se se não passar continuamente pela luta da concorrência.

---

[122] [N.T.]: Note o leitor que este "movimento" que Marx descreve por último: monopolização interna, degradação da condição operária e concorrência acerba entre os diferentes capitais monopolistas nacionais, é bastante paralelo ao próprio desenvolvimento das Contradições Econômicas de Proudhon, que ele aqui critica. Notemos igualmente que os capítulos nos quais Proudhon coroa a análise deste movimento são negligenciados por Marx neste texto: ele sequer os cita. Proudhon, através do seu método da dialética serial, vai inicialmente expor o funcionamento e as conseqüências sociais da concorrência, do monopólio e dos impostos e depois irá se deter na análise das trocas internacionais, que de certa maneira enfeixam e coordenam as contradições anteriores. Através da sua análise da balança de comércio e da sua acerba crítica ao livre-cambismo, Proudhon não apenas denunciará com clareza, retomando os argumentos desenvolvidos em capítulos anteriores, o movimento aqui resumido por Marx, como também mostrará que a "constituição dos valores" é a chave não apenas para a superação do monopólio imperialista (no seu tempo tão bem representado pela Inglaterra e que hoje encontra seu tipo na política comercial norte-americana), mas igualmente para a superação das contradições econômicas internas às nações, tipificadas pelo aumento paralelo da riqueza e da miséria e pela subordinação social do trabalho à lógica de acumulação do capital. Um desenvolvimento maior deste ponto seria muito longo para uma nota de rodapé; limitar-nos-emos aqui a assinalar ao leitor a estrutura interna dos capítulos das *Contradições* relacionados com tal movimento e remetê-lo às notas de rodapé, tanto nossas como as Roger Picard, que, em nossa tradução do original proudhoniano, tentam complementar e explicitar a lógica deste movimento tal como Proudhon a descreve:

Capítulo V - Terceira Época: A Concorrência
§I- Necessidade da Concorrência
§II- Efeitos Subversivos da Concorrência e destruição da Liberdade por ela
§III- Remédios contra a Concorrência

Capítulo VI - Quarta Época: O Monopólio
§I- Necessidade do Monopólio
§II- Desastres no Trabalho e Perversão nas Idéias causadas pelo Monopólio

Capítulo VII - Quinta Época: A Polícia ou o Imposto
§I- Idéia Sintética do Imposto. Ponto de Partida e desenvolvimento desta Idéia
§II- Antinomia do Imposto
§III- Conseqüências Desastrosas e Inevitáveis do Imposto (subsistências, leis suntuárias, polícia rural e industrial, patentes de invenção, marcas de fábrica, etc.)

Capítulo VIII - Da Responsabilidade do Homem e de Deus, sob a lei de Contradição, ou Solução do Problema da Providência
§I- Culpabilidade do Homem - Exposição do Mito da Queda
§II- Exposição do Mito da Providência - Retrogradação de Deus

Capítulo IX - Sexta Época: A Balança de Comércio
§I- Necessidade do Comércio Livre
§II- Necessidade da Proteção
§III- Teoria da Balança de Comércio

Para engendrar dialeticamente os *impostos* que vêm depois do monopólio, o Sr. Proudhon nos fala do *gênio social* que, depois de ter seguido *intrepidamente a sua rota em ziguezague,*

> depois de ter marchado com um passo seguro, *sem arrependimento e sem parada, chegado ao ângulo do monopólio,* lança para trás um olhar melancólico e depois de uma reflexão profunda grava de impostos todos os objetos da produção e cria toda uma organização administrativa, para que *todos os empregos sejam entregues ao proletariado* e *pagos pelos homens do monopólio*[123, 124]

---

[123] [N.E.]: PROUDHON, t. I, pp. 253-54.

[124] [N.T.]: Na verdade Marx aqui, mais uma vez, "condensa" por conta própria o texto proudhoniano. Eis, segundo a nossa tradução, a passagem citada na sua integridade:

"Na posição de seus princípios, a humanidade, como se obedecesse à uma ordem soberana, não retrograda jamais. Tal como o viajante que por oblíquas sinuosidades eleva-se do vale profundo ao pico da montanha, ela segue intrepidamente o seu caminho em ziguezague e marcha para sua meta com um passo seguro, sem arrependimento e sem parada. Chegado ao ângulo do monopólio, o gênio social lança para trás um olhar melancólico e, numa reflexão profunda, diz:

"O monopólio tudo tirou do pobre mercenário: pão, roupa, lar, educação, liberdade e segurança. Eu taxarei o monopólio e desta forma manterei seu privilégio".

"A terra e as minas, as florestas e as águas, primeiro domínio do homem, são proibidas para o proletário. Intervirei na sua exploração. Terei minha parte nos produtos e o monopólio será respeitado."

"A indústria caiu no feudalismo, mas sou eu quem sou o suserano. Os senhores me pagarão um tributo e conservarão o benefício de seus capitais."

"O comércio consegue sobre os consumidores lucros usurários. Semearei os caminhos com pedágios, timbrarei suas duplicatas e visarei suas expedições e ele passará."

"O capital venceu o trabalho pela inteligência. Abrirei escolas e o trabalhador, tornado inteligente, poderá por sua vez tornar-se também capitalista."

"Falta circulação aos produtos e a vida social está comprimida. Construirei estradas, pontes, canais, mercados, teatros e templos e então isso será mesmo tempo um trabalho, uma riqueza e um mercado."

"O rico vive na abundância, enquanto o operário chora de fome. Estabelecerei impostos sobre o pão, o vinho, a carne o sal e o mel, sobre os objetos de necessidade e as coisas de preço e isto será uma esmola para os meus pobres."

"Postarei guardas sobre as águas, as florestas, os campos, as minas e as estradas; enviarei coletores para o imposto e preceptores para a infância; terei um exército contra os refratários, tribunais para julgá-los, prisões para puni-los e padres para amaldiçoá-los. Todos estes empregos serão entregues ao proletariado e serão pagos pelos homens do monopólio.

"Tal é a minha vontade certa e eficaz."

Teremos que provar que a sociedade não poderia ter melhor pensado nem pior agido; este será o objeto de uma revisão que, eu espero, iluminará o problema social com uma nova luz.

Toda a medida de polícia geral, todo o regulamento da administração ou do comércio, da mesma forma que toda a lei sobre impostos, nada mais são no fundo que um dos inumeráveis artigos desta antiga transação, sempre violada e sempre retomada entre o patriciado e o proletariado. Pouco nos importa que os partidos ou os seus representantes não soubessem nada disso, ou mesmo que tenham freqüentemente considerado a questão em suas constituições políticas sob um ponto de vista totalmente distinto; não é ao

Que dizer deste gênio que, estando em jejum, passeia em ziguezague? E que dizer deste passeio que não teria outra meta que não a de demolir os burgueses através dos imposto, enquanto que os impostos servem precisamente para dar aos burgueses os meios de se conservar como classe dominante[125]?

---

homem, seja ele legislador ou príncipe, que pedimos o sentido de seus atos, mas sim aos próprios fatos." (PROUDHON, Trad. Bras. pp. 353/54).

[125] [N.T.]: Pela passagem completa citada na nota anterior, cremos que ficou clara ao leitor a intenção irônica de Proudhon em sua metáfora, mormente quando ele conclui dizendo que "Teremos que provar que a sociedade não poderia ter melhor pensado nem pior agido; este será o objeto de uma revisão que, eu espero, iluminará o problema social com uma nova luz". Proudhon criticará fortemente a idéia de imposto, demonstrando a sua inanidade enquanto mecanismo regulador das diferenças sociais, a sua incidência preferencial sobre os setores mais pobres da sociedade e sua função básica de financiar setores e serviços necessários à economia capitalista mas que não podem ser operados com lucro pelo setor "produtivo" da economia ou que não podem estar sujeitos a monopólios privados. Desta forma, Proudhon não pretende demolir a dominação burguesa a golpes de impostos; ao contrário, ele percebe claramente que a aplicação e a gestão da carga tributária apenas aumentarão o poder e o arbítrio dos gestores e dos burocratas do Estado, em detrimento da sociedade e, principalmente, dos trabalhadores. Os marxistas ocidentais modernos entretanto, ao menos a partir de Keynes, tornaram-se adeptos declarados do aumento da carga tributária e crentes fervorosos das virtudes do imposto enquanto antídoto às misérias sociais. Os atuais "socialistas" – ainda não recuperados do choque que a queda do Muro de Berlim e da antiga URSS causou em seus cérebros – esmeram-se em aplicar esta panacéia, em interessante e misterioso conúbio com os mais reacionários monetaristas do Fundo Monetário Internacional e com os gestores "neo-liberais", a todos os países onde conseguem ascender ao poder como gestores da crise. Um exemplo interessantíssimo de tal caso é a recente (1º semestre de 2003) reforma tributária realizada no Brasil, sob a égide do "presidente-proletário" Luís Inácio Lula da Silva e de seu Ministro da Fazenda, Antônio Pallocci, um ex-militante estudantil trotsquista e hoje feroz "aparatchik" do PT e dócil seguidor das receitas do FMI: a reforma esmera-se em aumentar a carga tributária indireta (justamente a que mais onera os trabalhadores que, no fim das contas, não têm para quem repassar os impostos que já estão embutidos nos preços que pagam pelas mercadorias), mas deixa intocados os lucros obtidos em especulações financeiras na Bolsa de Valores e os pornográficos lucros obtidos pelos bancos e pelo sistema financeiro em geral, graças à política de juros altos imposta pelo FMI e tão gostosamente aplicada por bolcheviques edulcorados, tão rapidamente acostumados às delícias do poder!... Um outro aspecto, a nosso ver bastante perigoso de tal reforma, é a eternização da CPMF (Contribuição Provisória sobre Movimentação Financeira), imposto que pelas suas alíquotas de arrecadação permite facilmente ao "rei" imiscuir-se na vida financeira de seus "súditos", sabendo exatamente quais são os rendimentos anuais de qualquer cidadão brasileiro que possua conta bancária. Comparando as declarações de renda com a arrecadação da CPMF, os fiscais do governo podem detectar facilmente as sonegações. Aliás, como em um acesso de ingenuidade declarou o próprio ministro Pallocci, foi este aspecto policialesco da CPMF e não o valor real dela extraído para os cofres do Estado, que motivou a proposição de sua continuidade. Não será alheia a tal tendência, igualmente, a política de estímulo à abertura de contas bancárias, levada a cabo pela Caixa Econômica Federal, e visando a população de baixa renda que não interessa como cliente aos grandes conglomerados financeiros privados: "formalizando" desta maneira a vida econômica do "lumpesinato", o Estado capacita-se para conhecer bem melhor os meandros da "economia informal" e portanto prepara-se melhor para formular as suas políticas repressivas de controle social, ou será que alguém, neste nosso século XXI, ainda imagina que o Fisco irá esmiuçar seriamente as fontes de rendimento da burguesia ou da burocracia?

Para fazer o leitor apenas entrever a maneira como o Sr. Proudhon trata os detalhes econômicos, bastará dizer que, segundo ele, o *imposto sobre o consumo* teria sido estabelecido tendo em vista a igualdade e para vir em auxílio ao proletariado.

O imposto sobre o consumo tomou o seu verdadeiro desenvolvimento apenas depois do advento da burguesia. Nas mãos do capital industrial, isto é, na riqueza sóbria e economia que se mantém, reproduz-se e cresce pela exploração direta do trabalho, o imposto sobre o consumo foi um meio de explorar a riqueza frívola, alegre e pródiga dos grandes senhores que nada mais faziam senão consumir. Jacques Steuart expôs muito bem esta finalidade primitiva do imposto sobre o consumo em suas *Pesquisas sobre os princípios da Economia Política*, que publicou dez anos antes de Adam Smith.

> Na monarquia pura, *diz ele*, os príncipes parecem de alguma forma ciumentos das riquezas e conseqüentemente lançam impostos contra aqueles que se tornaram ricos – impostos sobre a produção. No governo constitucional, eles recaem principalmente sobre aqueles que se tornaram pobres – impostos sobre o consumo. Assim, os monarcas lançam um imposto sobre a indústria...por exemplo, a capitação e a *taille* são proporcionais à suposta opulência daqueles que à elas estão sujeitos. Cada um é taxado na razão do lucro que se supõe que ele obtenha. Nos governos constitucionais, os impostos geralmente se arrecadam sobre o consumo. Cada um é taxado na proporção das despesas que faz[126].

Quanto à *sucessão lógica* dos impostos, da balança de comércio e do crédito – no entendimento do Sr. Proudhon – observaremos apenas que a burguesia inglesa, que chegou, sob Guilherme de Orange, à sua constituição política, criou de uma única vez um novo sistema de impostos, o crédito público e o sistema de direitos alfandegários protetores tão logo esteve apta a desenvolver livremente as suas condições de existência.

---

[126] [N.E.]: J. STEUART: *Recherches...*, Edição de Garnier, 1789, t. II, pp. 190-91. As fórmulas "impostos sobre a produção" e "impostos sobre o consumo", bem como a última frase da citação são de Marx.

Este resumo bastará para dar ao leitor uma idéia justa das elucubrações do Sr. Proudhon sobre a polícia ou o imposto, a balança de comércio, o crédito, o comunismo e a população. Desafiamos a crítica mais indulgente a abordar seriamente estes capítulos[127]

4. A PROPRIEDADE OU A RENDA

Em cada época histórica a propriedade desenvolveu-se diferentemente e em uma série de relações sociais inteiramente diferentes. Assim, definir a propriedade burguesa nada mais é que fazer a exposição de todas as relações sociais da produção burguesa.

Querer dar uma definição da propriedade como uma relação independente, como uma categoria à parte, como uma idéia abstrata e eterna, não passa de uma ilusão de metafísica ou de jurisprudência.

O Sr. Proudhon, embora aparentando falar da propriedade em geral, trata apenas da *propriedade fundiária*, da *renda fundiária*

A origem da renda assim como a da propriedade é, por assim dizer, extra-econômica: ela reside em considerações de psicologia e de moral que se relacionam apenas de muito longe com a produção das riquezas[128, 129]

---

[127] [N.E.]: Marx, com estas palavras, salta por sobre quase a metade do livro de Proudhon (os capítulos VII, X, XII e XIII); justamente esta segunda metade aonde nosso autor faz (entre outras coisas) uma crítica impiedosa do utopismo, do capitalismo e do poder. Observe-se entretanto que na lista destas supostas "elucubrações", Marx não inclui a propriedade (Cap. XI da obra), sem dúvida porque ainda perturbado pelos elogios que anteriormente tinha feito da primeira formulação da teoria proudhoniana da propriedade (retomada e ampliada n'As Contradições) n' A Sagrada Família, aonde refere-se elogiosamente às *Mémoires sur la Proprieté*.

[128] [N.E.]: PROUDHON, t. II, p. 260.

[129] [N.T.]: Eis mais uma vez o trecho completo da citação, segundo nossa tradução: "*Se a renda é o honorário da propriedade, ela é uma exação sobre a cultura porque, conferindo uma retribuição sem trabalho, ela derroga a todos os princípios da economia social sobre a produção, a distribuição e a troca. A origem da renda assim como a da propriedade é, por assim dizer, extra-econômica: ela reside em considerações de psicologia e de moral que se relacionam apenas de muito longe com a produção da riqueza e que até mesmo derrubam a teoria da riqueza; trata-se de uma ponte lançada sobre um outro mundo em favor do proprietário e sobre a qual está proibido ao colono segui-lo. O proprietário é um semideus; o colono permanece sempre um homem*". Cumpre notar que neste caso, Marx cita um trecho situado no final do segundo parágrafo do capítulo XI d'As Contradições, que trata da propriedade. Este segundo parágrafo é dedicado à análise e à crítica da renda. A questão da propriedade propriamente dita é tratada no parágrafo I deste capítulo; o parágrafo III retoma e amplia a discussão.

Assim o Sr. Proudhon reconhece-se incapaz de compreender a origem econômica da renda e da propriedade[130]. Ele convém que esta incapacidade o obriga a recorrer às considerações de psicologia e de moral que, relacionando-se muito indiretamente com a produção de riquezas, adaptam-se entretanto muito bem à exigüidade de suas visões históricas. O Sr. Proudhon afirma que a origem da propriedade contém qualquer coisa de *místico* e de *misterioso*. Ora, ver mistério na origem da propriedade, isto é, transformar em mistério a própria relação[131] entre a produção e a distribuição dos instrumentos de produção, não seria, para utilizar a linguagem do Sr. Proudhon, renunciar à toda a pretensão em ciência econômica?

O Sr. Proudhon limita-se

> a relembrar que, na sétima época da evolução econômica – o *crédito* – com a ficção tendo feito a realidade evanescer-se, a atividade humana estava ameaçada de perder-se no vácuo e foi necessário *religar mais fortemente* o homem à natureza: ora, a renda foi o preço deste novo contrato[132]

O homem de quarenta escudos pressentiu um Proudhon do futuro:

---

[130] [N.T.]: Não é este o caso. Na verdade, Proudhon mostra que a propriedade não se restringe a um conceito puramente econômico, mas sim que envolve uma ampla variedade de aspectos políticos: para ele, como para a maioria dos anarquistas, é impossível pensar a propriedade, (e em conseqüência a exploração) sem se pensar simultaneamente os mecanismos de separação e autonomização do poder para fora do controle social (e conseqüentemente sem se pensar de maneira ampla e completa a questão da dominação). Marx, desde muito cedo (e o leitor arguto já terá percebido neste próprio texto d'*A Miséria da Filosofia* uma primeira formulação de vários dos princípios do materialismo histórico) tenderá a autonomizar o econômico, vendo no "desenvolvimento das forças produtivas" o próprio motor da história. Não nos deteremos na crítica deste ponto de vista; remeteremos o leitor interessado às nossas notas ao texto de Proudhon, onde tivemos oportunidade de explicitar um pouco melhor o ponto de vista dos anarquistas, bem como comentar uma variada bibliografia crítica que demonstra a insuficiência do materialismo histórico para explicar o desenvolvimento das sociedades. O que importa frisar aqui é que com esta *boutade* de imputar a Proudhon o auto-reconhecimento da sua "incapacidade" de compreender a origem econômica da propriedade, Marx esquiva-se mais uma vez de discutir a teoria proudhoniana da propriedade, que poucos anos antes considerava de público como sendo "um manifesto científico do proletariado francês". Ora, Proudhon não mudou radicalmente entre 1840 e 1846; o que terá mudado tanto em Marx durante tal lapso?

[131] [N.T.]: O original francês diz *rapport* que tanto pode ser traduzido por *relação* quanto por *razão* no sentido aritmético do termo. Que o leitor seja advertido desta polissemia.

[132] [N.E.]: PROUDHON, t. II, p. 258.

Senhor criador, com vossa permissão: cada um é amo em seu mundo, mas não conseguireis nunca fazer-me crer que este aqui onde estamos seja de vidro[133].

Em vosso mundo, onde o crédito era um meio para *perder-se no vazio*, é bem possível que a propriedade tenha se tornado necessária *para religar o homem à natureza*. No mundo da produção real, onde a propriedade fundiária sempre precede o crédito, o *horror vacui* do Sr. Proudhon não poderia existir.

Uma vez admitida a existência da renda, seja qual for aliás a sua origem, ele se debate contraditoriamente entre o arrendatário e o proprietário rural. Qual é o último termo deste debate, ou, em outras palavras, qual é a quota-parte média da renda? Eis o que diz o Sr. Proudhon:

> A teoria de Ricardo responde a esta questão. No começo da sociedade, quando o homem, novo sobre a terra, tinha diante de si apenas a imensidão das florestas, quando a terra era vasta e a indústria mal começava a nascer, a renda deveria ser nula. A terra, não ainda moldada pelo trabalho, era um objeto de utilidade, não era um valor de troca. Ela era comum e não social. Pouco a pouco a multiplicação das famílias e o progresso da agricultura fizeram sentir o preço da terra. O trabalho veio a dar ao solo o seu valor: daí nasceu a renda. Mais ainda, com a mesma quantidade de serviços, um campo que pôde dar mais frutos foi mais estimado: desta forma também a tendência dos proprietários foi sempre a de atribuir a si a totalidade dos produtos do solo, menos o salário do meeiro, isto é, menos os custos de produção. Desta forma a propriedade vem na seqüência do trabalho para subtrair-lhe tudo aquilo que, no seu produto, ultrapassa os custos reais. O proprietário cumpre um dever místico e representa a comunidade com relação ao colono, o arrendatário nada mais é, nas previsões da Providência, que um trabalhador responsável que deve prestar contas à sociedade de tudo aquilo que colheu além de seu salário legítimo... Por essência e destino a renda é pois um instrumento de justiça distributiva,

---

[133] [N.E.]: VOLTAIRE: *L'Homme aux Quarante Écus*, edições "La Pleiade", Paris, 1958 p. 322.

um dos mil meios que o gênio econômico faz agir para chegar à igualdade[134] . É um imenso cadastro executado contraditoriamente pelos proprietários e pelos arrendatários sem acordo[135] possível, em um interesse superior, cujo resultado definitivo deve ser o de igualar a posse da terra entre os exploradores do solo e os industriais... Seria necessário nada menos do que esta magia da propriedade para arrancar ao colono o excedente do produto que ele não pode impedir-se de considerar como seu e do qual ele se crê exclusivamente ser o autor. A renda ou melhor dizendo a propriedade, quebrou o egoísmo agrícola e criou uma solidariedade que nenhuma potência nenhuma partilha da terra poderia ter feito nascer...No presente, uma vez obtido o efeito moral da propriedade, resta fazer a distribuição da renda[136, 137].

---

[134] [N.T.]: O leitor mais atento já deve ter agora percebido o motivo da defesa que Proudhon aparentemente fez da propriedade e da renda algumas linhas acima. Trata-se de garantir a apropriação e a distribuição sociais da mais-valia ou, como ele mesmo diz do excedente do trabalho por toda a sociedade. Se cada trabalhador individual se apropriasse individualmente do produto integral de seu trabalho, sem respeitar os custos de produção e de reprodução e nem a necessidade de circulação global dos excedentes, a justiça econômica, a igualdade e a liberdade tornar-se-iam impossíveis *mesmo se a propriedade e a renda não estivessem concentradas nas mãos dos capitalistas.* O destino do excedente do trabalho é o de formar o patrimônio social dos trabalhadores; a mais-valia portanto deve circular por toda a sociedade, ser reinvestida para ampliar as riquezas e o bem-estar comuns e portanto não deve ser apropriada nem pelos particulares e muito menos pela burocracia de Estado. Não é de se espantar pois o conflito entre Marx e Proudhon.

[135] [N.T.]: *Collusion*: no original Francês, que significa de fato um acordo secreto entre duas partes destinado a prejudicar uma terceira.

[136] [N.E.] PROUDHON, t. II, pp. 261-263.

[137] [N.T.]: Eis o texto proudhoniano completo, sem os recortes de Marx, segundo nossa tradução: "

"*A teoria de Ricardo responde a esta questão. No começo da sociedade, quando o homem, novo sobre a terra, tinha diante de si apenas a imensidão das florestas, quando a terra era vasta e a indústria mal começava a nascer, a renda deveria ser nula. A terra, não ainda moldada pelo trabalho, era um objeto de utilidade, não era um valor de troca. Ela era comum e não social. Pouco a pouco a multiplicação das famílias e o progresso da agricultura fizeram sentir o preço da terra. O trabalho veio a dar ao solo o seu valor: daí nasceu a renda. Mais ainda, com a mesma quantidade de serviços, o campo que pôde dar mais frutos foi mais estimado: desta forma também a tendência dos proprietários foi sempre a de atribuir a si a totalidade dos produtos do solo, menos o salário do meeiro, isto é, menos os custos de produção. Desta forma a propriedade vem na seqüência do trabalho para subtrair-lhe tudo aquilo que, no seu produto, ultrapassa os custos reais. O proprietário cumpre um dever místico e representa a comunidade com relação ao colono, o arrendatário nada mais é, nas previsões da Providência, que um trabalhador responsável que deve prestar contas à sociedade de tudo aquilo que colheu além de seu salário legítimo...; e os sistemas de arrendamento, de meagem, arrendamentos de gado, arrendamentos enfitêuticos etc., são as formas oscilatórias do contrato que se passa então, em nome da sociedade, entre o proprietário e o arrendatário. A renda, como todos os valores, está sujeita à oferta e à demanda; mas, também como todos os valores, a renda possui a sua medida exata que exprime-se em benefício do proprietário e em prejuízo do trabalhador pela totalidade do produto, dedução feita dos custos de produção.*

Por essência e destino a renda é pois um instrumento de justiça distributiva, um dos mil meios que o gênio econômico faz agir para chegar à igualdade. É um imenso cadastro executado contraditoriamente pelos proprietários e pelos arrendatários sem acordo possível, em um interesse superior, cujo resultado definitivo deve ser o de igualar a posse da terra entre os exploradores do solo e os industriais. A renda, em uma única palavra, é esta lei agrária tão desejada, que deve tornar todos os trabalhadores todos os homens, possuidores iguais da terra e de seus frutos.

Seria necessário nada menos do que esta magia da propriedade para arrancar ao colono o excedente do produto que ele não pode impedir-se de considerar como seu e do qual ele se crê exclusivamente ser o autor. A renda ou melhor dizendo a propriedade, quebrou o egoísmo agrícola e criou uma solidariedade que nenhuma potência nenhuma partilha da terra poderia ter feito nascer.

Pela propriedade a igualdade entre todos os homens torna-se definitivamente possível; como a renda opera entre os indivíduos da mesma forma como a alfândega entre as nações, todas as causas, todos os pretextos de desigualdade desaparecem e a sociedade espera apenas pela alavanca que deve dar o impulso para este movimento. Como ao proprietário mitológico sucederá o proprietário autêntico? Como, destruindo a propriedade, os homens tornar-se-ão todos proprietários? Tal é doravante a questão a resolver, mas esta questão é insolúvel sem a renda. Pois o gênio social não procede à maneira dos ideólogos e por abstrações estéreis, ele não se inquieta nem com interesses dinásticos, nem com razão de Estado, nem com direitos eleitorais, nem com teorias representativas, nem com sentimentos humanitários ou patrióticos. Ele personifica ou realiza sempre as suas idéias: seu sistema desenvolve-se em uma seqüência de encarnações e de fatos e para constituir a sociedade ele dirige-se sempre ao indivíduo. Depois da grande época do crédito era preciso religar o homem à terra: o gênio social institui a propriedade. Trata-se a seguir de executar o cadastro do globo; ao invés de publicar ao som das trombetas, uma operação coletiva ele lança em conflito os interesses individuais e da guerra entre o colono e o rentista resulta para a sociedade a arbitragem mais imparcial. Presentemente, tendo já sido obtido o efeito moral da propriedade, resta fazer a distribuição da renda. Guardai-vos de convocar assembléias primárias de chamar vossos oradores e vossos tribunos, guardai-vos de reforçar vossa polícia e com este aparelho ditatorial enforcer o mundo. Uma simples mutualidade de trocas, auxiliada por algumas combinações bancárias bastará...Para os grandes efeitos os meios mais simples: é esta a lei suprema da sociedade e da natureza.

A propriedade é o monopólio elevado à sua segunda potência: ela é, como o monopólio, um fato espontâneo, necessário e universal. Mas a propriedade tem o favor da opinião enquanto que o monopólio é considerado com desprezo: poderemos julgar através desse novo exemplo, que como a sociedade se estabelece pela luta, da mesma forma a ciência caminha apenas impelida pela controvérsia. Desta forma a concorrência foi alternadamente exaltada e vaiada, desta forma o imposto, reconhecido como necessário pelos economistas desagrada entretanto aos economistas; o empréstimo a juros foi sucessivamente condenado e aplaudido; a balança de comércio, as máquinas, e a divisão do trabalho excitaram cada uma por sua vez a aprovação e a maldição públicas. A propriedade é sagrada e o monopólio é marcado de infâmia: quando veremos o fim de nossos preconceitos e de nossas inconseqüências?

III) Como a Propriedade se Deprava

Pela propriedade a sociedade realiza um pensamento útil, louvável, mas fatal: irei provar que obedecendo a uma necessidade invencível, ela lançou-se em uma hipótese impossível. Eu creio não ter esquecido ou enfraquecido nenhum dos motivos que presidiram o estabelecimento da propriedade; ouso mesmo dizer que dei a estes motivos um conjunto e uma evidência quase que desconhecidos até o momento. Que o leitor suplemente, de resto, aquilo que eu involuntariamente possa ter omitido: aceito previamente todas as suas razões e não me proponho, de modo algum, a contradizê-las. Mas que ele me diga em seguida, com a mão em sua consciência, aquilo que ele encontra a observar na contraprova que irei fazer.

Sem dúvida a razão coletiva, obedecendo à ordem que o destino lhe prescrevia, por uma série de instituições providenciais, ao consolidar o monopólio realizou o seu dever: sua conduta é irrepreensível e eu não a acuso. É um triunfo da humanidade saber reconhecer aquilo que há nela de fatal, assim como o maior esforço de sua virtude é saber submeter-se a isto. Se pois a razão coletiva, instituindo a propriedade, seguiu a sua consigna, ela não merece censuras: sua responsabilidade está a salvo.

Mas esta propriedade que a sociedade forçada e constrangida, se assim ouso dizer, deu à luz, quem nos garante que durará? Não será a sociedade, que a concebeu do alto e que à ela não pôde acrescentar, retirar ou modificar, fosse o que fosse. Conferindo-a ao homem, ela deixou à propriedade as suas qualidades e os seus defeitos; ela não tomou precaução alguma nem contra seus vícios constitutivos, nem contra as forças superiores que podem destruí-la. Se a propriedade em si é corruptível, a sociedade nada sabe disto e nada pode contra isto. Se esta propriedade está exposta aos ataques de um princípio mais poderoso, a sociedade novamente nada pôde fazer. Como com efeito, a sociedade remediaria um vício da propriedade, dado que a propriedade é filha do destino? e como ela a protegeria contra uma idéia mais alta, quando ela mesma subsiste apenas pela propriedade e nada concebe sem a propriedade?

Eis portanto qual é a teoria proprietária.

A propriedade é de necessidade providencial; a razão coletiva a recebeu de Deus e a deu ao homem. E se agora a propriedade é corruptível em sua natureza, ou atacável por força maior, a sociedade não é responsável por isto; e a qualquer um que, armado desta força, se apresentar para combater a propriedade, a sociedade lhe deve submissão e obediência.

Trata-se pois de saber, em primeiro lugar, se a propriedade é em si coisa corruptível e que de azo à destruição; em segundo lugar cumpre saber se existe em algum lugar, no arsenal econômico, um instrumento que possa vencê-la.

Tratarei a primeira questão neste parágrafo; buscaremos ulteriormente qual é o inimigo que ameaça engolir a propriedade.

A propriedade é o direito de usar e de abusar, em uma única palavra é o DESPOTISMO. Não que o déspota seja presumido ter a intenção de alguma vez destruir a coisa: não é neste sentido que se deve entender o direito de usar e de abusar. A destruição pela destruição não se pode prejulgar da parte do proprietário; supõe-se sempre, seja qual for o uso que ele faça de seu bem, que haja para ele motivo de conveniência e de utilidade. Por abuso, o legislador quis dizer que o proprietário tem o direito de se enganar no uso de seus bens, sem que possa jamais ser imputado por este mau uso, sem que seja responsável, diante de ninguém, por seu erro. Sempre supõe-se que o proprietário age no seu maior interesse e é para que lhe seja deixada mais liberdade na perseguição deste interesse, que a sociedade lhe conferiu o direito de usar e de abusar de seu monopólio. Até aqui, o domínio de propriedade é irrepreensível.

Mas lembremo-nos que este domínio não foi concedido apenas com respeito ao indivíduo: existem, na exposição de motivos da concessão, considerações completamente sociais; o contrato é sinalagmático entre a sociedade e o homem. Isto é de tal forma verdadeiro, de tal modo confesso até mesmo pelos proprietários, que todas as vezes que se vem atacar seu privilégio, é em nome e apenas em nome da sociedade, que eles o defendem.

Ora, o despotismo proprietário dá satisfações à sociedade? Caso contrário a reciprocidade seria ilusória e o pacto seria nulo e cedo ou tarde a propriedade ou a sociedade pereceriam. Reitero pois a minha pergunta. O despotismo proprietário preenche a sua obrigação para com a sociedade? O despotismo proprietário usa dela como bom pai de família? Ele é por essência justo, social e humano? Eis a questão.

E a isto eu respondo sem temor do desmentido:

Se é indubitável, do ponto de vista da liberdade individual, que a concessão da propriedade tenha sido necessária, do ponto de vista jurídico a concessão da propriedade é radicalmente nula por que ela implica, da parte do concessionário, certas obrigações que lhe são facultativas de cumprir ou não cumprir. Ora, em virtude do princípio de que toda a convenção fundada sobre o cumprimento de uma condição não obrigatória não obriga, o contrato tácito de propriedade, passado entre o privilegiado e o Estado, para os fins que precedentemente estabelecemos, é manifestamente ilusório; ele anula-se pela não reciprocidade, pela lesão de uma das partes. E como, em matéria de propriedade, o cumprimento da obrigação não possa ser exigível sem que a própria concessão seja só por isto revogada, segue-se que há contradição na definição e incoerência no pacto. Que os contratantes, depois disto, obstinem-se a manter o seu tratado, a força das coisas se encarrega de lhes provar que eles fazem obra inútil: por mais empenhados que nele estejam, a fatalidade de seu antagonismo repõe entre eles a discórdia.

Todos os economistas assinalam os inconvenientes para a produção agrícola do fracionamento territorial. Neste ponto estão de acordo com os socialistas e veriam com alegria uma exploração conjunta do solo que operando em larga escala, aplicando os poderosos processos da arte e fazendo importantes economias de material, duplicaria ou talvez quadruplicaria o produto da terra. Mas o proprietário...Veto, diz ele, não quero. E como ele está no seu direito, como ninguém no mundo conhece um meio de mudar este direito, que não seja a expropriação, e como a expropriação é o nada, o legislador, o economista, o proletário, recuam com pavor diante do desconhecido e contentam-se em saudar de longe as messes prometidas. O proprietário é por caráter invejoso do bem público: ele apenas poderia purgar-se deste vício perdendo a sua propriedade.

A propriedade faz pois obstáculo ao trabalho e à riqueza, obstáculo à economia social: e isto estranha apenas aos economistas e à gente da lei. Eu busco um meio de como poderia fazer isto entrar em seu espírito de uma única vez e sem frases...

Não é verdade que somos pobres, tendo cada um apenas cinqüenta e seis cêntimos e meio para gastar por dia? Sim, responde o Sr. Chevalier.

Não é verdade que um sistema agrícola melhor economizaria nove décimos das despesas com material e daria um produto quádruplo? Sim, é a resposta do Sr. Arthur Young.

Não é verdade que há na França seis milhões de proprietários, onze milhões de cotas rurais e cento e vinte e três milhões de parcelas de terreno? Sim, responde o Sr. Dunoyer.

Portanto é preciso seis milhões de proprietários, onze milhões de cotas rurais e cento e vinte e três milhões de parcelas para que a ordem reine na agricultura e para que tenhamos 56 cêntimos e meio de renda per capita ao dia, ao invés de 2,25 F que nos fariam ricos a todos.

E por que afinal estes cento e quarenta milhões de oposições à riqueza pública? Porque o concerto no trabalho destruiria o encanto da propriedade; porque, fora da propriedade nosso olho nada mais vê, porque fora dela nossos ouvidos nada ouvem e nosso coração nada compreende; porque, enfim, somos todos proprietários.

Suponhamos que o proprietário, por uma liberalidade cavalheiresca, ceda ao convite da ciência e permita ao trabalho melhorar e multiplicar os seus produtos. Um bem imenso disto resultaria para os diaristas e os camponeses, cujas fadigas, reduzidas à metade, encontrariam ainda, pela baixa do preço dos gêneros, pagas duplas.

Mas o proprietário: Seria eu bem tolo, diz ele, se abandonasse um lucro tão líquido! No lugar de cem jornadas de trabalho, pagarei apenas cinqüenta; não será o proletário quem aproveitará, serei eu. Mas então, observareis, o proletário será ainda mais infeliz do que antigamente, porque mais uma vez estará desempregado. Isto não me diz respeito, replica o proprietário. Eu USO de meu direito. Que os outros comprem o bem, se puderem ou que simplesmente partam para outra parte em busca de fortuna, mesmo que sejam milhares ou milhões!

Todo o proprietário nutre, no fundo de seu coração, este pensamento homicida. E como pela concorrência, pelo monopólio e pelo crédito, a invasão sempre se estende, os trabalhadores se acham incessantemente eliminados do solo: a propriedade é a depopulação da terra.

Assim pois, a renda do proprietário, combinada com os progressos da indústria, muda em abismo o fosso escavado sob os pés do trabalhador pelo monopólio; o mal se agrava com o privilégio. A renda do proprietário não é mais o patrimônio dos pobres, quero dizer esta porção do produto agrícola que resta depois que os custos da cultura foram descontados e que deveria sempre servir como nova matéria de exploração para o trabalho, segundo esta bela teoria que nos mostra o capital acumulado como uma terra sem cessar oferecida à produção e que, quanto mais se a trabalha, mais ela parece estender-se. A renda tornou-se para o proprietário o penhor de sua lubricidade, o instrumento de seus gozos solitários. E notai que o proprietário que abusa, culpado diante da caridade e da moral, permanece irrepreensível diante da lei e inatacável na economia política. Devorar seus rendimentos! O que há de mais belo, de mais nobre, de mais legítimo? Tanto na opinião do povo quanto na dos grandes, o consumo improdutivo é a virtude por excelência do proprietário. Todos os embaraços da sociedade provêm deste egoísmo indelével.

Para facilitar a exploração do solo e colocar as diferentes localidades em relação, uma estrada ou um canal são necessários. O traçado já está pronto; será sacrificada uma borda deste lado e uma lingüeta do outro; alguns hectares de mau terreno e a via estará aberta. Mas o proprietário: Eu não quero, exclama com sua voz retumbante, e diante deste formidável veto o pretor de outrora não ousava ir além. Por fim o Estado ousou replicar: Eu quero! Mas quantas hesitações, quantos pavores, quanta perturbação antes de se tomar esta resolução heróica! quantas arbitragens! quantos processos! O povo pagou caro este ato de autoridade, do qual seus promotores ficaram ainda mais espantados que os proprietários. Pois acabava-se de estabelecer um precedente cujas conseqüências pareciam incalculáveis!...Prometeu-se que, depois de se ter passado este Rubicão, as pontes seriam cortadas e que se permaneceria em suas margens. Violentar a propriedade, que presságio! A sombra de Espártaco pareceu menos terrível.

Nas profundezas de um solo naturalmente pouco fértil o acaso e depois a ciência, nascida do acaso, descobrem tesouros em combustível. É um presente gratuito da natureza, depositado no solo da morada comum e do qual cada um tem o direito de reclamar a sua parte. Mas chega o proprietário, o proprietário a quem a concessão do solo foi feita apenas tendo em vista a cultura. Não passareis, diz ele; não violareis a minha propriedade! e à este brado inesperado, ocorre grande debate entre os doutos. Uns dizem que a mina não é a mesma coisa que a terra arável, e que deve pertencer ao Estado; outros sustentam que o proprietário possui a propriedade do que está em cima e embaixo, cujus est solum, ejus est usque ad inferos. Porque se o proprietário, novo Cérbero preposto na guarda dos reinos sombrios, pode lançar interdito sobre a sua entrada, o direito do Estado nada mais é que uma ficção. Seria preciso voltar a expropriar: aonde isto conduziria? O Estado cede: "Afirmemos ousadamente, diz ele pela boca do Sr. Dunoyer e apoiado pelo Sr. Troplong, não é mais justo e nem mais razoável dizer que as minas são propriedade da nação, do que era outrora dizer que elas são propriedades do rei. As minas fazem essencialmente parte do solo. É pois com perfeito bom senso que a lei comum disse que a propriedade do que está em cima implica a propriedade do que está embaixo. Onde se faria, com efeito, cessar esta separação?"

O Sr. Dunoyer dá-se trabalho por pouca coisa. O que impede de separar a mina da superfície da mesma forma como se separa, às vezes, o térreo do primeiro andar nas sucessões? É isto o que fazem muito bem os proprietários de terrenos carboníferos do departamento do Loire, onde a propriedade das entranhas foi por quase toda a parte separada da propriedade da superfície e transformou-se em uma espécie de valor circulante, como as ações de uma sociedade anônima. O que impede pois de considerar a mina como uma terra nova para a qual é necessário um novo caminho de desbravamento...Mas o quê! Napoleão, o inventor do meio-termo, o príncipe dos doutrinários, quis de outra maneira: o conselho de Estado, o Sr. Troplong e o Sr. Dunoyer aplaudiram: não temos mais que voltar a isso. Uma transação teve lugar sob não sei quais insignificantes reservas; os proprietários ficaram penhorados com tal munificência imperial; como eles agradeceram o favor?

Todo este ruído de palavras reduz-se antes de mais nada a isto: Ricardo diz que o excedente do preço dos produtos agrícolas sobre seus custos de produção, incluindo-se os lucros e o juros ordinários do capital, dá a medida da renda. O Sr. Proudhon faz melhor. Ele faz intervir o proprietário, como um Deus *ex machina*, que arranca do *colono* tudo aquilo que excede aos custos de sua produção. Ele serve-se da intervenção do proprietário para explicar a propriedade[138], da inter-

---

Já tive ocasião de falar mais de uma vez na coalizão das minas do Loire. Volto a ela pela última vez. Neste departamento, o mais rico do reino em jazidas carboníferas, a exploração foi conduzida de início da maneira mais dispendiosa e mais absurda. O interesse das minas, o dos consumidores e o dos proprietários exigiam que a extração fosse feita em conjunto: Nós não queremos, repetiram por não sei quantos anos os proprietários. E fizeram-se uma concorrência horrível da qual a devastação das minas pagou as primeiras despesas. Estariam eles em seu direito? Sim e de tal maneira que vai-se ver o Estado em dificuldades para reconhecer que eles exorbitaram.

Por fim os proprietários, ou ao menos a maioria, conseguiram entender-se: associaram-se. Cederam sem dúvida à razão e aos motivos de conservação, de boa ordem e do interesse geral, assim como do privado. Doravante, os consumidores terão combustível barato e os mineiros um trabalho regular e o salário garantido. Que trovoada de aclamações entre o público! quantos elogios nas academias! quantas condecorações por este belo devotamento! Não se indagará se a reunião está conforme ao texto e ao espírito da lei, que proíbe reunir as concessões mineiras; apenas se verá a vantagem da reunião e se poderia muito bem provar que o legislador nunca quis e jamais poderia ter querido nada além do que o bem-estar do povo: Salus populi suprema lex est.

Decepção! Em primeiro lugar, não foi à razão que os proprietários seguiram ao formarem a coalizão: eles se submeteram à ela pela força. Na medida em que a concorrência os derruba, eles se alinham do lado vencedor e aceleram por sua massa crescente a derrota dos dissidentes. Depois a associação se constitui em monopólio coletivo e o preço da mercadoria aumenta: eis o que ocorre para o consumo; o salário é reduzido: eis a parte do trabalho. Então o público se queixa; o legislador pensa em intervir; o céu ameaça com raios; o tribunal invoca o artigo 419 do Código Penal que proíbe as coalizões, mas que permite a qualquer monopolista associar-se e que não prescreve nenhuma medida para o preço das mercadorias; a administração apela para a lei de 1810 que, querendo favorecer a exploração ainda que dividindo as concessões, é mais favorável do que contrária à unidade e os advogados provam, através de memórias, sentenças e argumentos, uns que a coalizão está no seu direito e outros que ela não está. Entrementes o consumidor se diz: Será justo que eu pague os custos da agiotagem e da concorrência? Será justo que aquilo que foi dado a troco de nada para o proprietário, no meu maior interesse, me custe tão caro? Que se estabeleça pois uma tarifa! Nós não queremos, respondem os proprietários. E eu desafio o Estado a vencer a sua resistência de outra forma que não seja por um golpe de autoridade, o que significa nada resolver; ou através de uma indenização, que significa abandonar tudo."

[138] [N.T.]: Sr. Marx, quando um proprietário é mais proprietário e a propriedade mais propriedade do que no momento em que o proprietário *atua*? Eis um prédio abandonado, ou uma indústria desativada, alguns desabrigados ou desempregados tomam conta destas propriedades, as usam e começam a produzir: qual o proprietário que não demandaria reintegração de posse? Qual juiz a negaria? Qual polícia seria refratária a cumprir a ordem de reintegração? Cabe aos ocupantes resistir: se sua força material e política é suficiente podem até contrarrestar, em certa medida, estes decretos que nasceram da *ação* do proprietário; caso contrário serão simplesmente desalojados e as propriedades poderão retornar pacificamente à sua antiga inércia, em que pesem os artigos, às vezes belos como poemas, que vigem na Constituição à respeito da *função social* da propriedade.

venção do rentista para explicar a renda. Ele responde ao problema recolocando o mesmo problema e aumentando-o ainda de uma sílaba.

Observemos ainda que, determinando a renda pela diferença de fecundidade da terra, O Sr. Proudhon lhe designa uma nova origem, posto que a terra, antes de ser estimada segundo seus diferentes graus de fertilidade, "não era", em sua opinião, "um valor de troca, mas era comum". No que se tornou pois esta ficção da renda que tinha nascido *da necessidade* de se trazer de volta *à terra* o homem que *iria perder-se no infinito do vazio?*

Desembaracemos agora a doutrina de Ricardo das frases providenciais, alegóricas e místicas nas quais o Sr. Proudhon teve o cuidado de envolvê-la.

A renda, no sentido de Ricardo, é a propriedade fundiária no estado burguês: quer dizer, a propriedade feudal que foi submetida às condições de produção burguesa[139].

---

[139] [N.T.]: Hoje em dia os historiadores, os economistas e os historiadores econômicos são unânimes em afirmar que no feudalismo não existia realmente "propriedade" do solo, mas sim domínio e relação de suserania. A propriedade na Europa, no sentido do Direito Romano, começou a ser reabilitada apenas à partir de meados do século XIII, quando o códice de Justiniano foi redescoberto e começou a ser comentado nas aulas de direito da Universidade de Bolonha. Inicialmente o conceito de propriedade foi reintroduzido apenas para o capital mobiliário (estoques, maquinários pesados como prensas de lagar, fornos, moinhos e navios, gado, etc.) para depois ser lentamente estendido para a propriedade fundiária. Naturalmente, o maior obstáculo era a ausência de um conceito jurídico de mobilidade na posse dos feudos, que podiam ser outorgados ou retirados, mas que não podiam ser vendidos. É curioso aliás observar as peripécias financeiras que os grandes senhores feudais interessados em montar exércitos para participar da 1ª Cruzada foram obrigados a inventar para poder se munir do metálico necessário ao empreendimento. De qualquer forma, quando se fala de "propriedade na Europa" é preciso matizar muito: é preciso distinguir entre o regime de propriedade dos bens da Igreja, mais pautados – desde o início – pela tradição do Direito Romano e pela *fictio juris* da Doação de Constantino e o regime das terras laicas; nestas últimas é necessário efetuar um duplo recorte: geográfico em primeiro lugar, para dar conta da diversidade dos estatutos de propriedade conforme considerarmos as terras do "núcleo duro" do feudalismo, compostas *grosso modo* pelo território do antigo Império Carolíngio, tendo por eixo o Reno e estendendo-se pela maior parte da França (com exceção da Bretanha), pela Alemanha até o Oder e pelo Norte da Itália; as terras eslavas, que estendiam-se do Oder aos Urais; a Escandinávia e as Ilhas Britânicas; os antigos domínios bizantinos ou as terras, então muito extensas, de domínio árabe na Europa (a Sicília, a Espanha e a Calábria principalmente). De modo geral podemos dizer que o "enfeudamento" das terras era maior na "Île de France", no vale do Reno, na Borgonha e na Bavária. As antigas posses comunais e terras francas nunca foram completamente extintas; ao contrário, para as bandas eslavas, nos Pirineus, nas Apúlias e em outras "marcas", dominavam claramente a paisagem sendo que na Rússia as terras francas, até a invasão mongólica, eram de muito maior extensão que os feudos. Assim pode-se imaginar um quadro aproximado indicando um "gradiente de feudalização" com maior concentração de

feudos nas áreas indicadas da Europa central e em alguns pontos da bacia do Mediterrâneo, concentração esta que vai caindo na direção das bordas da área geográfica considerada. A "Reconquista Cristã" espanhola, à partir do século XII teve como um de seus mais importantes efeitos a introdução dos feudos na Espanha (lembremo-nos que muitos senhores normandos e borguinhões participaram desta iniciativa, tendo sido recompensados pelos reis de Castela e de Leão com feudos nas terras conquistadas aos mouros: a própria origem histórica de Portugal se deve a um destes senhores – Henrique de Borgonha – que recebeu como feudo o Condado Portucalense e a mão de uma princesa castelhana). Além desta distribuição geográfica é necessário considerar a polaridade campo/cidade: de modo geral, as cidades da Europa constituíram-se *contra* o senhor feudal local que dominava as áreas rurais, sendo muito ciosas de sua autonomia e dedicando-se a sutis artimanhas políticas envolvendo o Bispo, o Papa, o Rei e eventualmente o Imperador ou até mesmo o Mouro para manter tal autonomia e para amargar ao máximo a vida política dos barões locais; as cidades conseguiram conservar seus privilégios de foro bem como manter o domínio "de facto" do seu território circundante e de algumas terras de colônia, isentas dos direitos feudais. A história de Veneza e de seus conflitos com o seu "suserano", o Imperador de Bizâncio; a história das cidades lombardas (Gênova e Florença principalmente) cabalando constantemente pela sua autonomia e intrigando e lutando contra o Papa, o Imperador Romano-Germânico e o Rei de França; os conflitos da Liga Hanseática com os Habsburgos ou as crônicas de Kiev e Novgorod, nos descrevem abundante e pitorescamente este quadro. A população citadina, embora mais sensível às idéias fundiárias do Direito Romano, não tinha opinião homogênea a respeito do estatuto jurídico da propriedade, oscilando entre a "propriedade à moda romana", formas variadas de usufruto e posse, direitos e privilégios e até mesmo a propriedade comunal. Os estudos modernos parecem indicar como um dos fatores preponderantes na difusão do "novo" conceito de propriedade, as Ordens Militares, criadas ao tempo das Cruzadas (Os Hospitalários, os Templários, os Cavaleiros do Gládio, etc.); tais ordens, criadas inicialmente com o objetivo geral de "combater o infiel" e de "defender a cristandade" e tendo cada uma delas objetivos mais específicos descritos detalhadamente em suas Regras, na prática também serviram a outras metas, tais como: prover de alguma atividade e renda os filhos caçulas de casas feudais de alta nobreza e de domínios escassos; engajar barões turbulentos e perseguidos por crimes de sangue em casa, em uma atividade que, ao mesmo tempo que lhes servia de "penitência" pelos crimes cometidos, tinha ainda a dupla vantagem de afastá-los do cenário de suas balivérnias evitando assim uma série pouco controlável de "vendettas" e de utilizar a sua turbulência para fins mais úteis de luta contra os infiéis e, finalmente, promover um movimento organizado de excedentes populacionais para as "partibus infidelibus" de modo a apaziguar algumas tensões sociais internas então já bastante visíveis na ordem feudal clássica. Seja como for, uma das conseqüências inesperadas da instituição de tais ordens, foi a imensa acumulação de capital que elas conseguiram em pouco mais de um século depois de fundadas: tais ordens possuíam extensos domínios no Oriente Médio, dos quais foram posteriormente despossuídas pelos sarracenos; à partir do último quartel do século XII, por necessidades de organização da guerra, possuíam igualmente frotas e estaleiros, coudelarias, oficinas de ferreiro etc.; sendo de caráter geralmente internacional, tais ordens atraíram de toda a parte numerosas doações e foram beneficiadas por inúmeros testamentos de nobres e de burgueses ricos, constituindo desta forma um sólido patrimônio, não apenas no Oriente mas também em quase todos os países e nas principais cidades da Europa. O curioso episódio de D. Sancho em Portugal, que legou seu reino aos Templários, sem para tanto consultar a sua nobreza, bem ilustra tal fato. Acresça-se a isto a tradição gerencial de domínios que a Igreja e as Ordens Monásticas em geral possuíam desde o século VII, inspirada, como já dissemos, pelo Direito Romano. As ordens militares desta forma, à partir de 1250 mais ou menos, constituíam uma vasta rede internacional de comendadorias, envolvendo granjas e fazendas, oficinas mecânicas, imóveis urbanos, estaleiros e barcos, além de uma certa abundância de metálico e de uma rede de entrepostos que cobria quase todo o Mediterrâneo. Além disto tais ordens estavam acostumadas ao "trato com o infiel" e é de se supor que, entre uma batalha e outra, trocas sociais mais pacíficas ocorriam entre eles. Estavam desta forma, excelentemente aparelhadas para as atividades de comércio de longo curso e de finança internacional e de fato assim começaram a proceder: as comendadorias e entrepostos começaram logo a funcionar, não apenas para os fins específicos da "guerra contra o infiel", mas também como hotéis de trânsito e estalagens para caravanas de mercadores e peregrinos, como instituições financeiras e bancárias e como empreendimentos de transporte; os excedentes de produção destes domínios, – e sabe-se que, de maneira geral, os domínios da Igreja eram melhor administrados e mais produtivos que os domínios feudais laicos em toda a Idade Média –, logo buscaram o destino da exportação e do abastecimento do setor urbano. Tais ordens exerceram igualmente um papel preponderante no financiamento de várias coroas européias, desempenhando desta forma um papel relevante na transformação da Monarquia Feudal em Estado Moderno. O rei medieval clássico raramente podia contar com mais recursos do que os fornecidos pelos relativamente exíguos domínios reais e pelos rendimentos de seus feudos de família: era pouco para a tarefa de centralização e isso subordinava as suas ambições políticas a um bom trato com seus vassalos, sem os quais pouco podia. As Ordens Militares, fornecendo metálico ao rei contra a hipoteca de seus rendimentos pessoais e contra a concessão de domínios francos em seus territórios, possibilitaram desta forma a formação de exércitos reais e a remuneração de uma burocracia governamental que foram fatores importantes na luta que se trava entre a monarquia e os barões, pela formação do estado centralizado. Os conflitos entre Felipe o Belo de França e a Ordem Templária, que culminaram na extinção desta última, podem ser interpretados nesta base econômica: foi o rei de França, largamente endividado com os Templários, o principal beneficiado desta extinção, pois, de um só golpe, anulou suas dívidas e incorporou ao patrimônio da Coroa grande parcela do espólio templário da França. A "propriedade burguesa", no dizer de Marx, nasce desta forma do seio da "propriedade" feudal através de forças que tendem a dissolver a ordem hierárquica feudal; desenvolve-se lentamente por toda a baixa Idade Média, assumindo várias formas, entre as quais o estatuto jurídico que lhe era assegurado pelo Direito Romano, e começa a florescer no período absolutista. É no mínimo anacrônico atribuir à nobreza que gira em torno do rei absolutista, o mesmo caráter "feudal", que os seus avós cruzados possuíam: o senhor feudal do século XII ou XIII pode fazer pouco caso do rei, e geralmente o faz, solidamente instalado que está atrás dos muros de seu castelo, mas o "nobre" do século XVII está totalmente submetido à Coroa e às normas do Estado Absolutista, muito embora nele faça parte da classe dominante. Os franceses aliás possuem um termo interessante – nobreza de toga – para designar estes novos áulicos e cortesãos, opondo-os à velha "nobreza de espada" e distinguem habitualmente entre o "nobre" e o "cortesão"! A renda da terra no período absolutista pouco tem em comum com os direitos feudais medievais, como bem mostra Proudhon desde as suas Memórias sobre a Propriedade, que mais não seja porque tais terras agora são mobilizáveis e arrendáveis contra metálico, coisa quase que impensável no feudalismo clássico, onde o grosso das rendas era arrecadado em espécie, cujas cotas eram submetidas às regras do direito consuetudinário e não às cotações do mercado. Desta forma não podemos concordar com esta afirmação de que "*a renda, segundo Ricardo, ...é a propriedade feudal que foi submetida às condições de produção burguesas*". Marx, nesta "boutade", mais uma vez deixa escapar a sua bílis contra Proudhon e absolutamente não honra a sua inteligência. Remetemos o leitor interessado na fundamentação de nosso ponto de vista às seguintes obras: Marc BLOCH – *La Societé Féodale* (3ª ed. Paris 1982 – original de 1942), aos iluminadores estudos de Georges DUBY, hoje coligidos em dois volumes (*Féodalité* Paris Gallimard, 1996) e escritos entre 1960 e 1990 aproximadamente, o interessante livro de Steven RUNCIMAN *A History of the Crusades* (5ª ed. 3V. Londres, Penguin 1993, original de 1954) e seu "ponto de vista complementar" no livro de René GROUSSET *Histoire des Croisades et du Royaume Franc de Jérusalem* (3 V., 3ª ed.

Nós já vimos que, segundo a teoria de Ricardo, o preço de todos os objetos é em última instância determinado pelos custos de produção, inclusive o lucro industrial; em outros termos, pelo tempo de trabalho empregado. Na indústria manufatureira, o preço do produto obtido pelo mínimo de trabalho regula o preço de todas as outras mercadorias da mesma espécie, posto que se pode multiplicar ao infinito os instrumentos de produção menos custosos e mais produtivos e que a livre concorrência traz consigo necessariamente um preço de mercado, isto é, um preço comum para todas as mercadorias de mesma espécie.

Na indústria agrícola, ao contrário, é o preço do produto obtido pela maior quantidade de trabalho que regula o preço de todos os produtos de mesma espécie. Em primeiro lugar não se pode, como na indústria manufatureira, multiplicar à vontade os instrumentos de produção no mesmo grau de produtividade, quer dizer multiplicar terrenos com o mesmo grau de fecundidade. Depois, na medida em que a população cresce, vem-se explorar terrenos de uma qualidade inferior, ou a fazer sobre o mesmo terreno, novos investimentos de capital, proporcionalmente menos produtivos que os primeiros. Em um caso ou em outro, faz-se uso de uma maior quantidade de trabalho para se obter um produto proporcionalmente menor. Como as necessidades da população tornaram necessário[140] este acréscimo de trabalho, o produto do terreno de exploração mais custosa tem o seu escoamento forçado, assim como o do terreno de exploração mais barata. Como a

---

Paris 1991, original de 1934); o papel das Ordens Militares pode ser apreciado nos livros de Malcolm BARBER (*The New Knigthood*, 1ª ed. Cambridge, Canto/C.U.P. 1998 e *The Trial of the Templars* 2ª ed. Cambridge, Canto/C.U.P. 1994) que possuem igualmente uma excelente bibliografia que permite aprofundar bastante o tema. Uma *"histoire évenementielle"* – muito abundante em fatos e em documentos – das principais Ordens Militares pode ser obtida em M. A. VERNOT *Histoire des Chevaliers Hospitaliers de Saint Jean de Jérusalem* (5V., Amsterdam 1780) dos quais apenas os dois primeiros nos concernem no tema ora estudado; esta obra, apesar de dedicada aos Cavaleiros de Malta, aborda igualmente a história dos Templários e narra especialmente as rivalidades entre as duas ordens, bem como a sua primeira expansão econômica e geográfica. Uma abundante documentação econômica e social sobre os últimos tempos dos Templários e sobre o seu conflito com o rei de França – para aqueles que dominam o latim – está disponível na obra de M. DUPUY *Traitez Concernant l'Histoire de France: Sçavoir La Condamnation des Templiers* (Paris 1694). A historiadora francesa Régine PERNOUD, trabalha há mais de três décadas sobre a história econômica das Ordens Militares e produziu vasta bibliografia sobre o assunto.

[140] [N.T.]: *Le besoin de la population ayant rendu nécessaire ce surcroît...* no original. *Besoin* designa em francês a *necessidade física* (besoin de l'eau = necessidade de água) ao passo que *nécessité* designa a necessidade lógica. Tal distinção é difícil de se traduzir em português, daí optarmos pelo contraste entre plural e singular para tentarmos descrever a nuança.

concorrência nivela o preço de mercado, o produto do terreno melhor será pago pelo mesmo preço que o do terreno inferior. É o excedente do preço dos produtos do melhor terreno sobre os custos de sua produção que constitui a renda. Se tivéssemos sempre à disposição terrenos com o mesmo grau de fertilidade; se pudéssemos, como na indústria manufatureira, recorrer sempre à máquinas menos custosas e mais produtivas, ou se os segundos investimentos de capital produzissem tanto quanto os primeiros, então o preço dos produtos agrícolas seria determinado pelo preço dos gêneros produzidos pelo pelos melhores instrumentos de produção, como vimos para os produtos manufaturados. Mas também, à partir deste momento, a renda teria desaparecido.

Para que a doutrina de Ricardo seja válida em geral, é preciso que os capitais possam ser livremente aplicados nos diferentes ramos da indústria; que uma concorrência fortemente desenvolvida entre os capitalistas, tenha trazido os lucros para uma taxa igual; que o arrendatário nada mais seja que um capitalista industrial que pede, para o emprego de seu capital em terrenos de qualidade inferior, um lucro igual ao que obteria de seu capital aplicado, por exemplo, na indústria algodoeira; que a exploração agrícola esteja submetida ao regime de grande indústria; e por fim, que o próprio proprietário rural vise apenas uma renda monetária.

Na Irlanda, ainda não existe renda, embora lá o aluguel de terras tenha tomado um desenvolvimento extremo. Como a renda é o excedente, não apenas sobre o salário, mas também sobre o lucro industrial, ela não poderia existir lá aonde a renda do proprietário é apenas uma antecipação sobre o salário.

Assim a renda, longe de fazer do explorador da terra, do arrendatário, um *simples trabalhador* e de

arrancar ao colono o excedente do produto que ele não pode impedir-se de considerar como seu,

põe em presença do proprietário rural o capitalista industrial em lugar do escravo, do servo, do tributário, do assalariado.

A propriedade fundiária, uma vez constituída em renda, nada mais tem em sua posse que o excedente sobre os custos de produção, determinados não apenas pelo salário, mas também pelo lucro industrial. É pois ao proprietário rural que a renda arranca uma parte dos rendimentos.

Desta forma escoou-se um grande lapso de tempo antes que o meeiro feudal fosse substituído pelo capitalista industrial. Na Alemanha, por exemplo, esta transformação começou apenas no último terço do século XVIII. Foi apenas na Inglaterra que esta relação entre o capitalista industrial e o proprietário rural tomou toda a amplitude de seu desenvolvimento.

Enquanto havia apenas o *colono* do Sr. Proudhon, não havia renda. A partir do momento em que há renda o colono não é mais o meeiro, mas o operário, o colono do meeiro. A diminuição do trabalhador, reduzido ao papel de simples operário, diarista, assalariado, trabalhando para o capitalista industrial; a intervenção do capitalista industrial, explorando a terra como outra fábrica qualquer; a transformação do proprietário rural de pequeno soberano em usurário vulgar: eis as distintas relações expressas pela renda.

A renda, no sentido de Ricardo, é a agricultura patriarcal transformada em indústria comercial, o capital industrial aplicado à terra, a burguesia das cidades transplantada para os campos. A renda, ao invés de *vincular o homem à natureza*, fez apenas com que a exploração da terra se vinculasse à concorrência. Uma vez constituída em renda, a própria propriedade fundiária é um *resultado da concorrência*, posto que depende do valor venal dos produtos agrícolas. Como renda, a propriedade rural está mobilizada e torna-se um efeito de comércio. A renda apenas é possível a partir do momento em que o desenvolvimento da indústria das cidades e a organização social que daí resulta, forçam o proprietário rural a visar apenas o lucro venal, a razão monetária de seus produtos agrícolas, enfim, a ver na propriedade fundiária apenas uma máquina de bater moeda. A renda destacou tão bem o proprietário rural do solo, da natureza, que ele nem sequer tem necessidade de conhecer as suas terras, como hoje se vê na Inglaterra. Quanto ao arrendatário, ao capitalista industrial e ao operário agrícola, eles não estão mais ligados à terra que exploram que o empresário e operário das manufaturas o estão ao algodão ou à lã que fabricam; eles experimentam vinculação apenas ao preço de sua exploração, ao produto monetário. Daí decorrem as jeremiadas dos partidos reacionários, que clamam com toda a sua voz pelo retorno do feudalismo, da boa vida patriarcal, dos costumes simples e das grandes virtudes de nossos avós. A sujeição do solo às leis que regem todas as outras indústrias é e será sempre assunto para condolências interessadas. Assim, pode-se dizer que a renda tornou-se a força motriz que lançou o idílio no movimento da história.

Ricardo, depois de ter suposto a produção burguesa como necessária para determinar a renda, a aplica, não obstante, à propriedade fundiária de todas as épocas e de todos os países. Tais são os erros de todos os economistas que representam as relações de produção burguesas como categorias eternas.

Da meta providencial da renda, que é para o Sr. Proudhon, a transformação do *colono* em *trabalhador responsável*, ele passa para a distribuição igualitária da renda.

A renda, como acabamos de ver, é constituída pelo *preço igual* dos produtos de terrenos *desiguais em fertilidade*, de modo que um hectolitro de trigo que custou 10 francos será vendido a 20 francos se os custos de produção se elevam, para um terreno de qualidade inferior, a 20 francos.

Enquanto que a necessidade força a comprar todos os produtos agrícolas trazidos ao mercado, o preço de mercado é determinado pelos custos de produção mais onerosos. É pois esta igualização do preço que resulta da concorrência e não a diferença de fertilidade dos terrenos que constitui, para o proprietário do melhor terreno, uma renda de 10 francos para cada hectolitro de trigo que o seu meeiro vende.

Suponhamos por um instante que o preço do trigo esteja determinado pelo tempo de trabalho necessário para produzi-lo e logo o hectolitro do trigo produzido no melhor terreno se venderá a 10 francos ao passo que o hectolitro do trigo obtido no terreno de qualidade inferior será pago a 20 francos. Isto posto, o preço médio de mercado será de 15 francos, ao passo que, segundo a lei de concorrência, seria de 20 francos. Se o preço médio fosse de 15 francos, não haveria lugar para distribuição alguma, nem igualitária, nem de outra espécie, pois não haveria renda. A renda existe apenas pelo fato de que o hectolitro de trigo que custa ao produtor 10 francos, vende-se a 20 francos. O Sr. Proudhon supõe a igualdade entre os preços de mercado a custos de produção desiguais, para chegar à distribuição igualitária do produto da desigualdade.

Concebemos que economistas como Mill, Cherbuliez, Hilditch e outros, tenham pedido que a renda seja atribuída ao Estado para servir à quitação dos impostos. Eis aí o ódio franco que o capitalista industrial devota ao proprietário rural, que lhe parece uma inutilidade, uma excrescência no conjunto da produção burguesa.

Mas fazer primeiro pagar a 20 francos o hectolitro de trigo, para em seguida efetuar uma distribuição geral de 10 francos que se teria tirado em excesso dos consumidores, isto basta para que o *gênio social* do Sr. Proudhon prossiga *melancolicamente a sua rota em ziguezague* e vá bater a cabeça contra um *canto* qualquer.

A renda se torna, sob a pena do Sr. Proudhon,

> um imenso *cadastro*, executado contraditoriamente pelos proprietários e pelos arrendatários...em um interesse superior e cujo resultado definitivo deve ser o de igualar a posse da terra entre os exploradores do solo e os industriais[141].

Para que um cadastro qualquer, formado pela renda, tenha valor prático, é preciso sempre permanecer nas condições da sociedade atual.

Ora, demonstramos que o aluguel pago pelo arrendatário ao proprietário exprime um pouco exatamente a renda apenas nos países mais avançados na indústria e no comércio. Mesmo assim, este aluguel encerra muitas vezes o juro pago ao proprietário pelo capital incorporado à terra. A situação dos terrenos, a vizinhança das cidades, e muitas outras circunstâncias mais, influem nos aluguéis e modificam a renda. Estas razões peremptórias bastariam para provar a inexatidão de um cadastro baseado sobre a renda.

Por outro lado, a renda não poderia ser o índice constante do grau de fertilidade de um terreno, posto que a aplicação moderna da química vem a cada instante modificar a natureza do terreno e os conhecimentos geológicos começam, precisamente em nossos dias, a derrubar toda a antiga estimativa da fertilidade relativa: fazem apenas vinte anos aproximadamente que se desbravou vastos terrenos nos condados orientais da Inglaterra, terrenos que eram deixados incultos por não se ter bem apreciado as relações entre o húmus e a composição da camada inferior.

Assim a história, longe de dar na renda um cadastro completamente formado, o muda constantemente, derrubando completamente os cadastros já formados.

Enfim, a fertilidade não é uma qualidade tão natural como se poderia crer: ela se liga intimamente às relações sociais atuais. Uma

---

[141] [N.E.]: PROUDHON, t. II, p. 262.

terra poderá ser muito fértil se cultivada em trigo e entretanto o preço de mercado poderá determinar o cultivador a transformá-la em prado artificial e a torná-la desta forma infértil.

O Sr. Proudhon improvisou o seu cadastro, que não vale o cadastro atual, apenas para dar corpo à *meta providencialmente igualitária* da renda.

> A renda, *continua o Sr. Proudhon*, é o juro pago por um capital que não perece jamais, a saber a terra. E como este capital não é suscetível de aumento com relação à sua matéria, mas somente de uma melhoria indefinida com relação ao seu uso, ocorre que enquanto o juro ou lucro do empréstimo (*mutuum*) tende a diminuir sem cessar pela abundância dos capitais, a renda tende a aumentar sempre pelo aperfeiçoamento da indústria, do qual resulta a melhoria no uso da terra... Tal é, em sua essência, a renda[142, 143].

Desta vez o Sr. Proudhon vê na renda todos os sintomas do juro, isto porque ela provém de um capital de natureza específica. Este capital é a terra, capital eterno,

> que não é suscetível de aumento com relação à sua matéria, mas somente de uma melhoria indefinida com relação ao seu uso.

Na marcha progressiva da civilização, o juro possui uma tendência contínua à baixa, enquanto que a renda tende continuamente para a alta. O juros baixam por causa da abundância dos capitais; a renda sobe com os aperfeiçoamentos introduzidos na indústria, os quais têm por conseqüência um uso sempre melhor compreendido da terra.

---

[142] [N.E.]: PROUDHON, t. II, pp. 257/58.

[143] [N.T.]: Marx aqui omite um trecho pequeno, mas **crucial** em nossa opinião, da citação de Proudhon. Eis o trecho completo: "*A renda é o juro pago por um capital que não perece jamais, a saber a terra. E como este capital não é suscetível de aumento com relação à sua matéria, mas somente de uma melhoria indefinida com relação ao seu uso, ocorre que enquanto o juro ou lucro do empréstimo (mutuum) tende a diminuir sem cessar pela abundância dos capitais, a renda tende a aumentar sempre pelo aperfeiçoamento da indústria, do qual resulta a melhoria no uso da* terra (grifo nosso), *donde se segue, em última análise, que o juro se mede pela importância do capital enquanto que, em relação à terra, a propriedade aprecia-se pela renda. Tal é, em sua essência, a renda: trata-se de estudá-la em seu destino e em seus motivos*". Será que as críticas de Marx nos parágrafos acima incidem realmente sobre o que pensa Proudhon?

Tal é em sua essência, a opinião do Sr. Proudhon.

Examinemos em primeiro lugar até que ponto é justo dizer que a renda é o juro de um capital.

Para o próprio proprietário rural, a renda representa o juro do capital que foi o preço da sua terra[144], ou do capital que apuraria se a vendesse. Mas, comprando ou vendendo a terra, ele compra ou vende apenas a renda. O preço que pagou para se fazer aquisitor da renda, regula-se pela taxa de juros em geral e nada tem a ver com a natureza própria da renda. Os juros dos capitais investidos em terrenos é geralmente inferior aos juros dos capitais investidos nas manufaturas ou no comércio. Assim, para aquele que não distingue o juro que a terra representa para o proprietário da própria renda, o juro da terra-capital diminui ainda mais que os juros de outros capitais[145]. Mas não se trata

---

[144] [N.T.]: *la rente représente l'intérêt du capital que lui a coûté la terre*, no original francês, que seria traduzível literalmente como: *"a renda representa o juro do capital que lhe custou a terra"*. Optamos pela tradução acima por julgá-la melhor adaptada ao ritmo de frase em português.

[145] [N.T.]: Ao realizar esta "análise" Marx omite totalmente dois aspectos de grande importância: a questão da segurança e do risco e o custo/benefício no investimento de capitais (juros menores para investimentos mais seguros) e o fato da valorização a médio prazo das terras e demais ativos fixos, que desempenha um papel importantíssimo na especulação e na acumulação capitalistas. Além disto, os bens de raiz são os mais sólidos e aceites quando se trata de garantir a salubridade de um investimento ou um negócio, seja em empréstimos bancários e hipotecas, seja em termos de garantias creditícias em geral, de modo que os bens imóveis podem atuar igualmente como importantes reservas de valor e permitem grandes especulações ao seu detentor. Todos aqueles brasileiros que trabalharam em "multinacionais" ou em empresas de grande porte entre as décadas de 1970 e 1980 devem se lembrar de um artifício contábil que todas elas praticavam, para se aproveitar dos juros altos e dos efeitos da correção monetária em épocas de inflação galopante: estas empresas simples e deliberadamente *atrasavam os pagamentos de seus fornecedores pequenos e médios: quanto menor o porte do fornecedor, maior o atraso*, desde que o total destes atrasos não ultrapassasse 20 ou 30% do seu capital fixo, com isso giravam o dinheiro assim retido no mercado financeiro por alguns dias ou semanas, aproveitando-se dos juros atraentes e simplesmente lixavam-se para os protestos dos fornecedores. Aqueles que recorriam a justiça – solicitando p. ex. a concordata ou falência do devedor –, além de serem excluídos do rol de compras da empresa, geralmente viam seus pleitos indeferidos pelo juiz, pela excelente razão de que o devedor, por seus bens de raiz e estoques, tinha plenas condições de saldar sua dívidas e não estava pois inadimplente. Nestas condições pouco importava, p. ex. que uma fazenda adquirida pela empresa no Pará ou em Mato-Grosso, geralmente com recursos da SUDAM, fosse produtiva ou desse prejuízo (aliás o prejuízo às vezes era *preferível*...) desde que com ela se pudesse apresentar garantias de solvência a fornecedores irados. Vimos igualmente na longa citação que fizemos do economista italiano Antônio Cicconne – em uma nota nossa ao Capítulo I desta obra – que durante quase todo o século XIX, os juros pagos pelos empreendimentos ferroviário estatais ou privados em todo o mundo eram bem menores que a média dos juros pagos para outros investimentos e não obstante as ferrovias nunca se viram em falta de investidores, crescendo sistematicamente em taxas geométricas, apesar das várias crises locais ou globais que pontilhavam a economia deste século e

do preço de compra ou de venda da renda, do valor venal da renda ou da renda capitalizada, trata-se da renda em si.

O aluguel pode implicar ainda, além da renda propriamente dita, os juros do capital incorporado à terra. Então o proprietário recebe esta parte do aluguel não como proprietário, mas como capitalista; esta não é entretanto a renda propriamente dita da qual iremos falar.

A terra, enquanto não é explorada como meio de produção, não é um capital. As terras-capitais podem ser aumentadas tanto quanto os outros instrumentos de produção. Nada se acrescenta à matéria, para falar a linguagem do Sr. Proudhon, mas multiplica-se as terras que servem de instrumento de produção. Nada mais é preciso do que aplicar às terras já transformadas em meios de produção outros investimentos de capital; aumenta-se a terra-capital sem nada acrescentar-se à terra-matéria, isto é, à extensão de terra. A terra-matéria do Sr. Proudhon é a terra como limite[146]. Quanto à eternidade que ele atribui à terra, nós admitimos de bom grado que ela possua esta virtude enquanto matéria. A terra-capital não é mais eterna que qualquer outro capital.

O ouro e a prata que rendem juros são tão duráveis e eternos quanto a terra. Se o preço do ouro e da prata baixa, ao passo que o preço da terra vai subindo, isto não deriva certamente de sua natureza mais ou menos eterna.

A terra é um capital fixo, mas o capital fixo se desgasta tanto quanto os capitais circulantes. As melhorias feitas na terra são necessidades de reprodução e de manutenção[147]; elas duram apenas um tempo e elas possuem isto em comum com todas as outras melhorias das

---

apesar de, em certos casos, existir capacidade ociosa instalada. Esta disponibilidade para investimento em ferrovias e infra-estrutura de transporte, não era observada, por exemplo no crédito rural e em outros setores similares; ou seja, mesmo pagando juros relativamente pequenos nunca faltaram investidores ao setor, justamente pelo baixo risco e pela solidez do investimento em um setor vital da economia, que era sempre transformado em trilhos de aço, material rodante e terras pouco sujeitos à depreciação. Note-se que isto não quer dizer que os investidores capitalistas em geral seriam tímidos ou "conservadores", mas sim que diversificavam seus interesses e investimentos, partilhando-os em aplicações de alto, médio e baixo risco, justamente para ampliarem o seu capital de maneira segura e não quebrarem em uma especulação mal planejada!...

[146] [N.T.]: *la terre comme borne* no original francês. *Borne* significa primitivamente os marcos de limite que se instalavam nos confins das propriedades.

[147] [N.T.]: Frisemos que esta última frase de Marx é quase que a citação literal de uma fórmula proudhoniana. Remetemos o leitor à nossa citação da 1ª Memória sobre a Propriedade, que fizemos em nota ao Capítulo I da presente tradução (nota 176) para a referência. Expressões análogas são utilizadas por Proudhon em várias passagens d'*As Contradições*.

quais servimo-nos para transformar a matéria em meios de produção. Se a terra-capital fosse eterna, alguns terrenos apresentariam um aspecto totalmente diverso do que hoje apresentam e veríamos a Campanha Romana, a Sicília e a Palestina em todo o brilho de sua antiga prosperidade[148].

Há até mesmo casos nos quais a terra-capital poderia desaparecer ao mesmo tempo em que as melhorias estariam incorporadas à terra.

Isto acontece, antes de mais nada, todas as vezes que a renda propriamente dita aniquila-se pela concorrência de novos terrenos mais férteis; a seguir, as melhorias que poderiam ter algum valor em certa época, deixam de tê-lo no momento em que se tornam universais pelo desenvolvimento da agronomia.

O representante da terra-capital não é o proprietário rural, mas sim o arrendatário. O retorno que a terra dá enquanto capital, é o juro e o lucro industrial e não a renda.

Em resumo, a terra, enquanto dá um juro, é a terra-capital e como terra-capital ela não fornece renda e não constitui a propriedade fundiária. A renda resulta das relações sociais nas quais a exploração da terra se dá. Ela não poderia resultar da natureza mais ou menos dura, ou mais ou menos durável da terra. A renda provém da sociedade e não do solo.

Segundo o Sr. Proudhon a "melhoria no uso da terra" – conseqüência do "aperfeiçoamento da indústria" é a causa da alta contínua da renda. Esta melhoria, ao contrário, a faz baixar periodicamente.

No que consiste, em geral toda a melhoria, seja na agricultura, seja na manufatura? Consiste em produzir mais com o mesmo trabalho, é produzir o mesmo ou até mesmo mais com menos trabalho. Graças às melhorias, o arrendatário está dispensado de empregar uma maior quantidade de trabalho para um produto proporcionalmente menor. Ele não tem necessidade então de recorrer a terrenos inferiores e as porções de capital aplicadas sucessivamente ao mesmo terreno conti-

---

[148] [N.T.]: Esta crítica de Marx, mais uma vez é injusta. Proudhon detém-se muitas vezes n'*As Contradições* a analisar as causas da decadência econômica e das crises agrárias. No caso específico da Campanha Romana, ele dedica praticamente todo um longo parágrafo da obra à análise das causas de sua estagnação econômica a princípio do século XIX. [Ver o § II (*Desastres no Trabalho e Perversão das Idéias causados pelo Monopólio*) do **Capítulo VI** (*Quarta Época – O Monopólio*) da sua obra (Em nossa tradução as páginas 328-352).

nuam igualmente produtivas[149]. Portanto as melhorias, longe de fazer subir continuamente a renda, como diz o Sr. Proudhon, são ao contrário outros tantos obstáculos temporários que se levantam contra a sua alta.

Os proprietários ingleses do século XVIII sentiam tão bem esta verdade que se opuseram aos progressos da agricultura temendo ver suas rendas diminuídas[150, 151].

5. AS GREVES E AS COALIZÕES DOS OPERÁRIOS

Todo o movimento de alta nos salários não pode deixar de ter outro efeito que não o aumento do trigo, do vinho, da carne, do açúcar, do sabão, do carvão, etc.; quer dizer, terá o efeito de uma carestia. Por que, no fundo, o que é o salário? É o preço de venda do trigo etc., é o preço integral de toda a coisa. Iremos mais longe ainda: o salário é a proporcionalidade dos elementos que compõem a riqueza e que são consumidos a cada dia reprodutivamente pela massa dos trabalhadores. Ora duplicar o salário... é atribuir a cada um dos produtores uma parte maior que seu produto, o que é contraditório; se a alta incide apenas em um pequeno número de indústrias, isto é provocar uma perturbação geral nas trocas, isto é, *a carestia*... É impossível, eu declaro, que as greves seguidas de aumento de salário não provoquem um aumento geral do custo de vida. Isto é tão certo como dois e dois são quatro[152, 153].

---

[149] [N.T.]: O leitor atento terá percebido que nesta última frase Marx simplesmente nega um dos pressupostos com os quais começou a crítica à teoria da renda de Proudhon: qual seja que, *sob qualquer circunstância* (pois ele não faz, naquela altura, ressalva alguma) *as segundas parcelas de capital investidas na terra são menos produtivas que as primeiras* (isto é, aliás, a retomada da tese ricardiana clássica). Agora ele vem afirmar – numa formulação bem próxima à de Proudhon, diga-se de passagem – que, graças às melhorias o arrendatário está dispensado de empregar uma maior quantidade de trabalho pelo mesmo produto e que portanto as sucessivas parcelas de capital aplicadas ao mesmo terreno *são igualmente produtivas*. Ou seja, usa-se da lógica segundo a conveniência local do discurso e não segundo a coerência global: artifício bem caro aos retóricos de todos os tempos, mas que pouco serve enquanto argumento!

[150] [M.]: Ver Petty, economista inglês do Tempo de Carlos II.

[151] [N.E.]: O pensamento de Marx sobre a questão da renda evoluirá em seus escritos posteriores.

[152] [M.]: PROUDHON, t. I, pp. 119-120.

[153] [N.T.]: Mais uma vez, para que o leitor aquilate o teor de honestidade das "citações" de Marx, reproduziremos aqui *in extenso* trecho citado d'*As Contradições*:

"*Em suma o lucro tão invejado e muitas vezes tão problemático dos patrões, está longe de cobrir a diferença entre os salários efetivos e os salários demandados; e o antigo projeto do Sr. Blanqui, miserável em seus resultados e desaconselhado pelo seu próprio autor, seria um flagelo para a indústria manufatureira. Ora, como a divisão do trabalho está hoje estabelecida por toda parte, o raciocínio se generaliza e nós teremos por conclusão que a miséria é tanto um efeito do trabalho quanto da preguiça.*

Responde-se a isto, e este argumento goza de grande favor entre o povo: que se aumente o preço dos serviços e que se duplique ou triplique o valor dos salários.

Confesso que se tal operação fosse possível, ela obteria pleno sucesso, apesar do que disse o Sr. Chevalier, a quem eu devo neste ponto uma pequena retificação. Segundo o Sr. Chevalier, se aumentássemos o preço de uma mercadoria qualquer, as outras aumentariam na mesma proporção, de modo que não haveria vantagem para ninguém.

Este raciocínio que os economistas repisam a mais de um século é tão falso quanto velho e talvez pertencesse ao Sr. Chevalier, na sua qualidade de engenheiro, o dever de retificar a tradição econômica. O ordenado de um chefe de escritório é de 10 francos por dia e o salário de um operário 4; se a renda fosse aumentada de 5 francos, a razão das fortunas, que no primeiro caso seria de 100 para 40, estaria no segundo caso como 100 está para 60. O aumento dos salários fazendo-se necessariamente por adição e não por cociente seria pois um excelente meio de nivelamento e os economistas mereceriam que os socialistas lhes devolvessem todas as acusações de ignorância com as quais são gratificados a torto e a direito.

Mas eu digo que um tal aumento é impossível e que a suposição é absurda pois, como aliás percebeu muito bem o Sr. Chevalier, a cifra que indica o preço da jornada de trabalho é apenas um expoente algébrico sem influência sobre a realidade: o que é preciso antes de mais nada pensar em aumentar, embora retificando as desigualdades de distribuição, não é a expressão monetária, mas sim a quantidade de produtos (grifo nosso). *Até hoje todo o movimento de alta nos salários não pode deixar de ter outro efeito que não o aumento do trigo, do vinho, da carne, do açúcar, do sabão, do carvão, etc.; quer dizer, terá o efeito de uma carestia. Por que, no fundo, o que é o salário?*

É o preço de venda do trigo, do vinho, da carne, do carvão; é o preço integrado de todas estas coisas. Mas iremos um pouco mais longe: o salário é a proporcionalidade dos elementos que compõem a riqueza e que são consumidos a cada dia reprodutivamente pela massa dos trabalhadores. Ora duplicar o salário, no sentido em que o povo o entende, é atribuir a cada um dos produtores uma parte maior que seu produto, o que é contraditório; se a alta incide apenas em um pequeno número de indústrias, isto provocará uma perturbação geral nas trocas, isto é, a carestia. Deus me livre das previsões! Mas apesar de toda a minha simpatia pela melhoria da sorte da classe operária, é impossível, eu o declaro, que as greves seguidas de aumento de salário não provoquem um aumento geral do custo de vida. Isto é tão certo como dois e dois são quatro. Não será por tais receitas que os operários chegarão à riqueza e, o que é mil vezes mais precioso que a riqueza, à liberdade. Os operários, apoiados pelo favor de uma imprensa imprudente e exigindo aumento de salário, serviram muito mais ao monopólio que aos seus verdadeiros interesses (grifo nosso); *que eles possam enfim reconhecer, quando o mal-estar tornar-se para eles mais duro, o fruto amargo de sua inexperiência!*" [PROUDHON, *Contradições* **Cap. III** (Primeira Época – A Divisão do Trabalho), *§ II* (Impotência dos paliativos: os Srs. Blanqui, Chevalier, Dunoyer, Rossi e Passy), Trad. Bras. pp. 193-95].

Apesar do texto acima matizar muito a pretensa "citação" de Marx, pode parecer paradoxal ao leitor que Proudhon, tido pelos anarquistas como o pai do anarco-sindicalismo e da autogestão, se posicione aqui "contrário" às greves. O problema é importante de modo que convém examiná-lo brevemente. Em primeiro lugar notemos que o argumento de Proudhon apenas indica que as ***melhorias salariais*** obtidas com as greves, tendem a provocar aumento do custo de vida; isto é, em geral, verdadeiro, embora a fração do "repasse" aos preços dependa bastante das circunstâncias políticas e econômicas: uma classe trabalhadora mais organizada e atenta pode frear estes aumentos, ao passo que uma economia oligopolizada e um quadro inflacionário tendem a facilitá-lo e acelerá-lo. Um outro ponto a ressaltar é que, apesar de criticar as rei-

Nós negamos todas estas asserções, salvo a de que dois e dois são quatro[154].

Antes de mais nada não há *carestia geral*. Se os preços de todas as coisas dobram com os salários não há mudança nos preços[155], há apenas mudança nos termos.

Em segundo lugar uma alta geral nos salários nunca pode produzir um aumento mais ou menos generalizado das mercadorias. Efetivamente, se todas as indústrias empregassem o mesmo número de trabalhadores com relação ao capital fixo ou com os instrumentos dos quais elas se servem, uma alta generalizada dos salários produziria uma baixa generalizada dos lucros e os preços correntes não estariam submetidos a nenhuma alteração[156].

---

vindicações puramente salariais, Proudhon não condena a greve de uma maneira geral e absoluta, sendo que sua posição sobre o tema sofreu também uma evolução à partir de 1848; em terceiro lugar o leitor deve lembrar-se sempre que este é um livro que Proudhon escreve sobre a economia política, procurando ressaltar as contradições e paradoxos desta ciência com vistas a superá-los. Suas posições mais amplas e matizadas sobre a questão da organização operária, serão abordadas na segunda fase de sua obra, à partir da *Idée Génerale de la Révolution au XIXe. Siécle* (1851), culminando com a obra que pode ser considerada como seu testamento político, que é *De la Capacité Politique de la Classe Ouvriére* (1864). De maneira geral, embora utilizando a organização sindical e a greve como arma, o anarco-sindicalismo, na sua teoria da *greve geral revolucionária*, quer muito mais que uma reivindicação parcelar e econômica. Os sindicatos são vistos por ele como "escolas de revolução" onde o trabalhador, que chega inicialmente impelido por suas necessidades concretas, neles aprenderá a solidariedade, a organização, a cultura e a fazer a revolução; as greves são apenas *um* dos métodos de luta, ao lado por exemplo do label, do boicote, da manifestação, etc. Mesmo as greves não são vistas como isoladas; elas podem abranger uma seção, uma fábrica, toda uma categoria e mesmo generalizar-se; são inúmeros os casos de greves de solidariedade, isto é uma seção, uma fábrica ou uma categoria pararem suas atividades em apoio à reivindicação de outros companheiros (este tipo de greve praticamente desapareceu no sindicalismo reformista) e os seus motivos não são exclusivamente econômicos: condições de trabalho, autoritarismo de chefes e contramestres, uso de matérias-primas impróprias ou corrompidas, medidas contra a carestia, protestos contra guerras e atitudes específicas do governo, estes e muitos outros são temas de elevada mobilização tanto ou mais que os temas econômicos, que no geral não ocupam papel muito preeminente. Assim, na greve geral de 1917 em S. Paulo, p. ex., a questão salarial era apenas a *oitava reivindicação* dos operários. Em resumo, embora estimando a greve como um útil instrumento para fomentar a rebeldia e a organização do trabalhador, os anarquistas nunca a utilizaram exclusivamente como meio de reivindicação salarial e nunca confiaram na sua eficácia como método de melhorar a situação atual do trabalhador sob o sistema capitalista.

[154] [C.]: Fazeis bem em explicitar esta reserva, pois poderíamos suspeitar que negaríeis esta proposição também!

[155] [N.T.]: E portanto a penúria do trabalhador continua a mesma de antes da greve! O que importa é mudar a *relação* entre preços e salários. Francamente Sr. Marx, finjamos que esta frase nunca foi escrita!

[156] [N.T.]: Ou ainda, ao contrário, *os patrões tenderíam a aumentar os preços de suas mercadorias para preservar as suas taxas de lucro*. Somente poderiam ser impedidos disto se

Mas como a relação do trabalho manual para o capital fixo não é a mesma para as diferentes indústrias, todas aquelas indústrias que empreguem relativamente uma maior massa de capital fixo e menos operários serão forçadas cedo ou tarde a baixar os preços de suas mercadorias. No caso contrário, quando o preço das mercadorias não baixa, seu lucro se elevaria acima da taxa comum de lucros. As máquinas não são assalariadas. A alta generalizada de salários portanto, atingiria menos as empresas que empregam mais máquinas que operários se comparadas às outras. Mas a concorrência tende sempre a nivelar os lucros e aqueles que se elevam acima da taxa ordinária só poderiam ser passageiros. Assim, salvo algumas oscilações, uma alta generalizada dos salários conduziria não a uma carestia geral, como diz o Sr. Proudhon, mas a uma baixa parcial, isto é, a uma baixa dos produtos que se fabricam com o auxílio de máquinas[157].

---

o *consumidor* recusasse este aumento (e então seria necessário antever um método para isso se dar), ou se a *concorrência externa* abastecesse o mercado a preços convenientes, impedindo assim o aumento e para tanto seria necessário que o governo – que é o legítimo representante das classes dominantes – modificasse a política alfandegária, p. ex., o que não é tarefa fácil; mas mesmo neste caso a indústria doméstica veria então seu mercado diminuir para a indústria estrangeira e, se não conseguisse outros mercados, produziria menos, desempregaria e portanto forçaria uma baixa de salários. Sr. Marx: é preciso levar o raciocínio até o fim!

[157] [N.T.]: *"Wishful thinking"* no máximo Dr. Marx! Em primeiro lugar, aceitando o argumento de que indústrias mais intensivas em capital absorveriam melhor uma alta generalizada de salários, o restante dos argumentos não se sustenta. O próprio texto de Proudhon nos dá em seu Capítulo II (intitulado justamente *As Máquinas*) uma grande lista de exemplos de inovações técnicas ocorridas na Inglaterra de seu tempo (e portanto também do vosso Dr. Marx), causada justamente pelo aumento do custo da mão-de-obra, ou pelos conflitos entre industriais e trabalhadores [v. nota 92 deste Cap.]. Ou seja, se a mão-de-obra eleva o seu custo, o capitalista pensará logo em poupá-la e a automatização, se não era antes atraente para ele, agora passará a sê-lo, pois *poupará* mão-de-obra e deprimirá o valor médio do salário, aumentando desta forma aquilo que mais tarde chamareis de "composição orgânica do capital", ou seja a proporção do capital fixo com relação ao capital variável da empresa. Este efeito perverso do maquinismo Proudhon o observou muito bem, talvez porque não estivesse tão obnubilado pelo mito do caráter intrinsecamente progressivo do maquinismo e da tecnologia capitalista como vós o estais. Aliás, para quem viveu os impactos da onda de automação informática – que praticamente devastou o mercado de trabalho em escala mundial desde os anos 1980 – isto que acima afirmamos é óbvio: a produtividade das empresas continua alta e crescente, ao passo que o número de desempregados cada vez aumenta mais e o nível de salários estagna-se ou francamente decai. Ademais os oligopólios resistem bravamente a qualquer queda de preços nos seus produtos, mesmo sob risco de crise, e na chantagem que praticam acabam sempre conseguindo arrancar concessões absurdas dos governos que cada vez mais se dobram aos efeitos do poder econômico. Ou seja, preços firmes, desemprego e lucros crescentes dos setores oligopolizados da economia, além de sua resistência encarniçada em aumentar a participação dos salários na renda nacional – é isto o que se observa facilmente hoje em dia em escala planetária, e não aumento de salários seguido de baixa nos preços dos produtos produzidos com tecnologia poupadora de mão-de-obra (ao contrário são as matérias-primas e os semimanufaturados que vêem seu preço despencar no mercado mundial e não os bens acabados).

A alta ou a baixa do lucro e dos salários exprimem apenas a proporção na qual os capitalistas e os trabalhadores participam no produto de uma jornada de trabalho, sem influir, na maior parte dos casos, no preço do produto. Mas as idéias de que,

as greves seguidas de aumento de salário conduzem a uma carestia generalizada e até mesmo à escassez,

são idéias que só podem eclodir no cérebro de um poeta incompreendido.

Na Inglaterra as greves deram lugar regularmente à invenção e à aplicação de algumas máquinas novas. As máquinas foram, pode-se dizer, a arma que os capitalistas empregaram para abater o trabalho especializado em revolta. A *self-acting mule*, a maior invenção da indústria moderna, pôs fora de combate os tecelões revoltados. Mesmo se as coalizões e as greves não tivessem outro efeito do que o de fazer reagir contra elas os esforços do gênio mecânico, elas sempre exerceriam uma imensa influência sobre o desenvolvimento da indústria[158].

Encontro, *continua o Sr. Proudhon*, em um artigo publicado pelo Sr. Léon Faucher ...setembro de 1845, que há algum tempo os operários ingleses perderam o hábito das *coalizões*, o que é seguramente um progresso pelo qual devemos felicitá-los; mas esta melhoria no moral dos operários provém sobretudo de sua instrução econômica. Não são dos manufatureiros, exclamava no comício de Bolton um operário tecelão, que os salários dependem. Nas épocas de de-

---

[158] [N.T.]: Típico: o que importa, antes de mais nada e com precedência sobre qualquer outro tipo de consideração é o "desenvolvimento das forças produtivas". Este tipo de proposição, aqui meramente esboçada, vai cada vez mais crescendo e tomando vulto no marxismo até chegar à célebre proposição de Lênin de que o comunismo são "os soviets (obviamente sob controle bolchevique) mais a eletrificação" e a implantação deste corolário custou, sob Stalin, a miséria do povo russo, o "staknovismo" nas fábricas, os altos salários para burocratas e engenheiros e salários de fome e péssimas condições e vida para os operários, a exploração sistemática dos campos em prol das cidades, os gulags e os milhares, senão milhões de mortos e perseguidos pelo regime. Pensando-se serenamente, que diferença existe entre um pensamento deste tipo - o desenvolvimento a qualquer custo das forças produtivas - e o pensamento de um gestor da alta finança, da alta indústria ou da política que preconiza a exploração irracional dos recursos naturais, a exploração sistemática dos trabalhadores, o emprego de tecnologias regressivas ou francamente insanas, os projetos de alto impacto ambiental ou social, tudo isto igualmente em nome de um "desenvolvimento econômico" do qual a maioria da humanidade se vê cada dia mais alijada?

pressão os mestres são por assim dizer, o chicote do qual se arma a necessidade e, quer queiram ou não, é preciso que golpeiem. O princípio regulador é a relação da oferta com a procura; e os mestres não têm esse poder... Até que enfim, *exclama o Sr. Proudhon*, eis operários bem amestrados, operários modelo, etc., etc. Esta miséria faltará para a Inglaterra; ela não ultrapassará o Canal[159, 160].

De todas as cidades da Inglaterra, Bolton é aquela onde o radicalismo mais se desenvolveu. Os operários de Bolton são conhecidos por serem os maiores revolucionários. Por ocasião da grande agitação que houve na Inglaterra pela abolição das leis dos cereais[161], os fabricantes ingleses acreditavam poder enfrentar os proprietários rurais apenas colocando os operários na frente. Mas como os interesses dos

---

[159] [M.]: PROUDHON, t. I, p. 236.

[160] [N.T.]: De todas as chicanas com citações de Proudhon que Marx pratica neste texto esta talvez seja uma das quais mereça com mais propriedade a qualificação de *pérfida*. Ele traz a baila um trecho de Proudhon situado no Capítulo VI de sua obra (relativo ao monopólio) e marginal quanto à questão das greves e coalizões, pois Proudhon está no momento discutindo a atitude política dos economistas. Ademais, Marx **distorce conscientemente** a citação suprimindo-lhe aspas e trechos inteiros, o que transforma um texto de intenção polêmica e irônica em uma apologia do quietismo, como se Proudhon concordasse com o raciocínio expresso acima e não a ele se opusesse, como de fato ocorre. Eis para julgamento do leitor, o texto *in extenso*:

"*Encontro em um artigo publicado pelo Sr. Leon Faucher no **Journal des Économistes** (setembro de 1845), a informação de que há algum tempo os operários ingleses perderam o hábito das coalizões, o que é seguramente um progresso pelo qual devemos felicitá-los; mas esta melhoria no moral dos operários provém sobretudo de sua instrução econômica.* "Não são dos manufatureiros, *exclamava no comício de Bolton um operário tecelão*, que o salário depende. Nas épocas de depressão os mestres são por assim dizer, o chicote do qual se arma a necessidade; e, quer queiram ou não é preciso que eles golpeiem. O princípio regulador é a relação da oferta com a procura; e os mestres não têm esse poder... ajamos pois, prudentemente; saibamos resignarmo-nos à má fortuna e a tirar partido da boa; secundando os progressos de nossa indústria seremos úteis não apenas a nós mesmos, mas ao país inteiro". (*aplausos*).

*Até que enfim: eis operários bem amestrados, operários modelo. Que homens estes tecelões que submetem-se sem se queixar ao **chicote de necessidade**, porque o princípio regulador do salário é a oferta e a demanda!* O Sr. Léon Faucher acrescenta com ingenuidade encantadora: "os operários ingleses são raciocinadores intrépidos. Se lhes dermos um *princípio falso*, eles o conduzirão matematicamente até o absurdo sem se deter e sem se espantar, como se marchassem para o triunfo da verdade". *Quanto a mim espero que apesar de todos os esforços da propaganda economista, os operários franceses nunca sejam raciocinadores com tal força. **A oferta e a demanda**, assim como o **chicote da necessidade**, não tem mais poder sobre seus espíritos. Esta miséria faltará para a Inglaterra; ela não ultrapassará o Canal.*"(PROUDHON Trad. Bras. pp. 330-31)

[161] [N.T.]: Trata-se das manifestações públicas pela aplicação de políticas livre-cambistas patrocinadas pela Liga Cobden, cujos escopos e mecanismos, Proudhon estuda detidamente n'*As Contradições*.

operários não eram menos opostos aos interesses dos fabricantes que os dos fabricantes o eram com relação aos interesses dos proprietários rurais, era natural que os fabricantes devessem ficar por baixo nos "meetings" dos operários. O que fizeram então os fabricantes? Para salvar as aparências eles organizaram "meetings" compostos em grande parte por contramestres, por um pequeno número de operários que lhes eram devotados e dos *amigos do comércio*[162] propriamente ditos. Quando em seguida os verdadeiros operários tentaram, tanto em Bolton quanto em Manchester, tomar parte nestas reuniões para protestar contra estas demonstrações factícias, tiveram sua entrada proibida, tendo lhes sendo dito que se tratava de um *ticket-meeting*. Entende-se por esta palavra os "meetings" onde não são admitidas pessoas que não estejam munidas de um cartão de entrada. Entretanto, os cartazes afixados nos muros tinham anunciado "meetings" públicos. Todas as vezes que havia tais "meetings", os jornais dos fabricantes relatavam de maneira pomposa e detalhada os discursos que lá tinham sido pronunciados. Não é preciso dizer que eram os contramestres que pronunciavam tais discursos. Os jornais de Londres os reproduziam literalmente. O Sr. Proudhon teve a infelicidade de tomar contramestres por operários comuns e de passar-lhes a ordem de não avançar o Canal.

Se em 1844 e 1845 as greves foram menos manifestas do que antes, foi porque 1844 e 1845 foram os dois primeiros anos de prosperidade tidos pela indústria inglesa desde 1837. Entrementes, nenhuma das *trade-unions* foi dissolvida.

Entendemos agora os contramestres de Bolton. Em sua opinião os fabricantes não são os amos do salário, porque não são os amos do preço do produto e não são amos do produto porque não são amos do mercado do universo. Por esta razão eles dão a entender que não se deve fazer coalizões para arrancar dos mestres aumento de salários: O Sr. Proudhon, ao contrário, lhes proíbe as coalizões por temer que uma coalizão seja seguida de uma alta nos salários que implicaria uma escassez geral. Não é necessário dizer que sobre este único ponto há um acordo cordial entre os contramestres e o Sr. Proudhon: é que uma elevação nos salários equivale a uma elevação no preço dos produtos.

Mas o temor de uma carestia será a verdadeira causa do rancor do Sr. Proudhon? Não, ele malquer os contramestres de Bolton porque

---

· [162] [N.T.]: Era assim que se autodenominavam os partidários da Liga Cobden.

estes determinam o valor pela *oferta e a demanda* e porque eles fazem pouco caso do *valor constituído*, do valor passado ao estado de constituição, da constituição do valor, incluindo a *trocabilidade permanente* e todas as outras *proporcionalidade de relações* e *razões de proporcionalidade*, flanqueadas todas pela Providência.

A greve dos operários é ilegal, e não é apenas o Código Penal quem diz isto, é o sistema econômico, é a necessidade da ordem estabelecida...Que cada operário individualmente tenha a livre disposição de sua pessoa e de seus braços, isto pode ser tolerado: mas que os operários empreendam, através de coalizões, fazer violência ao monopólio, é isto que a sociedade não pode permitir[163, 164].

O Sr. Proudhon pretende fazer passar um artigo do Código Penal por um resultado necessário e geral das relações de produção burguesas.

---

[163] [M.]: PROUDHON, t. I, p. 291.

[164] [N.T.]: Mais uma vez a **perfídia continua**. Marx aqui toma um trecho de um capítulo muito significativamente denominado " A Polícia ou o Imposto" destinado justamente a tratar das necessidades repressivas e de violência que o sistema capitalista tem intrinsecamente para poder funcionar, um trecho em especial que mostra *simpatia* por operários em greve e o torce em um trecho de *censura às greves*. Proudhon manifesta muitas vezes, ao longo d'*As Contradições* as suas simpatias pelas lutas dos operários, seja como no caso acima, pelos mineiros de carvão do Loire, seja pelos operários agrícolas da Irlanda, pelos tecelões de seda de Lyon ou pelos escravos negros do Novo Mundo; é simplesmente inconcebível a pecha que Marx tenta agora pespegar-lhe. Eis, *in extenso*, o trecho disputado, para que o leitor forme o seu juízo:

"*Mas como conceber que uma nação ache-se entravada em sua marcha por que desembaraçou-se de bocas inúteis? Perguntai antes se uma máquina, cujo consumo foi previsto em 300 quilogramas de carvão por hora perde sua força se lhe dermos apenas 150. Mais ainda, não poderíamos tornar produtores estes improdutivos, visto que não podemos nos desembaraçar deles? Ah! Minha criança diz-me antes como poderás passar sem polícia, monopólio, concorrência e todas as outras contradições por fim que compõem a tua ordem de coisas!* (grifo nosso) *Escuta.*

Em 1844, por ocasião dos distúrbios de Rive-de-Gier, o Sr. Anselme Petetin publicou na Revue Independente dois artigos cheios de razão e de franqueza sobre a anarquia das explorações de carvão mineral na bacia do Loire. O Sr. Petetin assinalava a necessidade de se reunir as minas e de se centralizar a sua exploração. Os fatos que ele trouxe ao conhecimento do público não podiam mais ser ignorados pelo poder: o poder preocupou-se com a reunião das minas e a organização desta indústria? De modo algum. O poder seguiu o princípio da livre concorrência: deixou que se fizesse e olhou passar.

Desde esta época os industriais do carvão associaram-se, não sem inspirar uma certa inquietude aos consumidores que, nesta associação, viram um projeto secreto de fazer subir o preço do combustível. O poder, que recebeu numerosas queixas a este respeito, intervirá para restabelecer a concorrência e impedir o monopólio? Ele não pode; o direito de coalizão é idêntico na lei ao direito de associação; o monopólio é a base de nossa sociedade, assim como a concorrência é a sua conquista; e desde que não haja sublevação, o poder deixará fazer e

Na Inglaterra as coalizões são autorizadas por um ato do Parlamento e foi o sistema econômico quem forçou o Parlamento a dar esta autorização pela lei. Em 1825 quando, sob o ministro Huskisson, o Parlamento teve que modificar a legislação, para colocá-la mais de acordo com o estado de coisas resultante da livre concorrência, foi-lhe necessário abolir todas as leis que proibiam as coalizões dos operários[165]. Quanto mais a indústria moderna e a concorrência se desenvolvem,

---

olhará passar. Que outra conduta poderia ele ter? Poderia proibir uma sociedade comercial legalmente constituída? Poderia obrigar os vizinhos a se entredestruir? Poderia proibir-lhes de reduzir seus custos? Poderia estabelecer um preço máximo? Se o poder fizesse uma sequer destas coisas, estaria derrubando a ordem estabelecida. O poder não poderia pois tomar nenhuma iniciativa; ele está instituído para defender e proteger ao mesmo tempo o monopólio e a concorrência, sob a reserva das patentes, das licenças, contribuições imobiliárias e outras servidões que ele estabeleceu sobre as propriedades. À parte destas reservas, o poder não tem direito algum de se fazer valer em nome da sociedade. O direito social não está definido; ele seria aliás a própria negação do monopólio e da concorrência. Como pois o poder tomaria a defesa daquilo que a lei não previu e não definiu, daquilo que é o contrário dos direitos definidos pelo legislador? *Assim quando o mineiro, que deveremos considerar no caso dos eventos de Rive-de-Gier como o verdadeiro representante da sociedade com relação aos exploradores do carvão mineral* (grifo nosso), *pensou em resistir ao levante dos monopolizadores defendendo o seu salário e opondo coalizão à coalizão, o poder fuzilou o mineiro. E os latidores políticos acusam a autoridade que é, no seu dizer, parcial, feroz e vendida ao monopólio. Quanto a mim declaro que esta maneira de julgar os atos da autoridade me parece pouco filosófica e que eu a repilo com todas as minhas forças. É possível que se pudesse matar menos gente, é possível também que se tivesse matado mais; o fato a observar aqui não é o número de mortos e de feridos, é a repressão aos operários. Os que criticaram a autoridade teriam feito como ela, exceto talvez pela impaciência das suas baionetas e pela precisão do seu tiro; eu digo que eles teriam reprimido e que não poderiam agir de outra maneira* (grifo nosso e advertência muito atual a aqueles que pretendem mudar as coisas colocando um "governo de esquerda" no poder!). *E a razão, que se quer em vão desconhecer, é que a concorrência é coisa legal, a sociedade por comandita é coisa legal, a oferta e a procura coisas legais, bem como todas as conseqüências que resultam diretamente da concorrência, da comandita e do livre comércio – todas coisas legais, ao passo que a greve dos operários é ILEGAL. E isto não apenas porque o Código Penal assim o estabelece; é o sistema econômico, é a necessidade da ordem estabelecida. Enquanto o trabalho não for soberano, ele deve permanecer escravo: a sociedade subsiste apenas a tal preço. Que cada operário individualmente tenha a livre disposição de sua pessoa e de seus braços, isto pode ser tolerado mas que os operários empreendam, por meio de coalizões, fazer violência ao monopólio, isto a sociedade não permite. Esmagai o monopólio e abolireis a concorrência, desorganizareis a oficina e semeareis a dissolução por toda a parte. A autoridade, fuzilando os mineiros, encontrou-se como Brutus, colocado entre o seu amor de pai e seus deveres de cônsul: era preciso perder os seus filhos ou salvar a República. A alternativa era horrível, que seja, mas tal é o espírito e a letra do pacto social, tal é o teor da constituição, tal é o desígnio da Providência.*

Assim a polícia, instituída para a defesa do proletariado, está dirigida inteiramente contra o proletariado . O proletário é expulso das florestas, dos rios e das montanhas: até mesmo os atalhos lhes são proibidos e logo conhecerá apenas os caminhos que o levam à prisão. (grifo nosso).

[165] [N.T.]: Na verdade Marx edulcora um pouco a história, tais leis vieram justamente porque a **ação direta** dos trabalhadores ingleses, apesar de toda a repressão, estava ultrapassando as possibilidades de controle dos patrões e do Estado; as greves tornavam-se mais selvagens, a organização, embora clandestina no papel, crescia a olhos vistos, melhorando a sua infra-estrutura material em todas as regiões industriais e mineiras do país e começando a penetrar os campos, assustando desta

mais há elementos que provocam e secundam as coalizões e tão logo as coalizões tenham se tornado um fato econômico, tomando cada dia maior consistência, elas não podem tardar em tornar-se um fato legal.

Assim, o artigo do Código Penal prova no máximo que a indústria moderna e a concorrência não estavam bem desenvolvidas sob a Assembléia Constituinte e sob o Império.

Os economistas e os socialistas[166] estão de acordo em um único ponto: é o de condenar as *coalizões*. Apenas eles se motivam diferentemente neste ato de condenação.

Os economistas dizem aos operários: Não vos coalizeis. Coalizando-vos entravareis a marcha regular da indústria, impedireis os fabricantes de satisfazer às encomendas, perturbareis o comércio e precipitareis a invasão das máquinas que, tornando vosso trabalho em parte inútil, vos forçarão a aceitar um salário ainda mais baixo. Aliás, vosso salário será sempre determinado pela relação entre os braços demandados e os braços oferecidos e é um esforço tão ridículo quanto perigoso, revoltar-vos contra as leis eternas da economia política.

Os socialistas dirão aos operários: Não vos coalizeis porque, no final das contas o que ganharíeis com isto? Uma alta nos salários? Os economistas vos provarão até a evidência que os poucos tostões que poderíeis ganhar com isto em caso de vitória, seria momentâneo e seria seguido de uma baixa para sempre. Calculadores hábeis vos provarão que seriam precisos anos de aumentos de salário para vos reembolsar das despesas que teríeis que fazer para organizar e manter as coalizões.

E nós, nós vos diremos, em nossa qualidade de socialistas que, à parte desta questão de dinheiro, não deixaríeis nunca de ser operários e que os mestres serão sempre mestres, como antes. Assim, sem coalizões e sem política, porque fazer coalizões é fazer política.

Os economistas querem que os operários permaneçam na sociedade tal como ela se formou e tal como eles a consignaram e selaram em seus manuais.

---

forma as classes dominantes que assim resolveram, muito embora sem unanimidade, negociar para manter a situação mais ou menos sob controle: entregar o anel do dedo mínimo, para manter os outros anéis, as luvas, os dedos e o colar!... Remetemos, para os detalhes desta interessante história do primeiro movimento operário inglês, e dos oportunismos que igualmente suscitou, aos livros já citados de Édouard DOLLÉANS: *Histoire du Mouvement Ouvrier* e *Le Chartisme*.

[166] [F.E]: Nota de Engels para a edição de 1885: "quer dizer os socialistas da época – os fourieristas na França e os partidários de Owen na Alemanha".

Os socialistas querem que os operários deixem de lado a sociedade antiga, para melhor poderem entrar na nova sociedade que eles lhes prepararam com tanta previdência.

Apesar de uns e de outros, apesar dos manuais e das utopias, as coalizões não deixaram um instante sequer de marchar e de crescer com o desenvolvimento e o crescimento da indústria moderna. E a tal ponto que agora, o grau que chegou a coalizão em um país marca nitidamente o grau que este país ocupa na hierarquia do mercado no universo. A Inglaterra, aonde a indústria atingiu o seu mais alto grau de desenvolvimento, tem as coalizões mais vastas e melhor organizadas.

Na Inglaterra os operários não se detiveram em coalizões parciais, que tinham por meta apenas uma greve passageira e que desapareciam com ela. Formaram coalizões permanentes, as *trade-unions*, que servem de bastião aos operários em suas lutas com os empresários. E no momento atual, todas estas *trade-unions* locais encontram o seu ponto de união na *National Association of United Trades*, cujo comitê central reside em Londres e que já conta com 80.000 membros. A formação destas greves, coalizões e *trade-unions* marchou simultaneamente com as lutas políticas dos operários que constituem agora um grande partido político denominado *Cartista*[167].

Foi sob a forma das coalizões que sempre ocorreram as primeiras tentativas dos trabalhadores para *associarem-se* entre si.

A grande indústria aglomera em um só lugar uma multidão de pessoas desconhecidas umas das outras. A concorrência divide os seus interesses. Mas a manutenção do salário, este interesse comum que eles têm contra seu mestre, os reúne em um mesmo pensamento de resistência – *coalizão*. Assim, a coalizão sempre teve uma dupla meta, a de fazer cessar a concorrência entre eles e a de poder fazer uma concorrência geral ao capitalista. Se a primeira meta da resistência é apenas a manutenção do salário, na medida em que os capitalistas, por sua vez, se reúnem em um pensamento de repressão, as coalizões, isoladas inicialmente, formam grupos e, diante do capital sempre reunido, a manuten-

---

[167] [N.T.]: O Cartismo não se constituiu propriamente em um partido político mas sim um movimento social de grande envergadura, muito embora tivesse em seu seio partidários da ação política-parlamentar. Estes últimos constituíam justamente a ala mais **moderada** do movimento que, no momento em que Marx escreve, estava em plena crise de descrédito junto à maioria dos trabalhadores e era acossada por aqueles que desacreditavam de qualquer iniciativa parlamentar ou intercessão do governo. Remetemos mais uma vez o leitor aos livros de Édouard Dolléans, já citados, para uma discussão mais profunda do tema.

ção da associação se torna para eles mais necessária que a do salário. Isto e tão verdadeiro que os economistas ingleses espantam-se de ver os operários sacrificar uma boa parte de seu salário em favor das associações que, aos olhos dos economistas, estabeleceram-se apenas em favor do salário. Nesta luta – verdadeira guerra civil – reúnem-se e desenvolvem-se todos os elementos necessários à uma batalha futura. Uma vez chegada a tal ponto, a associação toma um caráter político.

As condições econômicas transformaram de início a massa do país em trabalhadores. A dominação do capital criou para esta massa uma situação comum, interesses comuns. Assim, esta massa é já uma classe com relação ao capital, mas ainda não para si mesma. Na luta, da qual assinalamos algumas fases, esta massa se reúne, ela se constitui em classe para si mesma. Os interesses que ela defende tornam-se interesses de classe. Mas a luta entre classe e classe é uma luta política.

Na burguesia, temos duas fases a distinguir: aquela durante a qual ela se constituiu em classe, sob o regime do feudalismo e da monarquia absoluta e aquela na qual, já constituída em classe, ela derrubou o feudalismo e a monarquia, para fazer da sociedade a sociedade burguesa. A primeira destas fases foi a mais longa e necessitou os maiores esforços. Ela também começou com coalizões parciais contra os senhores feudais.

Já se realizaram muitas pesquisas para retraçar as diferentes fases históricas que a burguesia percorreu, desde a comuna até a sua constituição como classe.

Mas quando se trata de se dar conta exata das greves, das coalizões e de outras formas nas quais os proletários efetuam, diante de nossos olhos, a sua organização como classe, alguns são tomados de um temor real e outros fingem um desdém *transcendental*.

Uma classe oprimida é a condição vital de toda a sociedade fundada no antagonismo das classes. A libertação[168] da classe oprimida, implica pois necessariamente a criação de uma sociedade nova. Para que a classe oprimida possa se libertar, é preciso que os poderes produtivos já adquiridos e as relações sociais existentes não possam mais existir uns ao lado das outras. De todos os instrumentos de produção, o maior poder produtivo é a própria classe revolucionária. A organização dos elementos revolucionários como classe supõe a existência de todas as forças produtivas que poderiam engendrar-se no seio da sociedade antiga.

---

[168] [N.T.]: *affranchissement* no original francês.

Isto quer dizer que depois da queda da antiga sociedade haverá uma nova dominação de classe, ou resumindo, um novo poder político? Não.

A condição de libertação da classe laboriosa é a abolição de todas as classes, da mesma maneira como a condição de libertação do terceiro estado, da ordem burguesa, foi a abolição de todos os estados e de todas as ordens[169].

A classe laboriosa substituirá, no curso de seu desenvolvimento, a antiga sociedade civil por uma associação que excluirá as classes e seu antagonismo e não haverá mais poder político propriamente dito, porque o poder político é precisamente o resumo oficial do antagonismo na sociedade civil.

Enquanto se espera por isso, o antagonismo entre o operariado e a burguesia é uma luta entre classe e classe, luta que, na sua expressão mais elevada, é uma revolução total. Aliás, deveríamos estranhar que uma sociedade fundada sobre a *oposição* de classes termine[170] na *contradição* brutal, em um choque corpo-a-corpo como último desenlace[171]?

Não digais que o movimento social exclui o movimento político. Não há movimento político que não seja ao mesmo tempo social.

Apenas em uma ordem de coisas na qual não houver mais classes e antagonismos de classes, as *evoluções sociais* deixarão de ser *revoluções políticas*. Até então, na véspera de cada remanejamento geral da sociedade, a última palavra da ciência social será sempre:

O combate ou a morte: a luta sanguinária ou o nada. É esta a questão que está inevitavelmente colocada. (George Sand)[172]

FIM DA "MISÉRIA DA FILOSOFIA"

---

[169] [F.E.]: Nota de Engels para a edição de 1885: "Estados no seu sentido histórico, tais como existiam na época feudal, quer dizer Estados possuindo privilégios precisos e limitados. A revolução burguesa aboliu estes Estados e seus privilégios. A sociedade burguesa conhece apenas *classes*. Seria pois uma contradição histórica designar o proletariado sob o nome de *quarto Estado*.

[170] [N.T.]: *aboutisse* no original francês. *Aboutisser* é um verbo derivado do substantivo *bout*, que significa *extremidade, final*, mas também *meta*. O verbo *terminar* em português seria pois uma tradução apropriada, embora não satisfatória, por derivar de *término/termo* que possui significado análogo ao *bout* francês.

[171] [N.T.]: O que Proudhon tenta mostrar em seu livro não seria precisamente o fato de que estas *contradições brutais* já *estão aí, já estão dadas e que funcionam* e não que seriam uma espécie de término explosivo de pressões longamente acumuladas?

[172] [N.E.]: G. SAND: Jean Ziska, Episódio da Guerra dos Hussitas.

IMPRESSO NA
sumago gráfica editorial ltda
rua itauna, 789   vila maria
02111-031   são paulo   sp
telefax 11 **6955 5636**
sumago@terra.com.br